Reinmar du Bois

# Kinderängste

Erkennen – Verstehen – Helfen

Verlag C.H.Beck

1. Auflage. 1995
2., unveränderte Auflage. 1996
3., durchgesehene Auflage. 1998

Originalausgabe

Vierte, neu bearbeitete Auflage. 2007
© Verlag C. H. Beck oHG, München 1995
Gesamtherstellung: Druckerei C. H. Beck, Nördlingen
Umschlagentwurf: +malsy, Willich
Umschlagabbildung: Eugène Ionesco: ,Le mordant', Originallithografie
© Erker-Verlag. Franz Larese und Jürg Janett,
CH-9000 St. Gallen
Printed in Germany
ISBN 978 3 406 54751 5

*www.beck.de*

# Inhalt

# Einleitung

Auf dem Spielplatz stürmt ein zweijähriges Kind davon und versucht sich am Klettergerüst. Die am Rande stehenden Eltern sind bereit einzugreifen. Sie freuen sich über den Mut und die Neugier ihres Kindes. In der Freude liegt auch ein Anflug von Unbehagen darüber, wie weit sich das Kind schon allein von ihnen wegbewegt. Beim Klettern hält das Kind nun inne und ruft nach den Eltern. Hat es deren Unbehagen bemerkt? Auf jeden Fall hat es Angst vor der Höhe und will sich vergewissern, ob die Eltern notfalls eingreifen. Die Mutter kommt und tut es. Das Kind will aber nun allein weiterklettern. Angst und Mut halten sich schön die Waage. Alles geht gut. „Was aber, wenn das Kind abrutscht und stürzt? Welche Verletzungen kann es davontragen? Welche körperlichen und seelischen Schmerzen wird es aushalten müssen? Wie lange wird es Angst vor dem Spielplatz haben?" – Nichts dergleichen passiert. Die Angst war – für dieses Mal – nur im Kopf der Eltern und nur wenige Sekunden lang. Heute kann die Angst die Freude der Eltern über das Kind nicht trüben.

Was ist überhaupt Angst, wie entsteht sie, wie äußert sie sich, worin versteckt sie sich?

Wie schützen Eltern ihr Kind davor, dass es von Erregungen überwältigt wird?

Wie bringen die Eltern ihr Kind ohne Angst nach allen Abenteuern des Tages zur Ruhe?

Wie helfen die Eltern dem Kind dabei, dass es sich ohne Angst von ihnen entfernen kann?

Wie erreichen die Eltern, dass das Kind an sie gebunden ist, nicht jedem gleiches Vertrauen schenkt, aber auch neuen, fremden Menschen Interesse und Wohlwollen entgegenbringt?

Wie ermutigen die Eltern ihr Kind, dass es sich nicht nur bei ihnen wohl fühlt, sondern sich auch außerhalb der Familie einen Lebensraum aufbaut?

Wird es dem Kind gelingen, in der Schule lustvoll und nicht angstvoll mitzuarbeiten und etwas zu leisten, mit dem es zufrieden ist?

Wird sich das Kind in sozialen Gruppen zu behaupten lernen?

Wird das Kind es verkraften, wenn sich die Eltern trennen?

Werden die Eltern ihrem Kind gut beistehen, wenn es krank wird und in Schmerzen ist? Wie sollen Eltern mit ihrem Kind über dessen Ängste sprechen?

Wie viel Gewalt muss das Kind von verschiedenen Seiten ertragen, nicht zuletzt aus den Medien? Wie viel Gewalt verträgt die Erziehung, und welchen Schaden richtet sie an?

Wie sollen die Eltern mit ihrem Kind über die Gewalt in der Welt sprechen, ohne seine Ängste zu verschlimmern?

An wen können sich die Eltern wenden, wenn sie Hilfe suchen? Was widerfährt dem Kind und seinen Eltern in einer „Therapie", und welche ist die richtige?

Mit diesen Fragen wird sich mein Buch beschäftigen. Ich vertraue auf meine Erfahrung, dass es tatsächlich die Fragen sind, welche die Eltern beschäftigen. Aber kindliche Ängste sind ein delikates Thema, weil es die Eltern unmittelbar mit betrifft. Wie kann ich darüber sprechen, ohne verletzend zu sein, wie kann ich die Eltern informieren, ohne sie zu belehren? Wie kann ich es schaffen, dass die Eltern beim Lesen ihre eigenen Gedanken und Erfahrungen hervorholen, so dass sie und ich zu Gesprächspartnern werden und gemeinsam an den schwierigen Antworten zu arbeiten beginnen? Im unmittelbaren Gespräch wäre alles einfacher. Ich habe versucht, mir beim Schreiben die wirklichen Therapiegespräche, die ich führe, vorzustellen. Es bleibt also zu hoffen, dass beim Lesen der Eindruck eines lebendigen Dialogs wieder zurückkehrt.

# Vorbemerkung

Die persönlichen Schicksale meiner Patienten und ihrer Eltern sind unbedingt zu schützen und dürfen nicht einem Publikum preisgegeben werden. Daher sind die Fälle in meinem Buch erfunden. Ähnlichkeiten mit wirklichen Personen sind nicht beabsichtigt. Sie sind aber trotzdem nicht zu vermeiden: Jeden Tag könnten die Eltern, die in meinem Buch zu Wort kommen, wirklich in meiner Sprechstunde auftauchen und etwas Ähnliches sagen! Alles, worüber ich berichte, habe ich in anderen Zusammenhängen erlebt. Die Klagen, Formulierungen, Einstellungen, Behauptungen, Sorgen und Redewendungen klingen mir in den Ohren. Es wäre also kein Wunder, wenn Sie ihren Fall irgendwo verblüfft wiedererkennen, obwohl wir uns nie begegnet sind. So wird es aber auch vielen anderen ergehen. Andere Fälle werden Sie vielleicht befremden. Gibt es so etwas wirklich? Ist das nicht etwas übertrieben? Sie sollten aber wissen, dass das Buch nur über Häufiges und nicht über Seltenes berichtet und keine Extremfälle darstellt. Alle Berichte beruhen auf typischen Erfahrungen aus meiner therapeutischen Tätigkeit. Dass die menschlichen Probleme nach wiederkehrenden Mustern verlaufen, mag für manche von Ihnen beunruhigend sein, für andere tröstlich, weil Sie merken, dass Sie nicht allein sind. Für mich als Experten ist das Wiedererkennen von Mustern eine notwendige Voraussetzung, um helfen zu können.

*Reinmar du Bois*

# Die Natur der Angst

## Einführung

Der zehnjährige Georg soll bei der Schulweihnachtsfeier ein Gedicht aufsagen. Aber er bringt auf der Bühne kein Wort heraus.

Der zwölfjährige Jonas steigt mit starrem, kalkweißem Gesicht und weichen Knien aus der Achterbahn. „Na, wie war's?", fragt der Vater erwartungsvoll. „Wahnsinn", flüstert Jonas und versucht munter auszusehen.

Corinna, eben acht Jahre alt, hat der Mutter hoch und heilig versprochen, diesmal beim Zahnarzt den Mund aufzumachen. Auf dem Behandlungsstuhl krampft sie ihre kleinen Hände um ihre Puppe, dass die Knöchel weiß werden. Sie zittert am ganzen Körper. „So geht es nicht", sagt der Zahnarzt resigniert.

Angst ist ein Ereignis körperlicher Natur und berührt unsere Kreatürlichkeit. Unsere Augen sind aufgerissen, die Pupillen geweitet, die Nackenhaare sträuben sich, wir bekommen Gänsehaut, Schweiß bricht aus, der Puls rast, der Blutdruck steigt, die Muskeln spannen sich, wir zittern, unser Mund ist trocken, wir haben keinen Hunger mehr. Dieser Erregungszustand des autonomen Nervensystems betrifft alle Säugetiere einschließlich des Menschen, wenn sie in Angst geraten. Angst wird in einem stammesgeschichtlich sehr alten Hirnbezirk gelenkt, dem „Riechhirn". Es ist bei Säugetieren hoch entwickelt, arbeitet beim Menschen freilich mehr im Hintergrund und wird vom Großhirn überlagert. Der gemeinsame Ursprung der Angst bei Tier und Mensch ist offenkundig.

Angst ereignet sich bei Tieren als Reaktion auf bestimmte Gefahrensignale, z.B. Geräusche, einen in bedrohlicher Gestik aufgerichteten Tierkörper, der bestimmte Laute von sich gibt, auch als Reaktion auf bestimmte Bewegungen in einer kritischen Entfernung. Diese Signale bewirken nicht nur die oben beschriebene vegetative Umstellung, sondern lösen ein Handlungsmuster aus: Das Tier rollt sich ein, stellt sich tot, flieht, sondert einen Duftstoff ab, ändert seine Farbe. Diese Reaktion ist je nach Tierart vorgegeben. Der „Instinkt" verpflichtet das Tier zur Ausführung der Angst-Handlung. Die Angstinstinkte stehen übrigens in enger Wechselbeziehung zur Aggression. Die gleiche Gefahrenlage kann einen Angriff auslösen, wenn sich die Akzente geringfügig verschieben, etwa die Entfernung oder die kritische Größe des Angreifers. In der Aggression ist die gleiche Erregung wirksam wie in der Angst.

Es ist nicht ohne Reiz, die Beobachtungen bei Tieren auf den Menschen zu übertragen. Ist es nicht frappierend zu erfahren, dass Säuglinge auf eine neuartige Kopfbedeckung oder Frisur vertrauter Personen mit Angst reagieren, wenn hierdurch die Silhouette des Kopfes nach oben verlängert wird? Und ist es nicht verführerisch, über die Bedeutung der Mähne bei Tieren und über verschiedene den Kopf erhöhende Gebilde bei menschlichen Machthabern, Krone, Tiara und Pelzmütze, zu spekulieren? Manche Droh- und Demutsgebärden bei Raufereien von Kindern haben eine auffällige Ähnlichkeit mit der Kampfsprache von Tieren. Ein angreifendes Kind kann die ängstliche Mimik seines Gegners intuitiv erfassen und hält inne. Es fühlt sich gehemmt, das andere Kind weiter anzugreifen. Vielleicht wird der Angreifer, wenn er die Angst des anderen bemerkt, sogar zu einem fürsorglichen Verhalten und zum schlechten Gewissen angeregt? Wenn dies doch nur immer so wäre!

Ohne sich je aus ihrer Natur zu lösen, hat sich die Angst beim Menschen aber doch so entscheidend weiterentwickelt, dass die Erforschung des Tierverhaltens zu ihrem Verständnis nicht mehr ausreicht, ja sogar zu Missverständnissen führen kann. Die Angst ist beim Menschen zu einem Merkmal ganz eigener Art geworden, das neu beschrieben werden muss und andere Fragen aufwirft als die Angst der Tiere.

# Formen der menschlichen Angst

„Mein Sohn Patrick ist ein richtiger Draufgänger. Keine Mauer ist ihm hoch genug, kein Loch zu tief, aber wenn er abends in der Badewanne eine winzige Spinne erblickt, dann kreischt er und macht alle verrückt. Ich kriege ihn nicht in die Wanne rein. Schließlich wäscht er sich an der Küchenspüle."

„Mir fällt es schwer, darüber zu reden. Aber Simone steigt in kein Auto ein. Wir fahren mit dem Bus, wir fahren mit der Bahn, oder wir bleiben zu Hause. Simone ist absolut stur. Die Familie muss auf vieles verzichten. Mein Mann sagt, er macht es nicht mehr mit, er lässt Simone allein zu Hause. Es ist ein richtiger Machtkampf zwischen uns und dem Kind geworden. Simone hat nun einmal ihren Kopf, und wir müssen gehorchen."

„Unsere vierjährige Eva kann eine ihrer Babysitterinnen, eine nette Frau von 40 Jahren aus der Nachbarschaft, nicht ausstehen. Ist es ihr Aussehen, ihr Geruch, ihre Stimme …? Nichts jedenfalls, was uns auffallen würde. Evas Angst ist uns ein Rätsel."

Vater eines Sechzehnjährigen: „Mein Sohn Klaus im Originalton: ‚Ich habe gestern einen geilen Film gesehen. Saurier haben einen Menschen zertrampelt. Man hat alles genau gesehen.' Ich frage ihn, ob er wirklich ‚geil' meint. Geil ist ja heute vieles, aber … ‚Es war natürlich schrecklich anzusehen, vielleicht habe ich auch Angst gehabt', sagt er, ‚aber gerade deshalb war es auch geil.'"

Der Mensch ist weder an bestimmte Auslöser seiner Angst noch an bestimmte Reaktionsmuster gebunden. Die Instinktbindung ist also weitgehend verloren gegangen. In manchen Formen der Angst wird sogar die vegetative Erregung umgangen: Aus „Angst vor der Angst" werden alle erdenklichen Auslöser vermieden. Die „Angst" zeigt sich nur noch darin, dass sich der Ängstliche kaum noch frei zu bewegen und zu entscheiden wagt und hiermit sich und andere einengt. Wir nennen diese Ängste „phobisch".

Das, was die Menschen von Fall zu Fall ängstigt, ist schwer zu klassifizieren. Es reicht weit über Schmerzen und drohende Gefahren hinaus zu sehr persönlichen Gründen, die sich aus der Lebensgeschichte ergeben, und zurück zu philosophischen

Ursprüngen. Menschliche Angst ist nicht mehr nur ein vegetativer Zustand, verbunden mit einem fixierten Handlungsmuster, sondern zugleich – und manchmal ausschließlich – eine innere Vorstellung, ein Gefühl und ein seelisches Befinden. Diese seelische Seite der Angst, also das bewusste Erleben von Angst und das bewusste Angstgefühl, macht wesentlich ihre Menschlichkeit aus und verleiht ihr die volle Bedeutung. Darum ist es auch so verwirrend und rätselhaft, wenn sich die Angst beim Menschen hinter einem Körpersymptom versteckt: einem Kloßgefühl im Hals (Schluckbeschwerden), einem Bauchschmerz, einem Druck in der Brust, Herzstichen, Bettnässen, Appetitlosigkeit oder – besonders dramatisch – einem Gefühl der Luftnot mit vertiefter Atmung mit der Folge kalter, pelziger Hände und Bewusstseinstrübungen oder Lähmungsgefühlen in den Armen (Schreibarm) bzw. in den Beinen oder einer vorübergehenden Unfähigkeit, zu laufen, zu sehen, zu hören.

Bei diesen Angstersatz-Symptomen konzentriert sich das Kind vollkommen auf den Körper und das, was der Körper da macht, oder das, was mit dem Körper nicht stimmt. Die Angst kann seelisch nicht mehr verspürt werden. Die Eltern wenden sich möglicherweise an einen Arzt, um die körperliche Störung untersuchen zu lassen. Niemandem ist mehr bewusst, dass sie durch Angst hervorgerufen und selbst Ausdruck der Angst ist. Erst recht ist der Ursprung der Angst in Vergessenheit geraten. Dieser kann aus den Erinnerungsspeichern nicht mehr bewusst aufgerufen werden. Das Erleben der Angst gründet dennoch stets auf irgendwelchen Erfahrungen, auf diesbezüglichen Erinnerungen oder auf Phantasien, die in der Folge entstanden sind. Angst ist stark geprägt durch Erlebnisse aus dem zwischenmenschlichen Bereich. Die Angst kann unterschiedlich „gefärbt" und sogar in Richtung auf lustvolles und sexuelles Erleben umgepolt sein. So wird dem Erleben der Angst je nach Kultur und persönlicher Eigenart eine sehr unterschiedliche Bewertung zuteil: als Ausdruck einer Störung, einer Schwäche, eines Versagens oder als notwendiger Reifeschritt, zum Beispiel bei Mutproben; als Ausdruck von Feigheit oder aber als

Beweis für Vorsicht, Mitgefühl, Gefühlstiefe, Menschlichkeit und sittliche Reife.

Damit nicht genug. Menschen sind mehr oder weniger ängstlich. Woran liegt es? Ist das Kind so ängstlich geboren, oder haben es die Eltern so ängstlich gemacht? Beides trifft zu, und beides wirkt in der Regel zusammen. Und welche „Ängstlichkeit" ist überhaupt gemeint? Das angstvolle Schreien eines erregbaren Säuglings und Kleinkindes, die ängstliche Vermeidung eines Kindes, das sich nicht von der Mutter trennen und nicht mit anderen spielen will, oder die ängstlichen Befürchtungen eines älteren Kindes, die beim Autofahren, bei Spinnen und bei Gewitter ausgelöst werden? Die Sprechangst eines stotternden Kindes, die Angst vor Auftritten, die wir Lampenfieber nennen, die Angst vor allem, das fremd und neu ist, die versteckte Angst eines Kindes, das wieder begonnen hat, sein Bett nass zu machen, oder die ängstliche Verzweiflung eines Kindes, das sich beim dritten Mal „verzählt" hat, während es die Treppenstufen hinaufgegangen ist. Diese verschiedenen Arten der Angst sind nicht zwingend miteinander verbunden.

## Angst in frühen Beziehungen

Mutter eines sechs Wochen alten Säuglings: „Wenn ich meinen David nach dem Baden nackt auf den Wickeltisch lege und mit dem Frotteetuch abreibe, dann geht es mir durch und durch. Ich weiß nicht, ob das ein angenehmes oder unangenehmes Gefühl ist. Vielleicht ist mir die ganze Sache auch irgendwie peinlich. Ich versuche, schnell damit fertig zu werden. Ich frage mich, ob ich ihm mit dem Tuch wehtue, ob ich zu zart oder zu grob bin. Er stößt Laute aus dabei. Ich frage mich, ob es mir recht wäre, wenn ich wüsste, dass es ihm gefällt."

Mutter eines zweijährigen Sohnes: „Abends sage ich meinem Oliver ‚Gute Nacht' und gehe raus. Ich weiß schon, was dann kommt. Er ruft mich, ich gehe wieder hin. Manchmal komme ich nicht sofort, will es auch gar nicht. Dann ruft er schon lauter und macht in seinem Bettchen ordentlich Krach. Er kann sich gut bemerkbar machen. Manchmal lacht er schelmisch, er bildet sich ein, er kann über mich bestimmen. ‚Du Schlingel', sage ich dann. Manchmal schaut er ängstlich drein. Dann bleibe ich etwas länger und rede mit ihm und gebe ihm sein Stofftier in die Hand. An Tagen, wo wir noch fortgehen wollen, hat er fast einen siebenten Sinn. Er merkt, dass etwas nicht in Ordnung ist, und lässt uns das spüren. Den ganzen Abend haben wir dann ein dummes Gefühl im Magen, weil wir nicht zu Hause sind, und fragen uns, ob er wohl seelischen Schaden nimmt ..."

Es ist unübersehbar, wie verschieden die Kinder schon bei der Geburt sind: in ihrer Reizerregbarkeit, ihrem Schlaf-Wach-Verhalten, ihrem Essverhalten, ihrer Verdauung, ihrem Körperbau, ihrem Bewegungsverhalten und Entwicklungstempo. Weitere Unterschiede kommen hinzu. Sie entziehen sich zwar der bewussten Wahrnehmung, könnten aber für die Entwicklung der Ängstlichkeit eines Kindes noch entscheidender sein: Wie sicher kann der Säugling alles, was er riecht, schmeckt, spürt, sieht und hört, einordnen und „verstehen". Wie gut „versteht" er seine Pflegepersonen und kann sich mit seinen Bedürfnissen verständlich machen und den Umgang mit der Pflegeperson dazu nutzen, sich wohl zu fühlen, geborgen und getröstet? Wie rasch und zuverlässig kann der Säugling die Gefühlslage, zum Beispiel die Ängstlichkeit der Pflegeperson, erfassen und sich darauf einstellen, sich notfalls davor schützen? Wie gut kann sich umgekehrt die Pflegeperson auf das Temperament des Kindes einstellen, kurzum: wie gut passen Mutter und Kind zusammen?

Die Güte des Einvernehmens zwischen der Mutter oder Pflegeperson und dem Kind ist also das Entscheidende. Mutter und Kind müssen nicht jeder für sich ideale Voraussetzungen mitbringen. Sie müssen nur irgendwie zusammenpassen: nicht im Sinne einer perfekten Passform, nur im Sinne eines guten Zusammenwirkens. Es muss nicht immer alles gelingen. Es kommt nur darauf an, dass nicht ein Missverständnis dem anderen folgt und dass sich nicht Serien von Katastrophen ereignen.

Ein in der Pflege gut versorgtes und getröstetes Kind wird seine Angst besser regulieren können. Die enge Zwiesprache hat aber zunächst zur Folge, dass das Kind die Ängste seiner Pflegepersonen unwillkürlich mitaufnehmen und verarbeiten muss. Es ist eine Illusion zu glauben, man könne die eigenen

Ängste vom Kind fernhalten und dem Kind dennoch ausreichend emotionale Nähe anbieten. So verstanden, gehört die Erfahrung von Angst zu den Grundtatsachen des menschlichen Lebens und deren Bewältigung zu seinen Grundanforderungen. Nur so wird das Kind Intuition und Verständnis für die Gefühle und das Leid anderer Menschen erwerben. Nach und nach wird das Kind die wichtigsten „Grundängste" erfahren, die das Spektrum der Angst bei allen Menschen bilden: die Angst vor Isolation und Alleinsein, vor allzu großer Offenheit und Vielfalt, vor Enge und Erstarrung und vor Veränderung und Fremdheit sowie die Angst vor dem Nichts. Jedes Seiende, das sich begreifen lässt und Halt gibt, ragt nur wie eine Insel aus einem Ozean heraus, in dem sich nichts Konkretes greifen lässt. Dieser Ozean von Nichts wird von jemandem, der empfindsam genug ist, als Bedrohung erlebt, von der er weggeschwemmt werden könnte. Eine angstfreie Welt ist aus dieser Sicht utopisch und kann dem Kind auch nicht angeboten werden.

Die Eltern werden bei ihren Kindern frühzeitig einer bestimmten Angst auslösenden Situation begegnen, die sich wie ein roter Faden durch die gesamte kindliche Entwicklung hindurchzieht. Gemeint sind Trennungen. Hier wird die Angst in den Dienst einer Entwicklungsaufgabe gestellt, die darin besteht, dass das Kind Bindungen eingehen und mit deren Hilfe selbständig werden soll. Selbständigkeit erfordert jedoch die Fähigkeit, die eingegangenen Bindungen wieder zu lösen und umzugestalten.

Direkte Beobachtung von Müttern und Kindern bei Trennungen hat gezeigt, dass Kinder, die ihre Trennungsangst deutlich und lebhaft zum Ausdruck bringen, es den Müttern leichter machen, sich passend darauf einzustellen. Den Kindern gelingt auf diese Weise eine „sichere" Bindung, auf deren Basis sie sich besser von der Mutter lösen können. Hier wird noch einmal deutlich, dass die seelische Entwicklung auf das Erleben von Angst angewiesen ist. Es ist keineswegs so, dass die Angst der Entwicklung immer nur im Wege steht.

# Zumutbarkeit von Ängsten

„Meine beiden Söhne (acht und zehn Jahre alt) hassen und lieben sich. Ich schätze, das ist normal. Vor allem der Ältere hat seine Probleme damit. Er steht wie unter innerem Zwang, seinem Bruder etwas anzutun, ihn zu demütigen und zu quälen. Er weiß genau, wie verdammenswert das ist. Er weiß, dass er die moralische Verantwortung trägt, dass kein Unheil passiert. Bisweilen zuckt er unter dieser Verantwortung förmlich zusammen. Der Jüngere geht mit seinen Gefühlen viel hemmungsloser um. Er schreit und schlägt um sich. – Neulich waren wir alle auf dem Fernsehturm. Der Ältere war in panischer Angst, sobald der Jüngere an die Brüstung trat. Der Ältere war ständig um ihn herum und hat ihm Vorschriften gemacht. Er konnte den Ausblick überhaupt nicht genießen, er war außer sich vor Angst und zugleich vor Wut. Er rief, der Bruder würde ihm durch seine Unvernunft den ganzen Fernsehturm vermiesen."

Mutter eines sechsjährigen Mädchens mit einem bösartigen Knochentumor: „Ich habe immer alles getan, um meiner Anne Angst zu ersparen. Ich habe immer geglaubt, das geht. Schlimme Dinge erfährt mein Kind noch früh genug. Soweit und solange ich kann, wollte ich meine Anne beschützen. Das war meine Devise. Je weniger Angst sie erleben müsste, desto mehr seelische Kraft würde sie sammeln. Ich wollte nichts von ihr verlangen, solange sie nicht selbst ganz ohne Zwang zu einer Sache bereit war und sich etwas zutraute. Ich selbst bin in meinem Leben zu allem gezwungen worden. Es war schrecklich. Ich würde meinem Kind so etwas nicht wieder antun. Andere Leute behaupten, sie wären durch ihre Angst stark geworden. Ich halte das für eine Lebenslüge. – Ich habe mich wirklich bemüht, der Anne meine eigenen Ängste nicht zu zeigen. Ich glaube, mir ist das auch gelungen. Ich habe sie vor meinen Eltern bewahrt, damit sie ihr nicht das Gleiche antun wie mir. Ich habe die besten Berufsangebote ausgeschlagen, um bei ihr bleiben zu können. Wenn sie nicht in den Kindergarten wollte, konnte sie zu mir kommen, ich war ja zu Hause. Nun hat sie ständig Schmerzen und schreit vor Angst, und ich weiß nicht, wie ich ihr noch helfen soll. Drei Wochen war ich Tag und Nacht bei ihr im Krankenhaus. Ich bin am Ende meiner Kraft."

In der Tiefenpsychologie wird Angst als Ausdruck eines Konfliktes zwischen bewussten Strebungen und unbewussten Triebwünschen verstanden. Die Angst ist der versteckte Ausdruck des Bemühens, die aggressiven und sexuellen Triebwünsche zu verdrängen. Sie ist das Notsignal, wenn die Verdrängung nicht vollständig gelingt. Die Angst dient als Ersatz für das Ausleben der Wünsche. Tatsächlich kommt in der Angst die gleiche naturhafte Erregung zum Vorschein. In dieser Theorie wird der naturgeschichtliche Zusammenhang zwischen Angst und Aggression berücksichtigt. Die Bedeutung dieser tiefenpsychologischen Erklärung zum Verständnis von Angst und Aggression kann gar nicht hoch genug eingeschätzt werden. In dieser Theorie erscheint die Angst wiederum als kreative psychische Leistung, nicht als Reflex oder reine Instinkthandlung. Die Angst hilft dabei mit, spezifisch menschliche Fähigkeiten, nämlich den Triebverzicht, abzusichern und menschliche Bindungen zu befestigen.

Nach allem Gesagten über die grundlegende Bedeutung der Angst werden die Eltern nicht mehr danach streben, ihren Kindern jede Angst zu ersparen oder ihre eigene Angst um jeden Preis vor ihnen zu verbergen. Die Kinder würden nur misstrauisch und umso ängstlicher. Sie müssten Phantasien darüber entwickeln, welche ungeheuren Bedrohungen jenseits der Insel der scheinbar so seligen Kindheit lauern. Früher oder später würden sich die Kinder einer unbekannten bedrohlichen Welt schutzlos ausgeliefert fühlen.

Aber wann sind Kinder alt genug, um Angst verkraften zu können? Es ist aus einer solchen Sicht stets zu früh dazu. Wenn man längere Zeit versucht hat, den Kindern „alles" zu ersparen, und irgendwann damit aufhört, mag dies wie ein ungeheurer Entschluss erscheinen. Schließlich ist es zu keiner Zeit vertretbar, Kindern mutwillig Angst einzujagen. Daher ist es besser zu akzeptieren, dass auch schon ein junges, noch fast schutzloses Kind unweigerlich mit kleinen Ereignissen konfrontiert wird, kürzeren Trennungen, Schmerzen, Zeiten ohne Trost, Zeiten der Ungewissheit, elterlichen Krisen und Gefühlsausbrüchen, die möglicherweise Angst auslösen. Das Kind wird allein und gemeinsam mit den Eltern nach Möglichkeiten suchen, seinem wachsenden Verständnis angepasst, wie es Trost finden und seine Angst überwinden kann. Der Schutz, den die Eltern ihrem Kind anbieten können, ist nicht mehr als ein hinhaltender Widerstand oder eine halb durchlässige Membran gegen viele eindringende Gefahren.

## Angst und soziale Orientierung

Der Erstklässler Olaf ist seiner Lehrerin noch ein Rätsel. Er begreift alles gut, aber er ist kaum einmal auf seinem Platz. Er liegt auf dem Boden und kramt in seinem Hosentascheninhalt herum, er rennt zum Fenster und winkt wildfremden Leuten zu, kleidet sich im Unterricht an und aus und lacht mit, wenn die anderen über ihn lachen. Neulich bekam er von hinten eine Papierkugel ab. Er ging zu einem Jungen in der letzten Bank und schlug ihn mit der Faust wuchtig mitten ins Gesicht. Keiner spielt mit ihm. Er scheint es kaum zu merken, er ist mitten unter den anderen und gibt sich unbekümmert. – Die Eltern werden in die Schule zitiert. Ach, wie sind sie es leid, sich Klagen von Leuten anzuhören, die nicht mit ihrem Olaf fertig werden! Keiner glaubt ihnen, dass er zu Hause inzwischen viel besser zu führen ist. „Man muss eben lernen, mit ihm umzugehen." Beispiel: Mit vier Jahren warf er nacheinander die Blumentöpfe aus dem Wohnzimmerfenster auf die Straße, wo jeder Topf mit Gejohle von den Nachbarskindern begrüßt wurde. „Strafpredigten verstand er nicht." Er durfte daraufhin das Wohnzimmer nicht mehr allein betreten. Viele Dinge zu Hause sind einfach tabu. „Er muss immer erst die Grenzen ausprobieren, danach geht es besser." Kaum würde man erwarten, dass der gleiche Junge in bestimmten Situationen kopflose Angst zeigt. „Er fürchtet sich vor dem Geräusch, wenn die Waschmaschine zu schleudern anfängt, das war schon immer so. Er hielt sich früher die Ohren zu und schrie, jetzt geht er in sein Zimmer und kommt nicht raus, bevor wir ihm nicht sagen, dass die Wäsche fertig ist. ... Auch wird sein Verhalten ängstlich, sobald es draußen dunkel wird. Er stellt komplizierte Überlegungen an, was im Dunkeln passieren kann, wenn er im Bett liegt. Es ist ihm egal, ob wir ihm unsere Gegenwart anbieten oder weggehen. Er will nur, dass wir alle Lichter anschalten. Jedes Licht, das wir ausschalten wollen, müssen wir ihm abtrotzen."

Nicht alle Kinder, die starke Ängste zeigen, sind von Natur aus gleich beschaffen oder bilden gleichartige Verhaltensweisen aus. In diesem Abschnitt geht es um Kinder, die unter den ängstlichen Kindern eine Sonderstellung einnehmen. Sie empfinden einmal zu viel und dann wieder zu wenig Angst. Überdies tun sie sich im Zusammensein mit anderen Kindern schwer. Sie merken nicht, ob es jemand gut oder schlecht mit ihnen meint. Sie übersehen, dass sie jemandem wehgetan haben oder dass sie zu weit gegangen sind. Sie beschwören Missverständnisse herauf.

In jungem Alter lassen sie Irritation und Beunruhigung nicht an sich heran und wirken eher frei von Ängsten als besonders ängstlich. Sie lernen freilich auch nicht, was Ängste bedeuten und wie sie bewältigt werden können. Wenn sie sich wehtun, fordern sie keinen Trost oder Schutz an. Gefahren nehmen sie nicht rechtzeitig wahr und ignorieren Warnungen. Sie verpassen gute Gründe zur Angst, aber geraten aus schwer durchschaubaren Gründen schließlich doch aus der Fassung. Das Temperament dieser Kinder kann verschieden sein. Die einen wirken scheu und zurückhaltend, andere verhalten sich draufgängerisch.

Alle diese Kinder haben Schwierigkeiten bei der Pflege von Kontakten mit anderen Kindern. Zunächst gehen sie darüber hinweg und bleiben unbekümmert. Später reagieren sie empört, wenn sie mitbekommen, dass sie ausgeschlossen werden. Schließlich, im Jugendalter, können sie auch misstrauisch werden und sich zurückziehen. In jedem Fall sind sie Traumtänzer: nicht richtig „unter uns", sondern in ihrer eigenen Vorstellungswelt. In der Erfassung von Ereignissen können sie eigenartig „daneben" liegen. Was andere wichtig finden, entgeht ihnen. Was andere unwichtig finden, erregt ihre Aufmerksamkeit.

In der heutigen Literatur werden diese Eigenschaften bisweilen in einem Atemzug mit dem ADHS genannt. Tatsächlich haben die unbekümmerten und die verträumten Kinder vielfach auch Probleme mit der Aufmerksamkeit und sind bisweilen auch hyperaktiv. Somit ist es zwar richtig, genügt aber nicht zum Verständnis oder zur Behandlung dieser Kinder, wenn man sie „nur" als ADHS tituliert. Keinesfalls gehören alle Kinder mit ADHS automatisch zu dieser Gruppe. Ebenso wenig gehören alle Kinder dieser Gruppe zum Formenkreis des ADHS. Die meisten hyperaktiven Kinder haben keine Kontaktstörungen. Auch dann, wenn sie ausrasten und über die Stränge schlagen, werden sie zum Beispiel aus ihren Freundschaften nicht vertrieben.

Erstmals im Kindergarten, stärker noch in der Grundschule werden die Eltern darauf aufmerksam, dass ihr Kind in sozialen Gruppen aneckt und an den Rand gedrängt wird. Die Eltern plagen sich nun mit der Frage, ob sie in der Erziehung Fehler gemacht haben. Wenn es in der Familie noch weitere Kinder gibt, wird den Eltern bewusst, dass sie mit diesem Kind vor einer besonderen Herausforderung stehen, die anderen Eltern erspart bleibt. Sie begreifen, dass die erzieherischen Probleme mit der besonderen Natur des Kindes zu tun haben.

Diese besondere Natur führt unweigerlich dazu, dass sich die Eltern zu diesem Kind anders verhalten. Sie erziehen strenger. Dies ist wohl auch notwendig, damit das Kind trotz seiner schlechter eingestellten „Antennen" die notwendigen Informationen erhält und sich orientieren kann. Diese Erziehung ist eine Knochenarbeit, bei der die Eltern gegen Erschöpfung und Entmutigung ankämpfen müssen. Immer wieder müssen sie ihrem Kind dessen Handeln und dessen Auswirkungen auf andere erklären. Immer wieder müssen sie ihr Kind motivieren, sich an vereinbarte Regeln zu halten. Die Regeln müssen sich auf Dinge erstrecken, die für andere Kinder selbstverständlich sind. Die Eltern müssen dem Kind für gelungenes Verhalten Belohnungen in Aussicht stellen. Strafen müssen vermieden werden.

Schwierig wird es, wenn sich Eltern nach einer Übertretung nur noch mit Strafen zu helfen wissen, weil sie meinen, anders nicht mehr zeigen zu können, dass ihr Kind zu weit gegangen ist. Sie beklagen dabei die „Unempfindlichkeit" ihres Kindes. Sie stellen sich vor, dass sie nur durch spürbare Strafen noch zum Inneren des Kindes vordringen können. Die Gefahr des Strafens ist allerdings offensichtlich. Das Kind versteht erst recht nicht, was mit ihm geschieht. Die Eltern-Kind-Beziehung, die ja vor Angst schützen soll, gerät selbst zur Bedrohung. Dieser Vorgang geht so sehr an die Substanz des Vertrauens, dass es das Kind vorzieht, seine Bestrafung schnell wieder zu vergessen oder sich gegen die erlittene Behandlung abzustumpfen. Damit bleibt die gewünschte moralische „Reinigung" und innere Auseinandersetzung aus. Außerdem ist das

Kind nicht zum letzten Mal bestraft worden. Erzieher und Kind treten in einen Kreislauf ein, der eine Steigerung der Gewalt verspricht, welche die Kinder im ungünstigen Fall später auch selbst wieder ausüben.

Es lohnt sich, diesen schwierigen und schwer zu durchschauenden Kindern wohlgesinnt zu bleiben. Sie belohnen uns mit ihrer Originalität und Kreativität. Auf besonderen Gebieten, wenn auch nicht im normalen Alltag, erweisen sie sich als hellsichtig und feinfühlig. Sie blühen auf, wenn sie Gleichgesinnte finden, an denen sie sich orientieren können. Bei Veranstaltungen, die nach festem Ritual und Regelwerk geleitet werden (Judo, Pfadfinder), finden sie sich leichter zurecht als dort, wo Regeln und Abläufe gruppendynamisch ausgehandelt werden müssen (Fußball).

## Angst und Depression

Elterngespräch – Vater: „Sie werden es nicht glauben, aber ich war ein ängstliches Kind. Vor jedem Hund bin ich weggelaufen, auch wenn es nur ein Dackel war. Ich wollte abends nicht allein zu Hause bleiben. Ich habe es nicht geschafft, im 4. Stock aus dem Fenster zu schauen. Bei fremden Besuchern meiner Eltern habe ich mich verdrückt. Wenn mich ein Lehrer ein bisschen streng angeguckt hat, habe ich gleich mit den Mundwinkeln gezuckt. Mein Vater hielt mich für einen klar hoffnungslosen Fall. Er hat mir nichts zugetraut. Ich habe mich ganz klein hinter meiner Mutter versteckt, wenn er jemanden gesucht hat, der abends noch etwas aus dem Keller holt. Ich wäre unten im Keller gestorben vor Angst. Ich wollte nie alleine verreisen, als meine jüngeren Geschwister schon längst mit Jugendgruppen unterwegs waren." – Mutter: „Ja, und jetzt scheuchst du deine Angestellten herum und verlangst von ihnen Sachen, die du selbst als Kind nie gekonnt hättest. (Zu mir:) Er ist ein Fanatiker und ein Perfektionist." Vater: „Immerhin verlange ich nichts von meinen Leuten, was ich nicht selbst auch ausprobiert habe. Heute macht mir das nichts mehr aus. Ich fliege dreimal in der Woche zwischen hier und P. hin und her. Da gebe ich meiner Frau Recht, solche Veränderungen hätte ich als Kind nicht verkraftet. – Meine Frau ist die Ängstliche zu Hause, nicht ich. Sie muss zweimal zurückgehen und prüfen, ob die Tür abgeschlossen ist. Wenn unsere Tochter auf Klassenreise ist, kann sie nächtelang nicht schlafen." Mutter: „Früher war ich mutiger als die Jungen, ich bin auf die höchsten

Bäume geklettert. Außerdem hat mein Mann auch seine Krisen: Da jammert er mir die Ohren voll, es werde ihm alles zu viel und er hätte nie eine so große Firma aufbauen sollen, es werde kein gutes Ende nehmen, irgendwann sei er tot und dann stünde ich alleine da. Also so stabil ist mein Mann nun auch nicht, wie er immer tut."

Traurig ängstliche Verstimmungen gehören zur seelischen Grundausstattung. Die Tatsache, dass den Verstimmungen auch bestimmte Stoffwechselvorgänge im Gehirn zuzuordnen sind, versteht sich von selbst und bedeutet nicht, dass sie auch alle krankhaft sind. Erst bei schweren und andauernden Verstimmungen sprechen wir von Depressionen. Depressiv Kranke fühlen sich leer und trostlos. Alles ist für sie ohne Anfang und Ende, ohne Sinn und Freude. Depressive Menschen fühlen sich unruhig oder gelähmt. Sie haben keine Energie. Sie grübeln, bevor sie einschlafen, Sie wachen früh auf und grübeln weiter. Auch quälende Schuld- und Angstgefühle können sich hinzugesellen. Depressive Menschen haben keinen Appetit, leiden unter Magen- und Darmbeschwerden und einem Druckgefühl auf der Brust.

Nicht alle diese Erscheinungen kommen gleichzeitig vor, schon gar nicht bei Kindern. Wir zweifeln heute nicht mehr, dass es auch bei Kindern bereits Depressionen gibt. Man übersieht sie aber leichter. Die Grenzen zwischen einem ängstlich gehemmten Temperament und einer wirklichen seelischen Störung sind unscharf. Die betroffenen Kinder geraten langsam in die Depression und erleiden keinen plötzlichen Einbruch. Sie haben im Rückblick schon immer rascher geweint, häufiger über körperliche Beschwerden geklagt, sich weniger zugetraut und lustloser gespielt. Traurig verstimmte Kinder lassen sich glücklicherweise recht gut aufmuntern und wieder aus der Reserve locken. Erwachsene würde man durch Aufmunterung nur tiefer in ihre Depression hineindrängen. Wir halten bei Kindern neben der Spieltherapie nur selten auch Medikamente für erforderlich.

Wir stellen uns das innere Erleben bei Depressionen so vor, dass jegliche Verluste und Trennungen schlechter verkraftet werden. Jeder Abschied wird gleichsam so erlebt, als ginge dabei ein unverzichtbares Stück aus dem eigenen Inneren verloren. Die Angst ist als akutes Alarmsignal zu verstehen. Sie wird ausgelöst, wenn der Verlust vorausgeahnt wird. In der Depression wird der Verlust hingegen so erlebt, als sei er bereits unwiederbringlich eingetreten. Das Kind kann seinen Eltern sagen: „Ich habe Angst." Es kann aber mit Hinblick auf seine Depression nicht aussprechen, wie trostlos es sich ständig fühlt. Die Depression liegt also eine Etage tiefer als die Angst. Das Kind hat die Hoffnung verloren. Wir können uns Depressionen als misslungene Trauer vorstellen. Alle negativen Gefühle, die eigentlich dem verlorenen Objekt gelten, werden gegen das eigene Selbst gewendet. Ängstliche Erregungen wechseln dabei mit depressiven Hemmungen ab.

Man könnte denken, der Grund für alle Depressionen liege in früher Kindheit bei Verlusterlebnissen, Vernachlässigungen und Entbehrungen. Das Kind sei gewissermaßen nie ausreichend verstanden, getröstet und geschützt worden. Dieser Hintergrund trifft jedoch nur auf wenige Fälle zu. In der Mehrzahl der Fälle ist lediglich festzustellen, dass ängstliche, scheue und zaghafte Kinder mit Eltern aufwachsen, die ihren Kindern gar nicht so unähnlich sind. Die Eltern übertragen offenbar frühzeitig ihr eigenes ängstlich gehemmtes Temperament auf ihre Kinder – genetisch und psychologisch. Dies führt dazu, dass die Kinder von Anfang an empfindlicher auf Belastungen und Veränderungen reagieren und leichter zu entmutigen sind. Jedes alltägliche Missgeschick hinterlässt kleine seelische Spuren, die ein anderes Kind unbesehen wieder wegwischen würde. So entsteht ein leiser Unterton von Selbstzweifel und Verunsicherung. Eltern, die selbst depressiv verstimmt sind, übersehen solche Eigenschaften bei ihrem Kind oder erschrecken unnötig, wenn man sie darauf hinweist. Sie sollten sich auf das Urteil anderer Personen verlassen, wenn sie entscheiden wollen, ob ihr Kind Hilfe benötigt.

Ängstlich gehemmte Temperamente wachsen sich glücklicherweise nur zum geringen Teil später zu Depressionen aus. Diese beginnen im Jugendalter und noch häufiger erst bei Erwachsenen. Eine depressive Grundtönung im Erleben wird später oft ausgeglichen oder überspielt. Schon die Jugendlichen und erst recht die Erwachsenen vergessen (oder wollen nicht mehr wissen), dass sie als Kinder ängstlich und unsicher waren. Bei der Bewältigung einer ängstlich depressiven Natur ist das Zusammensein mit Bezugspersonen und Freunden, die ihr Leben zuversichtlich und positiv angehen, ein wichtiges Korrektiv.

## Angst und Bettnässen

„Elvira ist sechs und kommt bald in die Schule. Ihre kleine Schwester ist schon längst trocken. Elvira macht jede Woche bestimmt zweimal das Bett nass. Was sollen wir unternehmen? Mein Mann sagt immer, bei ihm hat es mindestens so lange gedauert, bis er trocken war."

„Als wir merkten, dass wir uns trennen müssen, hat Ralph jede Nacht eingenässt. Damals war er fünf. Jetzt leben wir allein, und das Bettnässen ist schon monatelang nicht mehr aufgetreten. Neulich hatte ich am Wochenende Besuch von meinem neuen Freund. Er ist auch geschieden und hat eine Tochter im Alter von Ralph. Sie haben am Wochenende beide bei uns übernachtet. Es war ein schönes Wochenende. Wir haben eine Wanderung und ein Picknick gemacht. Mir ging es lange nicht mehr so gut. Von Sonntag auf Montag hatte Ralph das Bett wieder nass gemacht, und so geht es nun schon die ganze Woche, Nacht für Nacht. Das war doch wirklich lange nicht mehr vorgekommen. Es macht mich wirklich fertig. Was ist los mit ihm. Warum sagt er mir nichts? Vielleicht mochte Ralph den Freund von mir nicht leiden. Mit dem Mädchen hat er jedenfalls nett gespielt. Er hat sich absolut nichts anmerken lassen. Er war ganz zufrieden. Auch jetzt fällt mir psychisch nichts an ihm auf. Er geht ganz normal in seinen Kindergarten und zeigt keine Angst."

Vor dem Ende des vierten Lebensjahres sollte man nicht von Bettnässen reden, sondern von einer noch nicht abgeschlossenen Sauberkeitsentwicklung. Die Kontrolle der Harnblase und ihrer Verschlussvorrichtungen ist an Reifungsprozesse des Nervensystems gebunden. Sie vollziehen sich nicht bei allen Kindern gleich rasch und glatt. Die Veranlagung spielt wieder einmal eine wichtige Rolle. Hinzu kommen Abweichungen im Bau der ableitenden Harnwege, die der Kinderarzt als Ursache erkennen oder ausschließen muss.

In Zwiesprache mit der unwillkürlichen nervösen Steuerung wirken seelische Faktoren auf die Harnkontrolle ein: Eine unbewusste innere Bereitschaft des Kindes, trocken bleiben zu wollen, kann der Funktion einer „schwachen" Blase auf die Beine helfen. So etwas wie eine „zu kleine" oder „schwache" Blase gibt es nicht, genauer: Es gibt sie nicht als Ursache für das Bettnässen.

Zunächst ist die Funktion der Harnkontrolle („Kontinenz") noch störanfällig, und es kann zu kleinen Rückfällen kommen. Dann bilden sich feste Regelkreise heraus. Das Nervensystem übt diese Funktion regelrecht ein und macht sie automatisch. Hier setzen die erfolgreichen Übungsprogramme (Wecken, Klingelmatratze) ein. So manches Kind hätte aber das gleiche Ziel auch ohne „Üben" erreicht. Man sollte nicht zu früh, d. h. nicht vor dem 7. oder 8. Lebensjahr, mit solchen Programmen beginnen, damit das Kind auch wirklich versteht, was es tut, und selbst dazu motiviert ist. Die meisten Bettnässer befinden sich also aufgrund einer umschriebenen Unreife des Nervensystems noch in einer Phase, wo der Regelkreis der Harnkontrolle leicht durcheinander kommen und durch vielfältige seelische Reize gekippt werden kann.

Der Schlaf ist für sich genommen schon ein solcher Auslöser, der den Regelkreis bedroht, vor allem in den Tiefschlafphasen. Bei Kindern, bei denen diese Schlafphasen besonders „bleiern" sind, kommt es leichter zum Bettnässen. Es hat sich bewährt, diese Kinder noch einmal wach zu machen, bevor die Eltern ins Bett gehen. Auf das Wachsein kommt es an. Es genügt nicht, die Kinder im Halbschlaf auf die Toilette zu schicken. Sie machen das Bett trotzdem nass, es fließt nur nicht ganz so viel Urin heraus.

Viele Reize, die den Regelkreis der Harnkontrolle erschüttern, stammen aus dem Tag und nicht aus der Nacht. Angeschuldigt werden Gefühle wie Angst, Wut, Trauer (Depression) und der Wunsch, noch einmal ein Baby zu sein. Jeder mag sich aussuchen, was zu seinem Kind besonders gut passt. „Die Blase weint", lautet eine weitere viel sagende Behauptung. Man muss nicht daran glauben, dass die Blase immer „weint", wenn ein Kind nachts das Bett nass macht. Sicher ist, dass eine Mutter irgendwann vor Frust und Ärger (beinahe) weint, wenn das Bett zum hundertsten Mal überschwemmt und die Matratze nicht mehr zu retten ist.

Bettnässende Kinder mit langer Leidensgeschichte wirken mürrisch, abweisend, gleichgültig ihrem Problem gegenüber. „Was soll's, es hat ja sowieso alles keinen Sinn." In der Tat sind Mutlosigkeit und Resignation die schlimmsten Feinde jeder Behandlung von Bettnässern, und Hoffnung und Motivation sind die Zauberworte. Wer es als Therapeut schafft, einem Kind und seinen Eltern Mut zu einem neuen Anlauf zu geben, hat schon halb gewonnen, unabhängig von der Methode. Denn oft werden Eltern und Kind allein durch die Hoffnung wieder gut zueinander und finden zusammen.

Nach der klinischen Erfahrung ist es nicht von der Hand zu weisen, dass seelische Belastungen das Bettnässen begünstigen. Aber es handelt sich nicht um dramatische Krisen, sondern um feine, leise und verborgene Spannungen und Risse im Gefüge der Familie, die sich ins Unterbewusstsein einschleichen, ohne für das Kind greifbar zu werden:

– Ein Vater, der heimlich trinkt und dadurch seinen Arbeitsplatz und seine Ehe gefährdet.

– Ein Elternpaar, das schon einmal getrennt und fast geschieden worden ist und sich nur „wegen der Kinder" wieder zusammengetan hat und sich nun gegenseitig belauert.

– Eine Mutter, die an Brustkrebs erkrankt ist und nur mühsam ihre Lebensangst unter der Decke halten kann.

– Ein gespanntes Zusammenleben mehrerer Generationen im Haus, wo es immer wieder knistert.

– Ein Kind, das Schulprobleme hat und weiß, dass es zu Hause auf kein Verständnis stößt, weil der Vater noch mehr erwartet als die Lehrerin.

Belastungen, die in ihrer Art alltäglich genug sind, so dass ganze Wohnquartiere einer Stadt nachts mit Urin überschwemmt sein müssten, wenn jedes Kind zu dieser Störung veranlagt wäre! Dennoch kann den wenigen Betroffenen gezielt geholfen werden, wenn diese Belastungen aufgeklärt und ein wenig erleichtert werden.

Vor allem bei jüngeren Kindern sind noch weitaus geringere seelische Herausforderungen ausreichend, um einen Rückfall in der nächtlichen Sauberkeit auszulösen: die Geburt eines Geschwisterkindes oder die bevorstehende Einschulung. Die Wirkungsweise ist immer die gleiche: Das Kind wird in eine höhere, ängstlich gefärbte Anspannung versetzt. Diese Anspannung „entlädt" sich nachts. Wie dies zustande kommt, ist besonders gut nachvollziehbar, wenn man kleine Kinder beobachtet, die tagsüber normalerweise schon trocken sind, jedoch beim erregten Spiel einen Harndrang bekommen. Sie schaffen es nicht schnell genug zur Toilette, vor allem deshalb nicht, weil sie andererseits durch das Spiel gefesselt sind, also im Zwiespalt zwischen Innehalten und Aktion, Loslassen und Kontrolle stecken bleiben.

Zuletzt eine Warnung: Bisher war nur vom nächtlichen Einnässen die Rede. Das Nassmachen während des Tages, also im Wachzustand, ist ein Problem anderen Kalibers. Vor allem bei Kindern jenseits des fünften Lebensjahres handelt es sich hier um ein Warnzeichen, das auf ein schweres seelisches Unglück hinweist. Bei Nachforschungen ist dieses Unglück in der Regel mit Händen zu greifen. In jedem Fall ist eine kinderpsychiatrische Untersuchung und psychotherapeutische Behandlung angezeigt. Das Kind bringt hier eine erhebliche innere Wut, Angst und ein Aufgewühltsein zum Ausdruck, wiederum freilich, wie bei allen psychosomatischen Krisen, in einer Form, in der die Gefühlsregung nicht offen gezeigt wird, sondern erraten werden muss.


## Angst und Stottern

„Unser Christian ist fünf Jahre alt und spricht sehr überhastet. Die Erzieherin im Kindergarten sagt, sie verstehe ihn manchmal gar nicht. Sie sagt, er stottere wie ein Weltmeister. Das macht mir natürlich Sorgen. Mir fällt es zu Hause nicht so auf, aber da geht es ja auch ruhiger zu. Die Erzieherin hat mir auch erzählt, dass eine Logopädin im Kindergarten Frühförderung für Kinder mit Sprachstörungen abhält. Denken Sie auch, dass er eine Therapie braucht? Ich möchte ja nichts versäumen. Nachher stottert er immer weiter und wird es nicht mehr los."

Beim Spracherwerb durchlaufen viele Kinder zwischen drei und fünf Jahren eine Phase, in der sie überhastet sprechen, Silben verschlucken und wiederholen. Die Eltern sagen dabei: „Noch einmal langsam!" Nach freundlichen Hilfen dieser Art gelingt der Satz dann meistens besser. Die Kinder nehmen es den Eltern nicht krumm, dass sie verbessert werden. Sie haben so viel zu sagen, und es sind so viele Worte in ihrem Kopf vorhanden. Aber der rhythmische und geordnete Ablauf der Bewegungen der Lippen und der Zunge, des harten und weichen Gaumens, des Mundhohlraums, der Stimmbänder, des Atmens und Luftgebens ist noch zu schwer. Dieses Problem bezeichnen wir als „Poltern" oder „Entwicklungsstottern". Die Kinder empfinden dabei keine Angst, falls die Eltern keine Angst empfinden, dass hier ein künftiger Stotterer spricht.

Das Sprechen ist an so viele komplizierte zentralnervöse Steuerungen gebunden, dass es nicht verwunderlich ist, dass diese Funktionen mehr oder weniger gut ausgebildet werden oder manchmal nur verzögert ausreifen. Manche Menschen sind noch als Erwachsene mit ihren Sprechwerkzeugen behender als andere. Erbanlagen sind wichtig, natürlich auch die Übung in einer Umwelt, welche die Sprache und das Sprechen fördert. Durch eine Umwelt, die falsch oder schlecht spricht, wird das Kind ein falsches „Programm" erlernen. So mancher kennt die Erfahrung, dass er in Gegenwart eines Stotterers auch zu stottern beginnt.

Bei Kindern mit Sprachentwicklungsverzögerungen (keine Sprachentwicklung bis zum dritten Lebensjahr) und mit erheblichen Aussprachefehlern kann eine frühe logopädische Übungsbehandlung hilfreich sein. Normal sprechende Kinder benötigen hingegen keine zusätzliche Förderung. Jedes Kind verschafft sich in seiner Umwelt ausreichende Übungsmöglichkeiten, um mindestens so gut sprechen zu lernen wie seine sprechende Umgebung. Bei Stotterern sollten Eltern, Ärzte und Logopäden erst ab dem sechsten oder siebenten Lebensjahr eine Diagnose wagen und bei therapeutischen Bemühungen davor nicht übertrieben ehrgeizig sein. Behutsame Übungen können auch bei jüngeren Kindern schon in Frage kommen, wenn sie zur engeren Risikogruppe gehören. Warum diese Zurückhaltung, wenn die Sprachentwicklung doch sonst auf Üben und frühes Lernen angelegt ist? Beim Stottern kommen zwei Faktoren zusammen: 1. Eine Unsicherheit beim Erwerb der Funktionen des Sprechens. Dies ist der Anlagefaktor. 2. Eine überhöhte Erwartungs- und Anspruchshaltung. Sie liegt im Kind und bei den Eltern. Es ist unmöglich zu klären, auf welcher Seite das Problem des Stotterns begonnen hat und wo sein Kern liegt. Frühzeitig gerät das stotternde Kind jedoch an den Punkt, wo die seelischen Probleme gegenüber den Sprachsteuerungsproblemen die Überhand gewinnen, vor allem bei jenen Stotterern, die „anstoßen" und „pressen". Diesen Stotterern sitzt ständig die Angst im Nacken, dass sie beim Sprechen scheitern könnten. Sie leiden unter „Sprechangst". Diese ist das Scharnier, an welchem die weitere Persönlichkeitsentwicklung des Stotterers hängt. Daher muss auch jede Psychotherapie des Stotterns hier ansetzen. Die Eltern sollten die Hilfen sehr behutsam und nachsichtig einführen und jeden unnötigen Leistungsdruck vermeiden. Jedem sollten die Risiken der zukünftigen Charakterentwicklung eines schweren Stotterers vor Augen stehen: Als Erwachsene können sie überernst und Achtung heischend werden und ein ungewöhnlich druckvolles Auftreten an den Tag legen. Beim Sprechen legen sie lange Pausen ein. Sie verbitten sich Zwischenbemerkungen und Störungen, sind unnachgiebig mit sich und anderen. Sie wirken wenig spontan und bringen andere in manche unnötige Verlegenheit.


## Angst und Zwang

Vater eines siebenjährigen Erstklässlers: „Unser Jonas trödelt morgens vor der Schule. Er steht sekundenlang still vor seinen Schuhen oder vor seiner Schultasche, obwohl die Zeit drängt. Ich glaube, er kann sich nicht entscheiden, was er zuerst tun soll. Auf der Treppe muss er auf jeder Stufe die richtige Stange des Geländers berühren. Er ist schon mal die Treppe wieder hochgegangen, als er sich vertan hatte. Draußen berührt er unser Hausschild, dann rennt er ganz schnell zu meinem Wagen, als sei der Teufel hinter ihm her. Er steht nach dem Aussteigen vor der Schule erst einmal wieder so komisch da. Er wirkt erst wieder lockerer, wenn seine Klassenkameraden auftauchen und ihn mit in das Schulhaus nehmen. Ich habe ihn, glaube ich, noch nie allein hineingehen sehen. Ich wette, er macht noch mehr solche Dinge, die mir entgehen und die ich nicht durchschaue."

Mutter eines dreizehnjährigen Jungen mit langjähriger Zwangsneurose, nachts um 2.00 Uhr: „Wir wenden uns an Sie, weil wir absolut nicht mehr weiter wissen. Noch vor einer Woche hatte er einen Austauschschüler aus Italien. Er hat ihm unsere Stadt gezeigt. Er hat so getan, als wäre nichts mit ihm. Das hat ihn wohl so sehr erschöpft, dass es jetzt zur Krise kam. Wir sind am Ende. Ich kann gar nicht sagen, wie. Wir schlafen seit Tagen nicht mehr. Michael schafft es überhaupt nicht mehr bis in sein Bett. Er rumort überall herum. Er putzt jeden Fußtritt auf, den ich mache. Er hat auch einen ungeheuren Hass auf meinen Mann. Gestern war er nach mehreren Stunden im Badezimmer vollkommen erschöpft. Er hat geschrien, während er sich wusch. Er hat auf meinen Mann und mich eingeschlagen. Wir haben dann die Nacht mit ihm auf dem Sofa im Wohnzimmer zugebracht. Mein Mann hat ihn festgehalten. Plötzlich ist er aufgesprungen und hat alle Tische leergefegt und die Bücher aus den Regalen gerissen. Bitte helfen Sie uns, ich glaube, Michael ist jetzt verrückt geworden."

(Am folgenden Morgen ist klar, dass Michael nicht bereit ist, zu einem ambulanten Nottermin zu mir zu kommen, die Eltern kommen allein. Ein stationäre Aufnahme wird für übermorgen vorbereitet) – Zwei Tage später: „Es tut uns Leid, wir möchten den Aufnahmetermin absagen. Es hat sich etwas gebessert. Und wir denken, dass wir uns alle wohler damit fühlen, wenn wir jetzt nichts weiter unternehmen."

Zwang ist ein Grundmuster kindlichen Verhaltens und menschlichen Verhaltens überhaupt. Zwang ist in jedem kindlichen Spiel enthalten, wenn bestimmte Spielzüge noch und noch wiederholt werden. Mit Zwang versucht das Kind, Kontrolle über seine Gefühle zu erlangen und eine aufsteigende Erregung niederzukämpfen. Es will aber zugleich die Kontrolle über seine Umwelt erringen und will der Umwelt ein Muster aufzwingen, nach dem sie für das Kind verstehbar wird: Die Puppe *darf* nur so und so sitzen und in *diese* Richtung schauen. Die

Mama *darf* jetzt nicht hinschauen, sonst ist alles verdorben. Jetzt *muss* die Mama hinschauen, sonst ist wiederum alles verloren. Das Kleid muss an einer ganz bestimmten Stelle im Schrank hängen usw.

Dass der Zwang wie auch die Wiederholung sowie das Ritual der Abwehr von Angst dienen, können die Eltern von Kleinkindern jeden Abend beim Gute-Nacht-Sagen eindrucksvoll erleben. Und dass der Zwang sich nicht nur auf die Beherrschung der Angst, sondern auch auf die Beherrschung der Aggression richtet, können Eltern am eigenen Leibe erfahren, wenn sie irgendwelche vom Kind aufgestellten Regeln nicht beachten und daraufhin angeherrscht werden oder wenn das Kind einen Trotzanfall bekommt.

Ängstliche Kinder sind meist auch zwanghafte Kinder. Wenn sie sich einer äußeren vorgegebenen Ordnung anpassen und anvertrauen können, zum Beispiel dem Ablauf des Schulvormittages oder dem Ablauf eines Gesellschaftsspiels, können sie ungezwungen, fröhlich und zufrieden sein. Sobald sie für den Ablauf einer Handlung selbst zuständig werden, geraten sie in Konflikt mit ihren Gefühlen. Die Angst und der Zwang schnappen ein. Sie fragen zehnmal das Gleiche, bis der/die Gefragte ungeduldig wird. Sie nörgeln und stellen Bedingungen. Sie machen alles viel zu umständlich. Wenn ihnen daher eine Aufgabe nicht gelingt, explodieren sie in Wut oder brechen zusammen wie ein Kleinkind.

Niemand, der sich ein ängstliches Kind vorstellt, ohne es genauer zu kennen, darf vergessen, dass es auch zwanghaft sein könnte, aber diese Seite seines Verhaltens zu tarnen versucht. In ihrer Zwanghaftigkeit können ängstliche Kinder willensstark, beharrlich und bockig sein. Später, wenn sie erwachsen geworden sind, ist die Ängstlichkeit scheinbar weg. Diese Erwachsenen haben ihre Angst nach vielen schmerzhaften Kämpfen gut im Griff. Beharrlichkeit, Unerschütterlichkeit und Beständigkeit sind nun ihre Tugenden. Typischerweise führen sie den Satz im Mund: „Keiner glaubt, dass ich ein ängstliches Kind war." Wer durchschaut, dass Angst, Aggression und zwanghafte Selbstkontrolle eng zusammenhängen, kann diese

Wandlung vom Kind zum Erwachsenen sehr wohl nachvollziehen. Es ist die Angst, die nunmehr getarnt wird oder nicht mehr bewusst abläuft.

Im Grundschulalter wird das zwanghafte Verhalten der Kinder allgemein deutlicher. Es ist ablesbar an den Regelspielen auf dem Schulhof und daran, wie die Kinder auf dem Nachhauseweg bummeln, über Steinplatten hüpfen oder Stufen zählen. Die meisten Kinder dieses Alters fühlen sich bei diesen zwänglerischen Spielen recht wohl. Sie spielen diese Spiele auch gemeinsam und teilen ihre Erfahrungen.

Ein kleiner Teil der Kinder entwickelt gegen Ende dieser Zeit, also zwischen zehn und elf Jahren, ernste seelische Schwierigkeiten, die sich in den folgenden Jahren zur Pubertät hin dramatisch steigern können. Diese Kinder verbringen große Teile des Tages mit ganz bestimmten Gedanken und Tätigkeiten, die komplizierten Regeln unterworfen sind. Dies spielt sich im Verborgenen ab. Die Zwänge beginnen mit scheinbar vernünftigen Gründen: „… Damit die Hände sauber sind, bevor ich etwas esse …" – „Damit ich nicht durch Bakterien erkranke." – „Damit keine Zugluft eindringen kann …" – „Damit kein Einbrecher hereinkommt, damit kein Feuer ausbricht, damit auf der Straße die Autos nicht zusammenstoßen." Die Zwänge enden so, dass dem Kind kein Gedanke mehr gelingt, der außerhalb dieser Begründungen liegt. Die Kinder steigern sich mit wachsender Anspannung und Verzweiflung in ihre Aufgaben hinein, bei denen etwas geprüft, gezählt oder wiederholt werden muss. Dabei finden Zwangshandlungen statt, die schließlich die Form von Kasteiungen und Bestrafungen annehmen. Ein klassisches Beispiel ist das Händewaschen oder Duschen bis zur Zerstörung der Haut. Der kleinste Fehler bei der Durchführung der Aufgabe zwingt das Kind, den Vorgang von vorne zu beginnen.

Falls ihm die Wiederholung nicht gelingt oder es daran gehindert wird, überfällt es eine panische Angst mit Herzklopfen und Schweißausbruch oder ein Wutanfall gegen die Eltern, die ihm Einhalt gebieten wollten. Kennzeichnend für die Zwangsstörungen in voller Ausprägung ist es, dass sich das Kind der

Sinnlosigkeit seines Verhaltens selbst bewusst ist und darunter leidet. Das Kind hat selbst den Wunsch, davon freizukommen, hat aber zugleich die größte Angst davor. Denn es fühlt sich unter dem Zwang, weitermachen zu müssen, und ist wütend über jeden, der es verhindern will.

Die Eltern sind mit einem solchen Kind in einer verzweifelten Lage. Auch ihre Lage ist eine Zwangslage. Sie dürfen zum Beispiel auf Geheiß ihres Kindes niemandem etwas über die Zwänge verraten. Gerade im Elternhaus sind die Zwänge besonders ausgeprägt. Während des Schulmorgens kann es dem Kind längere Zeit noch gelingen, sich unauffällig zu verhalten. Die Klassenkameraden oder die Lehrer bekommen nichts mit. Nachmittags wüten dann die Zwänge umso schlimmer. Zwangsstörungen dieses Ausmaßes bieten einen zwingenden Anlass zu stationärer psychotherapeutischer Behandlung in einer Klinik für Kinder- und Jugendpsychiatrie. Den Eltern fällt die Entscheidung nicht leicht. Sie müssen ihre Notlage bekennen, aber tun dies nur unter äußerstem Druck. Der Verlauf kann wechselhaft sein. Bei leichter Besserung wird der Wunsch nach Hilfe wieder zurückgezogen, kann nach kurzer Zeit aber wieder zurückkehren. Auch Angst lösende und antidepressive Psychopharmaka können in einer derart angespannten und verzweifelten Lage eine echte Hilfe bedeuten.

Die Diskussion ist im Verlaufe dieses Kapitels an die Grenze dessen gelangt, was sich an der Angst des Kindes noch als „Natur" des Menschen begreifen lässt. Die Grenze liegt dort, wo die „Natur" des Menschen immer schon etwas anderes und mehr ist als die „Natur" der Tiere, d.h. immer schon in menschliche Kultur übergegangen und in menschliche Erfahrungen und Beziehungen eingebettet ist. Am Beispiel der Kinder mit mangelnder Angst-Empfindlichkeit ebenso wie bei der Depression, bei den Zwängen, dem Stottern und dem Bettnässen ist schmerzlich zu sehen, wie die „Natur", also die Veranlagung, dieser Kinder schon frühzeitig zum Beziehungsschicksal zwischen Eltern und Kind wird und eine Kettenreaktion negativer Erfahrungen auslösen kann.

## Die Natur der Angst in aller Kürze

Worin liegt die Natur der Angst?

- Sie hat ihren Ursprung in einem stammesgeschichtlich alten Teil des Nervensystems, das der Mensch mit den Säugetieren gemeinsam hat.
- Dort werden Verhaltensmuster und Gefühlsregungen für Angriff und Verteidigung gesteuert.

Wie entwickelt sich diese Natur beim Menschen weiter?

- Der Mensch ist bei Angst nicht mehr, wie das Tier, an feste, instinktive Verhaltensmuster gebunden.
- Die Angst nimmt im menschlichen Zusammenleben sehr unterschiedliche und neuartige Bedeutungen an.
- Die Angst wird zum unverzichtbaren Bestandteil menschlichen Erlebens.

Welche Formen kann eine Angst beim Kind annehmen?

- Ausweichendes, vermeidendes Verhalten gegenüber bestimmten Situationen,
- gezielte Ablehnung von/Angst vor Objekten, Spinnen, Schlangen, Aufzügen,
- zwanghaftes, tyrannisches und forderndes Verhalten,
- qualvolle Zwangshandlungen und Zwangsgedanken,
- Einschlafstörungen (Kleinkinder),
- (depressive) Schlafstörungen,
- anklammerndes Verhalten und Protest bei Trennungen,
- körperliche Funktionsstörungen: Bauchschmerzen, Druckgefühl auf der Brust, Herzstiche, Kloßgefühl im Hals, Gefühl der Atemnot (mit Überatmen), Gefühl der Bewegungsunfähigkeit in den Armen oder Beinen.,
- Bettnässen,
- Stottern.

Welche Denkanstöße ergeben sich?

- Die Angst ist allgegenwärtig, auch im Leben der Eltern.
- Ängste wirken über die Eltern auf das Kind ein.
- Ängste können Kindern nicht grundsätzlich erspart bleiben.
- Kinder sind schon sehr früh unterschiedlich empfindlich für Ängste.
- Verdrängte aggressive Regungen können Angst auslösen.
- Auch zu geringe Angst kann ein Problem bei der Erziehung sein.

Was können Eltern bei Störungen der sozialen Orientierung tun?

- Klare, unzweideutige Anweisungen und Regeln für den Alltag ausgeben,
- Drohungen und Strafaktionen vermeiden, auch dann nicht und gerade nicht, wenn man erzieherisch nicht zu dem Kind durchdringt,
- Angebote zur Erziehungsberatung immer wieder nutzen,
- Gruppenveranstaltungen mit festem Ritual und Regelwerk anbieten.

Was können Eltern bei depressiven Kindern tun?

- Das Kind in seiner besonderen Eigenart anerkennen und den Hilfebedarf (Spieltherapie) weder übersehen noch überbewerten,
- die eigene depressive Seite und deren Auswirkung auf das Kind durchschauen,
- unnötige Veränderungen der Lebenssituation vermeiden,
- dem Kind reichlichen Umgang mit Personen bieten, die weniger depressiv sind als man selbst und Zuversicht ausstrahlen.

Was können Eltern bei Bettnässen tun?

- Vor dem 5./6. Lebensjahr am besten gar nichts,
- Gefahr der Entmutigung erkennen und gemeinsam mit dem Kind Maßnahmen anpacken, durch die sich alle motiviert fühlen,

- vom Kinderarzt klären lassen, ob Harnwege in Ordnung sind (und dann abhaken),
- prüfen, ob versteckte Anspannungen, Unwägbarkeiten und Ungewissheiten in der Familie schlummern,
- Kalender führen,
- Rosskuren (zum Beispiel Dürsten am Abend, Blasentraining u. ä.) weglassen,
- nachts (23–24 Uhr) das Kind noch einmal wecken und mit ihm sprechen,
- bei Kindern, die mit 9 bis 10 Jahren noch bettnässen, oder bei Kindern, die mit 5 Jahren noch tagsüber die Hose nassmachen, den Kinderpsychiater aufsuchen und eine Therapie besprechen.

Was können Eltern bei Stottern tun?

- Nicht zu früh (d. h. nicht vor dem Schulalter) ein ehrgeiziges Übungsprogramm beginnen,
- den Unterschied zwischen Poltern und echtem Stottern erkennen,
- die Sprechangst (beim Stottern mit Anstoßen) als das wichtigste Problem erfassen und alle Entscheidungen hinsichtlich der Förderung hiervon abhängig machen.

Was können Eltern bei Zwangsstörungen tun?

- Keine Hemmungen vor einer vertrauensvollen und fortlaufenden Zusammenarbeit mit einem Kinderpsychiater haben,
- die Zusammenarbeit kompromisslos auch gegen den Protest des Kindes durchsetzen,
- Wechselbäder zwischen Einlenken und Angreifen, zwischen Frieden und explosiven Krisen vermeiden,
- sich vom Zwang des Kindes nicht in die soziale Isolation treiben lassen, sondern das Ausmaß des Problems möglichst offen bekennen,
- Medikamente für das Kind zeitweilig akzeptieren.

# Angst und Erregung

## Einführung

Mutter: „Mein Felix wacht beim leisesten Geräusch auf. Dann ist unser gemütlicher Abend vorbei. Wir laufen mindestens zwei Stunden mit ihm in der Wohnung auf und ab."

Vater: „Ich hatte neulich einen ernsthaften Streit mit meiner Frau, ob Lena, wenn sie nachts schreit, immer wieder Tee bekommen und hochgenommen werden sollte."

„Diese Rassel finde ich für unseren Jan zu laut …"

„Sind Kinderwagen mit seitlichen Fenstern besser, weil das Kind mehr sieht? Ich will, dass mein Kind genügend Anregung erfährt. Felix ist jetzt schon viel wacher, wenn ich ihn spazieren fahre. Er will herumschauen."

„Dieses hässliche Plüschtier von Tante R. kommt mir nicht ins Kinderbett."

„Wickel ihn doch nicht so eng!"

„Wenn Diane noch mal schreit, stehst du aber auf!"

„Ich könnte ihn an die Wand werfen!"

„Wer mich um Mitternacht bei 0 Grad Celsius auf dem Balkon gehört hat – mit dem schreienden Jan auf meinem Arm –, glaubt sicher, wir misshandeln ihn."

Manche Eltern können ein Lied davon singen, wie sie durch ihren schreienden Säugling selbst aus der Fassung geraten. Diese Eltern erblassen vor Neid, wenn sie von anderen hören, dass deren Kind stets friedlich im Bettchen liegt und höchstens einmal protestiert, wenn es Hunger hat, nach dem Füttern aber wieder selig einschläft. Solche Säuglinge machen sich kaum bemerkbar. Man muss mitunter im Kinderzimmer nachschauen, ob sie noch existieren.

Frühe Erfahrungen von Unbehagen finden möglicherweise schon im Mutterleib statt. Sie kommen über die Hormone zum Kind, auch über eine Geräuschkulisse und über stärkere Erschütterungen. Ob die Geburt selbst eine die Seele erschütternde Erfahrung ist, kann niemand beweisen oder widerlegen. Junge Säuglinge weinen, wenn sie müde oder noch nicht wach sind, wenn sie Blähungen oder andere innere Missempfindungen haben oder sich auf der Haut nass, kalt und unbehaglich fühlen. Bei Lichtblitzen und lautem Knall zucken sie für Bruchteile einer Sekunde zusammen, wobei sich ihr Gesicht verzerrt. Es ist mehr als fraglich, ob diese Erscheinungen mit der Bezeichnung Angst belegt werden sollen. Es ist unbekannt, ob der junge Säugling schon ein Konzept von Angst hat, also Gedanken darüber, was ihn ängstigt oder quält.

Es scheint also, dass die Eltern dem jungen Kind in der Angst voraus sind. Sie fahnden ständig nach etwas, das dem schreienden Kind fehlen könnte. Sie probieren und erfinden Abhilfen. Sie schaukeln und wiegen das Kind, singen, wenden es auf den Bauch und Rücken, drehen Touren mit dem Kinderwagen und sogar mit dem Auto. Sie bereiten Kräutertee und warme Bäder, auch mitten in der Nacht.

Mutter und Vater erfinden Rezepte und kleine Tricks zur Beruhigung des Kindes. Nicht nur Vater oder Mutter sollten diejenigen sein, die das Kind beruhigen können. Wenn sie selbst zu erschöpft und überreizt sind, wird es ihnen allein nicht gelingen. Dem unruhigen Kind ist besser gedient, wenn es ein kleines Team von Personen gibt, die es intuitiv kennen und wissen, wie man es beruhigt. Der Vater sollte neben der Mutter auf jeden Fall zu diesem Team gehören, dann die Großeltern, ein Freund oder eine Freundin der Familie, eine vertraute Nachbarin, ein Nachbar. So wächst ein haltender, belastbarer Rahmen um das Kind herum, lange bevor sich das Kind dieser Personen deutlicher bewusst wird und sich zu ihnen unterschiedlich verhält. Der Kreis der Personen muss natürlich klein und exklusiv sein, eine Zahl von drei bis vier sollte nicht überschritten werden. „Fremdeln", soviel vorweg, wird gegenüber diesem Personenkreis später kein Problem sein.

Manche Eltern danken ihrem Schicksal, dass sie bei ihrem eigenen Kind durch Schreien nicht über Gebühr auf die Probe gestellt wurden. Sie sind ehrlich genug zu befürchten, dass sie vielleicht versagt oder die Fassung verloren hätten. Es ist kein Tabu, darauf hinzuweisen, dass das unaufhörliche Schreien eines Säuglings die Eltern in eine Krise mit Wut und Ohnmacht stürzen kann. Eine solche Krise kann sich auch ergeben, wenn eine Mutter das ewige Schmieren des Kindes mit seinem Essen, den zum zweiten Mal aufgewärmten und ausgespuckten Brei und die dritte verkotete Strampelhose leid ist und wenn Ablösung für die Mutter nicht in Sicht ist.

## Dreimonatskoliken und Reizschutz

Frau G. kam zu mir wegen der Koliken ihres ersten Kindes, Gregor. Eigentlich nichts Psychiatrisches. Aber nach einer Odyssee zwischen Notärzten, Kinderärzten, altem Hausarzt, Klinikambulanz und einem Streit mit dem Vater des Kindes lagen die Nerven blank. – Gregor schreie nachts zweimal je 30–60 Minuten ununterbrochen, „wie von Sinnen … als sollte er lebendig geröstet werden …" Frau G. sagte, sie fühle sich von niemandem mehr ernst genommen, von den Ärzten schon gar nicht. Pflanzlicher Tee, Kräutertropfen, Entblähungsmittel, Abführmittel, warme Wickel – lächerlich. „Wenn er nichts Körperliches hat, dann eben etwas Psychisches, Angst, Panik, so etwas. Irgendetwas muss es doch sein!" Wenn man ihr versichere, es sei „gar nichts", dann wolle man doch nur darauf hinaus, dass sie oder ihr Mann etwas falsch machen. Also gut: dann wolle sie eben von einem kompetenten Psycho-Fachmann (ich) hören, was sie tun solle. Sie werde alles tun, was ich sage, Ehrenwort. – Sie war sehr trotzig. Ich hütete mich, ihr irgendwelche Tipps zu geben. Sie hatte mich genug gewarnt: Sie steckte voller Selbstvorwürfe, fürchtete weitere Vorwürfe und wollte mich ins Unrecht setzen: „Alles schon probiert … alles sinnlos … gleich gewusst, dass Sie auch nichts wissen …" Alle diese gut und schlecht gemeinten Ratschläge … Ich sagte, ich wisse selber nichts, ich sei selbst in solchen Fällen ziemlich ratlos. Es war nicht geheuchelt. So war es wirklich.

Ratlosigkeit dieser Art ist ansteckend. Ich fragte, was der Mutter denn (manchmal) geholfen habe, durchzuhalten? Ob sie denn überhaupt noch glaube, eine gute Mutter zu sein? Wie es mit der moralischen und der faktischen Unterstützung durch den Ehemann, die Nachbarn, die Verwandten stehe. – Außerdem: Es sei zwar verpönt, aber man könne und solle in solchen Fällen dem übererregten Kind durchaus für wenige Nächte ein „richtiges" chemisches Beruhigungsmittel geben. Für so ernst hielte ich die Krise immerhin.

Ein zweiter Termin erfolgte auf meine Einladung mit dem Vater. Dieser: „Vielen Dank, dass sie unser Problem so ernst genommen haben." „Wir haben das Medikament nicht genommen … tja, unser schlechtes Gewissen … fast so schlimm wie unsere Angst, unserem Kind etwas anzutun, wenn es so schreit." – Ich: „Kinder sind kleine Barbaren. Auch Eltern sind manchmal barbarisch. Liebe und Hass gehören zusammen." Dann noch einige Erörterungen über das Reizschutzproblem und was andere Völker Drastisches mit ihren Säuglingen treiben. Die Eltern waren jetzt aufnahmefähig. Wir sprachen nicht mehr davon, wann Gregors Koliken aufhören würden, sondern nur noch davon, wie man sie am besten aushalten kann. Die Eltern hatten eigene Ideen, die immer die besten sind. Die Eltern wirkten robuster und weniger gekränkt, als sie gingen.

In unserem Kulturkreis hat man vor allem beim Erstgeborenen den Eindruck, dass sich die Eltern recht viel mit ihm beschäftigen, ihn herumfahren und -tragen, bunte baumelnde Objekte in Reich- und Sichtweite anbringen, ihn immer wieder ansprechen, anschauen, hochwerfen, zum Lachen und Juchzen bringen wollen, dafür sorgen wollen, dass er ausreichend strampelt, badet und auf Reisen in die weite Welt ausgeführt wird. Dies alles wird dem Säugling nicht schaden. Ob es ihm auch nützt, weiß kein Mensch. Entscheidend ist, dass sich die Eltern dabei wohl fühlen und auf diese Weise ihre Bindung an das Kind festigen.

Beim zweiten Kind verhalten sich die Eltern schon anders. Sie werden häuslicher, weil sich zu Hause alles bequemer und praktischer, ruhiger und routinierter einrichten lässt. Die Eltern kennen jetzt die Grenzen ihrer Belastbarkeit und ihrer Spontaneität. Auch das wird dem Kind nicht schaden, vorausgesetzt, dass sich die Eltern wohl dabei fühlen und sich an ihr Kind herzlich binden. Die Toleranz der Kinder für unterschiedliche Erziehungsstile ist groß.

Andere Länder, andere Sitten. Manche Naturvölker halten ihren Säugling fest auf den Rücken gebunden. Die Säuglinge werden von den Müttern und anderen Verwandten herumgetragen und sind bei allen Verrichtungen dabei. Im Deutschland des 19. Jahrhunderts lagen die Säuglinge fest umwickelt in einem Steckkissen und konnten sich darin kaum bewegen. Auf diese Weise konnten sie sich mit Hilfe des Strampelns keine Anregung verschaffen und waren auch von äußeren Reizen abgeschirmt.

Wie viel Reizung und Anregung benötigt der Säugling von außen, ohne sich überflutet und überrumpelt zu fühlen? Wie viel Aufmerksamkeit und wache Zwiesprache kann der Säugling entfalten, um so mitzuentscheiden, wie viel Reize er aus der Umwelt aufnehmen möchte.

Alle Anregungen, welche die Bezugspersonen dem Säugling bieten, müssen in einem guten Verhältnis zu seiner Fähigkeit stehen, Reize auch tatsächlich zu verarbeiten. Etwa bis zur zehnten Woche scheint der Säugling einen gewissen „passiven Reizschutz" zu besitzen. Dies bedeutet, dass er, ohne sich anstrengen zu müssen, ohne protestieren oder wegschauen zu müssen, gegen äußere Reize relativ unempfindlich ist.

Ein Teil der Kinder, die später unter Unruhe und Konzentrationsstörungen (ADHS) leiden, ist während der gesamten Säuglingszeit „pflegeleicht" gewesen, also auffällig ruhig und duldsam. Die meisten späteren ADHS-Kinder waren bereits als Säuglinge besonders erregbar. In beiden Fällen will es scheinen, dass die Säuglinge keine ausreichenden aktiven Steuerungsmöglichkeiten besitzen, mit denen sie die ankommenden Reize regulieren können. Sie müssen sich entweder gegen Reize vollkommen abschotten oder diese unkontrolliert eindringen lassen.

In unserer Kultur wird als Idealfall angesehen, wenn der Säugling ab dem dritten Lebensmonat allmählich beginnt, sich aktiv darum zu kümmern, welche Reize er aufnehmen und beantworten will und welche nicht. In diesem Alter wirken die Säuglinge wacher und lebhafter. Sie fordern Zuwendung, strampeln lebhafter und produzieren die entsprechende Mimik. Sie patschen der Mutter ins Gesicht, stoßen Juchzer aus, betasten Gegenstände, führen sie vor die Augen, lecken an ihnen, erzeugen eigenen Lärm, spitzen die Ohren, wenn sie etwas hören, wollen ein Geräusch, dass sie erzeugt haben, immer wieder hören und zappeln dabei vor freudiger Erregung.

Der Säugling nimmt zum einen sehr viel mehr Außenreize auf, zum anderen reizt er sich vermehrt selbst. Die Erregungen, die er sich selbst zufügt, dienen nicht nur dem Lustgewinn. Der Säugling will sich und seine Umwelt unter Kontrolle bringen. Auch wenn ihm die Erregungen Spaß machen, will er nun selbst bestimmen, wie viel Anregung er sich bei welcher Gelegenheit holt. Wenn er Reizen ausgesetzt wird, die er nicht mag, wendet er sich ab, wird unleidig, beginnt am Daumen zu lutschen oder schmiegt sich an die Mutter. Alles dies lässt sich unter „aktivem Reizschutz" zusammenfassen.

In einer Übergangszeit, in der der passive Reizschutz nicht mehr und der aktive Reizschutz noch nicht funktioniert, wird das Kind besonders leicht von Reizen überflutet. Es ist in dieser Zeit besonders sinnvoll, dem Kind bei der Dosierung der Reize behilflich zu sein, etwa indem auf die Regelmäßigkeit des Tagesablaufs geachtet wird, wobei sich Ruhephasen und Anregungsphasen abwechseln sollten. Es bleiben aber noch die Reize übrig, die in und am Körper des Kindes selbst entstehen. Mit ihnen muss der Säugling allein fertig werden: mit den Spannungen der glatten Muskulatur im Magen-Darm-Kanal und der Harnblase, Blähungen und Völlegefühl, mit Reizerscheinungen – Jucken, Brennen und Stechen – auf der Haut und anderem. Wenn der Säugling in der Übergangszeit mit diesen Reizmengen nicht zurechtkommt, treten die so genannten Dreimonatskoliken auf. Es ist schwer zu beweisen, ob die Reizschutztheorie die Koliken allein erklärt. Sie ist immerhin ein plausibles Modell, und sie hilft den Eltern, sich auf die Betreuung des Kindes in dieser schwierigen Zeit einzustellen.

Säuglinge kommen mit sehr unterschiedlichen Reizmengen zurecht. Die empfohlene Säuglingspflege ändert sich im Laufe der Epochen: Ob man die Säuglinge hart oder zart anfassen soll, viel oder wenig aus dem Bett hochnehmen soll, länger, kürzer oder gar nicht schreien lassen soll, ständig bei sich haben oder mehr sich selbst überlassen soll. Diese Unterschiede stehen jenseits der Frage einer Vernachlässigung oder eines Missbrauchs. Wichtig ist, dass sich der Säugling auf einen bestimmten Betreuungsstil, womit nicht starre Vorschriften gemeint sind, einstellen und mit seinen Bezugspersonen Gewohnheiten herausbilden kann. Wichtig erscheint auch, dass ein Säugling, wenn er Belastungen mit (für ihn) ungewöhnlich hohen Reizmengen ausgesetzt wird, sich an seine Bezugspersonen anlehnen und an ihnen orientieren kann.

## Affektkrämpfe

Freitagabend im 10. Stock eines Hochhauses. Frau F., 20 Jahre alt, wohnt hier seit drei Monaten. Der Ehemann ist auf Montage und kommt zum Wochenende. Frau F. ist im 6. Monat schwanger. Auf dem Boden der Wohnküche sitzt der ein Jahr und zwei Monate alte Arne und isst Kinderschokolade. So sieht er auch aus. Der Fernseher läuft. Frau F. kocht und wäscht gleichzeitig ab. Sie hat Rückenschmerzen. Das Telefon läutet. Ein Arbeitskollege ihres Mannes lässt ausrichten, dass dieser erst morgen kommen wird. Frau F. flucht hörbar. Inzwischen macht sich Arne statt der Mutter in der Küchenzeile zu schaffen. Er zieht am Kabel des Wasserkochers. Dieser geht mit lautem Krachen zu Boden. Arne wird nicht verletzt, aber kreischt laut auf. Die Mutter stürzt hinzu und versetzt Arne einen Schlag gegen den Kopf, dass der Junge umfällt. Arne schreit jetzt erst recht. Die Mutter nimmt ihn hoch und sieht, dass ihm nichts passiert ist. Arne schreit immer wilder. Die Mutter schüttelt ihn: „Hör endlich auf." Tatsächlich verstummt Arne. Dabei läuft er rot, dann bläulich an. Der Mund steht auf, nur noch leise, gepresste Laute sind zu hören. Arne hat aufgehört zu atmen. Er sieht die Mutter starr an. „Arne!", ruft diese voller Entsetzen. Arne wird plötzlich schlaff auf ihrem Arm, verdreht die Augen, dann spannt sich der Körper, Arme und Beine zucken einige Male rhythmisch, schließlich kommt er wieder zu sich. Die Mutter ist entsetzt. Sie lässt alles stehen und liegen und läutet bei den Nachbarn, die sie bisher nicht kennt. Diese bringen sie und Arne in die nächste Klinik.

Auch die Nähe zu einer versorgenden Person ist nicht unproblematisch. Denn diese Person muss sich ihrerseits sicher und gehalten fühlen, wenn sie dem Säugling Sicherheit geben will. Jede versorgende Person hat selbst passive Versorgungswünsche und sucht Körperkontakt, Wärme und Geborgenheit. Die

Bezugsperson muss die Gefahren kennen, welche drohen, wenn sie sich beim Säugling festhalten und bei ihm Trost finden möchte, statt selbst Trost geben zu können. Vor allem der ältere Säugling, der das Gesicht, die Stimme und den Körper der Mutter nach Informationen absucht, ist durch eine Mutter, die selbst keinen Halt hat oder vor Wut ihre Orientierung zu verlieren droht, irritiert und verwirrt. Die Gefühlslage der Mutter spiegelt sich dann im Zustand des Kindes wider, oder umgekehrt. Beide Gefühle können sich gegenseitig aufschaukeln. Dies geschieht besonders leicht, wenn ein außen liegender neutraler Bezugspunkt fehlt, zum Beispiel eine kulturelle, nachbarschaftliche oder familiäre Gemeinschaft, eine sichere Ehegemeinschaft, ein stabiler Realitätsbezug und ein soziales Netz. Hilfreich ist auch eine Rückversicherung bei Traditionen der Säuglingspflege, die besagen, was zu tun ist, wenn das Kind Blähungen hat oder spuckt oder anhaltend schreit. Diese Entscheidung kann die Pflegeperson oft nicht aus dem Gefühl und aus dem Augenblick heraus treffen.

Manche älteren Säuglinge, die mit ihrer Mutter aneinander geraten und sich dabei erregen, laufen beim Schreien blau an, weil sie mit der Atmung gegen eine verengte Stimmritze pressen. Dabei kann sich die Stimmritze vollkommen verkrampfen und verschließen. Das Schreien des Kindes hört dann auf, eine Atmung ist vorübergehend nicht möglich. Wegen des Sauerstoffmangels kann das Kind kurzzeitig ohnmächtig werden, dabei die Augen verdrehen und im schlimmsten Fall sogar epileptisch mit Armen und Beinen zucken. Zu diesem Zeitpunkt ist natürlich nicht nur die Erregung des Kindes, sondern auch die Panik der Bezugsperson auf dem Höhepunkt angelangt.

Durch den Verlust des Bewusstseins löst sich der Stimmritzenkrampf. Das Kind beginnt nach kurzer Zeit wieder normal zu atmen. Dieser dramatische Vorgang, Affektkrampf genannt, hat keinen Bezug zur Epilepsie oder zu anderen schweren Erkrankungen des Nervensystems. Der Affektkrampf ist dennoch eine kleine Katastrophe für das Kind und zugleich für die beteiligte Bezugsperson. Diese muss sich eingestehen, dass sie nichts tun konnte, um den Anfall zu verhindern, und dass sie ihn sogar durch ihr Verhalten begünstigt haben könnte. Meist sind bei den ersten Affektkrämpfen Mutter und Kind bzw. Vater und Kind allein. Erst wenn die Anfälle öfter vorkommen und sich eine Gewöhnung herausbildet, können die Auslösesituationen andere sein.

Der beste Rat geht dahin, dass Mutter oder Vater, ohne sich verunsichern zu lassen, bestimmten Zweikämpfen mit dem Kind ausweichen sollten, schon im Vorfeld eines möglichen Anfalles. Die Mutter oder der Vater sollten nicht versuchen, ihre Krise mit dem Kind allein durchzustehen. Sie sollten stattdessen versuchen, andere Menschen herbeizuholen oder zu anderen hinzugehen. „Herbeiholen" kann man auch eine Person, indem man sie nur anruft und sich am Telefon über die schwierige Lage ausspricht. Im Vorfeld eines Anfalles entsteht bei der Bezugsperson eine innere Alarmiertheit, zumal wenn sie schon frühere Anfälle erlebt hat. Diesen gefährlichen Zustand gilt es zu überwinden, da er auf das Kind zurückwirkt und es dem Kind unmöglich macht, sich an der Bezugsperson noch zu orientieren oder sich bei ihr sicher zu fühlen. Ein Affektkrampf kann sogar dadurch verhindert werden, dass sich die beteiligte Person von ihrem schreienden Kind entfernt, statt sich ihm zuzuwenden. Dies kostet jedoch Überwindung, bereitet Schuldgefühle und sollte mit einem Psychotherapeuten abgesprochen sein.


Angst und Erregung in aller Kürze

Wie entstehen Erregungen beim Säugling?

- Erregungen entstehen durch Reize aus der Umwelt und aus dem Körper des Kindes: Geräusche, Erschütterungen, grelles Licht, Kälte, Nässe, Blähungen, Muskelspannungen, Druck, Enge, Schmerzen. Doch solche Reize führen nicht automatisch zur Erregung. Denn:
- Der Säugling *braucht* eine Reizaufnahme, um sein Nervensystem in wache Tätigkeit zu versetzen und zu entwickeln.

– Das Nervensystem nutzt seine „Wachheit", um *selbst* Erregungen zu erzeugen und diese wieder zu dämpfen und so die Reizaufnahme zu steuern.
– Schreianfälle bei Säuglingen zeigen an, dass dem Nervensystem momentan der Ausgleich zwischen Erregung und Hemmung nicht gelingt.

## Wann und wie entstehen Dreimonatskoliken?

– Ihre Entstehung ist unklar. Sie hören meist nach dem 3. Lebensmonat auf. Sie können auch länger dauern.
– Reizerscheinungen im Magen-Darm-Bereich werden als Ursache angesehen.
– Die Anfälligkeit für solche Koliken dürfte auch etwas mit der Hirnfunktion zu tun haben: mit der erwähnten Reifungs‚krise' des Nervensystems beim Ausgleich zwischen erregenden und hemmenden Wirkungen.
– Dreimonatskoliken haben keine Auswirkungen auf die spätere geistige oder psychische Entwicklung der Kinder.
– Trotzdem sind sie Meilensteine bei der Gestaltung der Beziehung zwischen Eltern und Kind.

## Wann und wie entstehen Affektkrämpfe?

– Sie entstehen bei älteren Säuglingen und jungen Kleinkindern.
– Feste Reaktionsmuster („Angewohnheiten") können sich herausbilden.
– Es beginnt mit einer erregten Auseinandersetzung und mit Schreien des Kindes.
– Das Kind presst unwillkürlich gegen die zusammengekrampfte Stimmritze. Es bekommt keine Luft mehr.
– Dann verliert das Kind kurzzeitig das Bewusstsein (Sauerstoffmangel).
– Damit ist der Anfall vorbei. Das Kind beginnt wieder normal zu atmen.
– Gelegentlich wird durch den Sauerstoffmangel ein kurzer epileptischer Anfall ausgelöst.

- Mit einer Epilepsie im engeren Sinne haben Affektkrämpfe nichts zu tun.
- Die Erregung des Kindes mündet in einen seelischen Ausnahmezustand.
- Dieser Ausnahmezustand wird begünstigt durch die augenblickliche Verfassung der Pflegeperson: Wut, Angst, Panik, Feindseligkeit.
- Man kann von einer Rückkopplung der Gefühle der Pflegeperson und des Kindes sprechen.

Welche Denkanstöße ergeben sich?

- Säuglingspflege, auch die Art der Reizung der Säuglinge, ist kulturabhängig. Die Säuglinge kommen mit verschiedenen Bedingungen zurecht, werden aber durch diese unweigerlich geprägt (Angsterleben, Erregbarkeit, Art der Aggression).
- In unserem Kulturkreis werden Säuglinge relativ hoch stimuliert.
- Kinder müssen vor Wechselbädern zwischen Über- und Unterstimulation bewahrt werden.
- Kinder müssen sich an einen bestimmten emotionalen Stil der Betreuung gewöhnen können.
- Gerade bei einer hoch stimulierenden Erziehung gehört die Reizaufnahme früh in die Regie des Kindes, nicht in die Regie der Eltern. Das Kind muss lernen, sich aktiv gegen ein Überangebot zu schützen.
- Ängstlich erregte Kinder brauchen die körperliche Nähe ihrer Pflegepersonen. Aber diese können nur dann trösten, wenn sie das Kind nicht überstimulieren, wenn sie nicht selbst erregt sind, wenn sie nicht selbst trostlos sind und sich gehalten fühlen.
- Die Angst und Erregung junger Kinder kann die darin gefangenen Personen selbst hilflos und wütend machen.
- Körperliche Nähe ist nur dann hilfreich, wenn ein seelischer Mindestabstand zur Erregung des Kindes eingehalten werden kann.

– Dies gelingt besonders gut, wenn man mit dem Kind nicht ganz allein ist, sondern sich ein Dritter in der Nähe befindet.

## Was können Eltern gegen Dreimonatskoliken tun?

– Einmal den Kinderarzt aufsuchen und klären lassen, ob es Hinweise für Krankheiten, Anlagebesonderheiten oder grobe Pflegefehler gibt.
– Verstehen, dass der Kinderarzt zu weit vom Geschehen entfernt ist, wenn das Kind schreit, um immer ein guter Ratgeber sein zu können.
– Fest darauf vertrauen, dass die Koliken vorbeigehen werden, ohne seelischen oder körperlichen Schaden zu hinterlassen.
– Als Elternpaar eng zusammenstehen und die Belastungen dieser Zeit teilen.
– Nicht streiten, was „gut" oder „schlecht" für das Kind ist. Das meiste, was gut gemeint ist, wirkt auch gut. (Das mag nicht überall im Leben gelten, aber hier schon.)
– Die gelegentliche mörderische Wut gegen das schreiende Kind offen eingestehen.
– Etwas ohne das Kind tun, was Vater und Mutter hilft, aufzutanken.

## Was können Eltern bei Affektkrämpfen tun?

– Bei Neuauftreten eine ärztliche Beratung und Untersuchung in Anspruch nehmen.
– Typische Auslösesituationen beschreiben und bewusst wiedererkennen.
– Prüfen, was einem hilft, um nicht kopflos zu werden.
– Das persönlich am besten geeignete Verfahren gegen Kopflosigkeit entschlossen in der gegebenen Situation anwenden.
– Bei drohender Gefahr den Schulterschluss mit anderen Personen, Partnern, Nachbarn suchen, auch telefonisch. (Diese Unternehmungen zwingen die betroffene Person, sich über die eigene Lage klar zu werden, statt sich weiter in ihr zu verfangen.)

– Notfalls sich weiter vom Kind entfernen/wegstellen, statt noch näher auf das Kind zuzugehen.
– Bei häufigem Auftreten und Ausbildung fester Reaktionsmuster psychotherapeutische Beratung suchen.

# Angst vor Fremden

## Einführung

Mutter eines zehn Monate alten Sohnes: „Mit fünf Monaten fing er an zu fremdeln. Recht früh, finden Sie nicht? Nirgends konnte ich ihn mehr lassen, auch nicht bei meiner Schwägerin, was ich früher mal ausprobieren wollte. Inzwischen ist seine Angst etwas weniger geworden, vielleicht habe ich mich auch nur daran gewöhnt. Sobald er ein fremdes Gesicht sieht, hält er sich immer noch bei mir fest und schaut weg. Er geht nicht einmal zu meinem Mann, wenn der mal zwei Tage auswärts gewesen ist. Es ist schon lästig. Ich fühle mich auch ziemlich angebunden. Ich tröste mich damit, dass man ja sehen kann, wie stark er an mich gebunden ist. Wenn er sich jedem Wildfremden an den Hals werfen würde, wäre es mir schließlich auch nicht recht."

In den ersten Monaten des Lebens befindet sich das Kind mit den Eltern in einer recht kleinen, besonders beschaffenen Welt. Es ist die Welt, in welcher die Eltern den Stubenwagen hin- und herschieben, Kuchen hastig bei laufendem Motor aus der Konditorei holen, weil das Kind sonst aufwacht, Telefonate unterbrechen, weil das Kind gerade einschlafen will oder gerade wach wird oder gerade schreit. Das Leben bewegt sich im Rhythmus des Schlafens und Wachens des Kindes. Die Tage vergehen mit Füttern und Wickeln. Der Nachtschlaf wird zerhackt in kleine Portionen. Die Eltern denken von einem Tag auf den nächsten und verlieren ihr Zeitgefühl.

Erst einige Monate später öffnet und weitet sich die Welt wieder und die Eltern atmen auf. Die Eltern haben sich mit ihrem Kind und dieses mit den Eltern eingelebt. Das Kind greift mit seinen Wahrnehmungen, Interessen und Aktionen weiter um sich, wirft neckische Blicke, reicht den staunenden Freunden eine speichelnasse Rassel zum Geschenk und juchzt. Alle Besucher finden es kurzweilig, das Kind zu beobachten.

Die Eltern merken, dass sie wieder zu Personen mit eigenen Interessen werden; sie nehmen ihre Beziehung als Eheleute wieder auf, wollen gerne einmal unter sich sein. Wie schön wäre es, wieder ins Kino oder Theater zu gehen – ohne das Kind.

Und nun passiert etwas Dummes. Das Kind, das zuvor mit einem Babysitter, der den Schlaf bewachte, ganz zufrieden war, verzieht das Gesicht, wenn die fremde Person erscheint und die Eltern sich entfernen wollen. Auf dem Arm der fremden Person weint das Kind sogar, biegt sich zurück und streckt der Mutter die Arme entgegen. Teeflasche und Schnuller, womit früher alles in den Griff zu bekommen war, versagen den Dienst. Die Eltern können nicht fortgehen.

Eine Tante, die von dem niedlichen Kind gehört hat und eigens angereist ist, sieht von ihm zwei Tage lang nur den kahlen Hinterkopf. Der Rest ist an der Schulter der Mutter oder des Vaters eingegraben. Einer der Eltern muss immer mit dem Kind in einer Zimmerecke stehen, wo die Tante gerade nicht ist. Versuche, den Kopf zu wenden, führen nur zu heftigerer Gegenwehr. Abends lässt sich das Kind nicht mehr im Gitterbettchen ablegen, sondern richtet sich auf und will zurück auf den Arm der Eltern.

Um die Peinlichkeit dieser Situation zu überspielen und das eigene Kind zu rehabilitieren, bleibt nur, das Fremdeln als wichtigen Meilenstein der kindlichen Entwicklung darzustellen. Es ist aber nicht so, dass alle Kinder gleich stark fremdeln. In anderen Kulturen tritt dieses Phänomen überhaupt nicht auf. Auch in der hiesigen Gesellschaft ist die Stärke des Fremdelns abhängig von der Situation, der Reaktionsweise der Eltern und vom Wesen des Kindes. Es ist auch nicht so, dass die Säuglinge erst ab dieser Zeit, es handelt sich um den 5. bis 8. Lebensmonat, Fremdes und Vertrautes unterscheiden können. Sie reagieren auch schon vorher unterschiedlich, je nachdem, mit wem sie es zu tun haben. Es bedarf aber genauerer Beobachtung, um dies zu erkennen. Um die Mitte des ersten Lebensjahres ist dann eine Entwicklungsstufe erreicht, wo der Säugling das Auf- und Abtreten der Personen und deren unterschiedliche Bedeutung für sein Leben in größerer Klarheit durchschaut. Diese Vertiefung des Verständnisses macht das „Fremdeln" möglich, aber keinesfalls zwangsläufig.

## Die Dosierung des Unbekannten

„Unsere Anne (zehn Monate) ist praktisch zusammen mit Lina von nebenan geboren. Linas Mutter heißt Christa. Sie ist für Anne die zweite wichtige Person, wenn Sie so wollen – mal abgesehen von der Oma und jetzt von meinem Freund Gerhard. Christa war immer da. Wir haben uns als Mütter jeden Tag abgewechselt. Das war, wie Sie sich denken können, für mich als Alleinerziehende eine gute Sache. Ich weiß nicht, wie ich es sonst im letzten Jahr durchgehalten hätte. – Fremdeln? Eigentlich ist mir da nichts Großes aufgefallen. Vielleicht liegt es daran, dass bei uns, also in unseren beiden Wohnungen, doch allerlei Leute ein- und ausgehen. Meinen Freund hat Anne inzwischen ganz gut akzeptiert. Er darf sie auf den Schoß nehmen und ihr etwas zu essen geben. Beim Schlafengehen besteht sie darauf, dass ich komme. Aber wenn es mal nicht geht, macht sie kein allzu großes Theater. Wir bauen gerade eine Krabbelgruppe mit einer Oma und vier Müttern auf. Dadurch kamen natürlich fremde Eltern und Kinder ins Haus. Ein Kind war aus Nigeria. Anne hat dieses schwarze Kind doch recht zweifelnd angesehen, hat den Gesichtsausdruck der Erwachsenen studiert. Sie wollte wohl wissen, ob noch alles in Ordnung ist. Es war lustig. Sie kam immer abwechselnd ganz dringend zu mir und zu Christa gelaufen. Das fiel uns schon auf. Aber Angst? Eigentlich nicht. Nach einiger Zeit kann man eher sagen, dass sie neugierig wurde."

Der Säugling fremdelt nicht immer gleich stark. Wenn eine neue Situation eintritt oder eine neue Person auf den Plan tritt und der Säugling von diesem Ereignis nicht überrollt wird, sondern am Rande des Geschehens bleiben kann, wird er diesem mit einer Mischung aus Angst und Neugier begegnen. So ist es zum Beispiel, wenn die Mutter den Säugling im Einkaufswagen durch den Supermarkt fährt. Der Säugling will in die Regale greifen und den Stoff der Kleider und Mäntel anderer Kunden anfassen oder beim Schlangestehen an der Kasse mit ihnen schäkern. Erst wenn ein Kunde zu hastig näher kommt, mit aufgerissenen Augen und affektierter Stimme, kann die Neugier in Ängstlichkeit umschlagen. Die Annäherung muss allmählich, in kleinen Dosierungen erfolgen. In gleicher Weise sollte das Kleinkind später selbst mit unbekannten Situationen umgehen. Im günstigen Fall beobachtet man eine fein abgestufte Herangehensweise des Kindes, je nachdem, ob es sich in gänzlich fremden, unvertrauten, vertrauten oder intim bekannten Situationen bewegt. Selbst hinter der Angst eines Säuglings steht noch die Lust auf Neues und kann rasch wieder hervorkommen.

Der Säugling wird also weniger in Angst geraten, wenn er bei Begegnungen mit Neuem das Tempo der Annäherung mitbestimmen und die Art der Annäherung mitgestalten darf. Dabei muss seine Neugier ebenso beachtet werden wie alle Signale, mit denen er zu bremsen versucht. Säuglinge verwenden bestimmte aktive Techniken, mit denen sie sich fremde Dinge vertraut machen. Sie nehmen Gegenstände immer wieder in die Hand, werfen sie weg und holen sie wieder zu sich heran, drehen sie und betrachten sie von verschiedenen Seiten, schmecken sie, erzeugen Geräusche damit, probieren ihren Gebrauch als Werkzeug und versuchen, den Gegenstand auf diese Weise mit verschiedenen Sinneskanälen zu erfassen. Schließlich wiederholen sie den Vorgang immer aufs Neue.

Diese Art der Erkundung mag auf Erwachsene monoton und umständlich wirken. Sie zeigt, wie der Säugling mit den allereinfachsten Mitteln anfangen muss, sich mit seiner Umwelt vertraut zu machen, und wie hoch der Grad der Neuheit und Fremdheit aller Dinge am Lebensanfang ist. Durch die Verknüpfung verschiedener Sinnesreize – Hören, Betrachten, Tasten – zu einem Gesamteindruck wird ein neuer Gegenstand gründlicher in der Vorstellung des Kindes verankert. Das Kind kann den Gegenstand rascher wiedererkennen. Der Vorgang hilft dem Kind, sich selbst mit den Dingen verbunden zu fühlen und sie sich anzueignen.

Es gibt Erkenntnisse aus der Tierbeobachtung, dass die Unterscheidung von fremd und vertraut frühzeitig über bestimmte visuelle Gestalten geprägt ist. So speichert der Säugling frühzeitig Bilder von seinen engsten Bezugspersonen, vor allem von ihrem Gesicht und wohl auch von ihrer Kopfform. Man spricht von „physiognomischer" Wahrnehmung. Es kann passieren, dass eine Mutter, die mit einem ungewöhnlichen Hut oder mit einer neuen Frisur nach Hause kommt, welche die Kopfform verändert, den Säugling in Schrecken versetzt. Einige Auslösereize für diese Form der Angst könnten noch aus dem Tierreich stammen.

## Fremdenangst und Fremdenfeindlichkeit

Fragen an die Mutter von Matthias, der zwei Jahre und sechs Monate alt ist:

„Wie gut sind Sie dort, wo sie jetzt leben, sozial eingebunden?"

„Meine Eltern, das heißt meine Mutter mit ihrem Mann, wohnen im Nachbarort. Am Anfang, als Matthias noch ganz klein war, bin ich öfter da gewesen. Aber meine Mutter mischt sich zu viel in die Erziehung ein und weiß alles besser. Außerdem hat sie keine Zeit."

„Wie ist es mit anderen Verwandten?"

„Ich habe noch einen Bruder. Der ist zu Hause ausgebrochen und lebt irgendwo mit einer Freundin und lässt sich nicht blicken. Er kann meinen Stiefvater nicht leiden."

„Und Nachbarn, die man auf dem Spielplatz trifft?"

„Ich weiß nicht, was ich mit denen reden soll."

„Über die Kinder gibt es doch meistens irgendetwas zu reden."

„Die meisten kennen sich dort schon. Es sind auch Ausländer dabei, die kennen sich sowieso untereinander. Ich gehe da nicht mehr hin. Mein Uwe wird da aus der Sandkiste rausgedrängt. Die Mütter lassen das zu und kümmern sich nicht darum. An mir bleibt die Verantwortung hängen. Die Kinder passen nicht zu ihm. Wenn Sie das sehen würden, würden Sie mich verstehen. Einige sind zu klein, die anderen viel zu groß und zu wild. Bevor meinem Uwe da was passiert, bleibe ich lieber weg."

„Und wer geht mit ihm zum Spielplatz?"

„Uwe kann vor dem Haus spielen. Da habe ich ihn unter meiner Aufsicht. Er will auch gar nicht mehr zum Spielplatz. Manchmal fahren wir zu einem Abenteuerspielplatz in den Park. Das geht natürlich nicht jeden Tag."

„Sind denn vor dem Haus auch andere Kinder?"

„Ein älterer Junge, der tut ihm nichts."

„Helfen sich bei Ihnen die Nachbarn nicht gegenseitig?"

„Bei uns ist das nicht so. Sie sollten sich das mal ansehen. Keiner will dort wohnen. Es ziehen immer mehr Ausländer hin. Wir wollen da auch weg. Sobald wie möglich."

„Haben Sie eigentlich noch Bekanntschaften aus der Schule oder Berufsausbildung?"

„Die haben sich längst verlaufen."

„Gab es denn nicht vielleicht irgendeine engere Freundin?"

„Wir waren so eine Clique."

„Und wer in der Clique war Ihnen besonders wichtig?"

„Alle waren gleich wichtig, ich war mit allen befreundet."

„Wie haben Sie sich verabredet, haben Sie miteinander telefoniert, oder so?"

„Wir waren immer an derselben Straßenecke, dort brauchte man nur hinzugehen."

„Und in der Lehre?"

„Ich bin froh, dass ich das hinter mir habe. Ich bin nur ausgenutzt worden. Der Chef war ein Grieche. Der hat seine Landsleute bevorzugt. Ich hatte dann zum Glück bald meinen Freund."

„Hat Ihr Ehemann ein paar Bekannte von früher?"

„Der kommt ja aus C. Er ist dort im Heim gewesen. Er ist stolz, dass er es heute so weit gebracht hat. Er hat Komplexe wegen seiner Herkunft. Er legt viel Wert auf unser Familienleben. Er sagt, wenn er erstmal seine Meisterprüfung hat, dann ziehen wir hier weg."

„Hat Ihr Mann neue Freunde gefunden?"

„Er hat einen Arbeitskollegen. Den bringt er nach der Arbeit manchmal auf ein Bier nach Hause."

„Kennen Sie diesen Kollegen näher?"

„Ich glaube, er heißt Karl R. ... oder so ähnlich."

„Wissen Sie, ob dieser Karl selbst eine Familie hat?"

„Weiß ich nicht. Interessiert mich nicht besonders."

„Und was soll die Zukunft bringen?"

„Sobald wie möglich ziehen wir in eine bessere Gegend, wo es grün ist und wo unser Uwe bessere Spielkameraden findet und wo er keine Angst zu haben braucht."

Bei allem Neuen, was dem Säugling begegnet, ist er auf Feedback von der Mutter oder einer anderen Bezugsperson angewiesen. Er vergewissert sich in ihrem Gesichtsausdruck, im Klang ihrer Stimme und in ihrer Körpersprache, ob die Begegnung mit dem Fremden gefahrvoll sein wird oder nicht. Je nachdem, wie diese intuitive Prüfung ausfällt, reagiert der Säugling eher neugierig oder angstvoll.

Das Feedback hat zwei Bedeutungen. Zunächst holt sich der Säugling dabei Informationen, um die Realität besser einschätzen zu können: „Die Mutter hat Erfahrung, sie weiß ..." Der Säugling will sich durch das Feedback aber auch über seine eigenen Gefühle klarer werden: „Habe ich nun Angst, oder habe ich Lust auf das Neue? – Welches Gefühl überwiegt?" Im Zwiespalt zwischen der Neugier und der Angst kann das Gefühl der Mutter das Zünglein an der Waage sein. Die Entscheidung des Kindes hat am Ende nur noch sehr indirekt etwas mit der wirklich gegebenen Situation zu tun.

Damit hat die Mutter einen nicht geringen Einfluss auf das Erleben und Reagieren des Säuglings, sei es, dass sie ihn auf wirkliche Gefahren aufmerksam macht, sei es, dass sie ihre Intuition an ihn weitergibt. Die Gefahr liegt zum Greifen nahe, dass die Gefühle des Säuglings durch die Gefühle der Mutter manipuliert werden. Eine solche Manipulation ist aber unumgänglich! Denn die Gefühle des Säuglings sind noch ausgesprochen mehrdeutig. Ohne die Mithilfe der Mutter oder weiterer Bezugspersonen kann das Kind nicht zu eigenen Haltungen und Einstellungen gelangen. Die Gefühle, die das Kind selbst hervorbringt, müssen erst einmal „geeicht" werden. Es ist nicht so, dass das Kind keine eigenen Gefühle hätte. Aber ihm fehlen Konzepte, wie sich eine Situation aufgrund dieser Gefühle verstehen und beantworten ließe. Mutter oder Vater kommen nicht umhin, die verschwommenen und tastenden Gefühlsäußerungen des Kindes nach eigenem Ermessen auszudeuten.

Bei energischem Hineinregieren der Eltern, zumal bei Kindern, die in ihren Gefühlsäußerungen ungenau und zögerlich sind, können die Gefühle eines Kindes durch Einwirkung der Eltern vollkommen umgepolt werden. – Ein eher harmloses Beispiel ist das gekünstelte Lachen von Eltern, wenn sie verhindern wollen, dass ihr Kind nach einem Sturz zu weinen anfängt. Schlimmer ist es, wenn gewohnheitsmäßig etwas Angsterregendes und Abstoßendes zu einer Attraktion umgedeutet wird und echte Bedürfnisse des Kindes nach Liebe und Körperkontakt missbraucht werden, wie dies den sexuell misshandelten Kindern widerfährt. – Je besser es einer Bezugsperson gelingt, die schon angelegte Bedeutung der Gefühle des Kindes zu erfassen und zu verstärken, desto besser wird der Säugling mit sich selbst in Einklang kommen und sich später mit anderen Menschen verständigen können. Desto besser wird das Kind auch später herausfinden, was es an Eigenem besitzt und was zu ihm passt.

Jede Mutter, jeder Vater und jede weitere Vertrauensperson haben bestimmte eingefahrene Muster, mit denen sie auf Fremdes reagieren, zum Beispiel auf die Ankunft einer Person, die nicht angemeldet oder nicht eingeladen ist, auf einen fremden Geruch, ein neuartiges Kochrezept, einen anderen Spazierweg, eine andere Seife, eine ungewohnte Verhaltensänderung. Das Kind übernimmt diese Muster im Beisein der Eltern zur eigenen Orientierung und spürt den Eltern eine bestimmte Grundhaltung ab, die sie zu Neuem und Fremdem einnehmen. Während die Betroffenen davon nichts merken, kann die Ähnlichkeit des Verhaltens zwischen Kind und Eltern für einen fremden Beobachter frappierend sein.

Grundhaltungen und Vorstellungen, die später im Leben Fremdheit oder Vertrautheit bestimmen, werden auf diese Weise früh geformt. Man muss aber nicht davon ausgehen, dass diese frühen Erfahrungen das spätere Leben komplett vorausbestimmen. Das älter werdende Kind hat mit seinen Spielkameraden, in Kindergarten und Schule, auch noch in Vereinen und am Arbeitsplatz die Möglichkeit, seine Haltungen zu überdenken und zu hinterfragen.

Bereits das Fremdeln des Säuglings ist abhängig von kulturellen Einflüssen. Säuglinge, die in engen Einzelbeziehungen versorgt werden, fremdeln stärker als Säuglinge, die von mehreren Personen betreut werden. Kinder aus Krabbelgruppen fremdeln weniger. In der hiesigen Gesellschaft gilt das Vorurteil, dass Kinder, die schon früh in kleinen Gruppen und von mehreren Personen betreut werden, charakterliche Mängel riskieren. Die enge Bindung des Kindes an Einzelpersonen wird für überlegen gehalten. Das Fremdeln wird in Kauf genommen. Es gibt Eltern, die mit Genugtuung registrieren, wie früh das eigene Kind zu fremdeln begonnen habe.

Der Verdacht liegt nahe, dass die hiesige Gesellschaft starke einseitige Bindungen für eine tragende Säule ihres Gemeinschaftslebens hält. Säuglinge aus Einzelbindungen sollen als

Erwachsene stärkere Zuneigung empfinden können. Der Aufbau einer klaren, eindeutigen Identität soll ihnen leichter fallen. Sie sollen über ein besseres Gefühl von Geborgenheit verfügen. Aber schon bei der Frage der Geborgenheit lässt sich zweifeln, ob nicht auch ein Säugling, der von mehreren Personen großgezogen wird, diese Geborgenheit erfahren kann, vorausgesetzt, dass diese Personen fest zusammengehören und zusammenbleiben.

Zweifellos können Kinder, die in Gruppen und von mehreren aufgezogen worden sind, den persönlichen Einzelbeziehungen keinen so hohen Rang einräumen wie andere Kinder. Sie besitzen aber andere Stärken. So fühlen sie sich den Regeln einer Gruppe und gesellschaftlichen Wertvorstellungen stärker verpflichtet bzw. orientieren sich stärker an ihnen.

Personale Beziehungen werden in unserer Industriegesellschaft zwar hoch bewertet, man muss aber kritisch anfügen, dass die Gesellschaft auf diesem Weg kein Mittel gegen die in ihr grassierende Anonymität und Gleichgültigkeit gefunden hat. Enge personale Bindungen wecken hohe Bedürfnisse und fügen den Menschen tiefe Enttäuschungen zu. Der Überschuss an Spannung kann sich aggressiv entladen.

Man kann noch weiter gehen und kritisch fragen, ob enge personale Bindungen die Fremdenangst begünstigen. Dies wird man aber verneinen müssen. Das Kind wird eine Abneigung gegen Fremde nur dann entwickeln, wenn die Mutter oder der Vater selbst gegenüber Fremden abweisend sind oder wenn es zwischen Eltern und Kind keine sicheren Bindungen gibt. Solange sich ein Kind innerhalb von Bindungen orientieren kann, die ihm Sicherheit geben und ihm Vertrauen zu seiner Umwelt einflößen, wird es das Fremde mit Neugier und Interesse an sich heranlassen.

Das Beispiel der DDR zeigt, dass eine stärkere Einbindung der Kinder in eine gesellschaftliche Ordnung Fremdenfeindlichkeit nicht verhindern kann, wenn diese Ordnung ihrerseits nur mit sich selbst beschäftigt ist und Fremdes nicht zu integrieren vermag. In der DDR bestand der ambitionierte Anspruch, den Kindern neben der familiären auch eine gesellschaftliche „Heimat" zu geben. Die DDR war freilich ein geschlossenes System, das sich nach außen abschottete.

Die alte Bundesrepublik war dagegen stets offener und bereits auf dem vorsichtigen Weg in eine multikulturelle Gesellschaft. In der Bundesrepublik erhebt der Staat bis heute keinen besonders hohen erzieherischen Anspruch auf die Kinder, das heißt, er will sie nicht bevormunden und gängeln. Er will ihnen das meiste selbst überlassen. Der Auftrag, die Kinder „in die Welt" einzuführen, richtet sich an die Eltern. Diese sind damit allerdings überfordert. Die Welt ist längst zu groß und anonym. Man bewegt sich zwar überall hin, aber man fühlt sich nirgends zu Hause. Am Ende sind beide gesellschaftlichen Modelle gleich ungeeignet, die Kinder zu Toleranz und Aufgeschlossenheit gegenüber Fremden zu erziehen. Im Falle der DDR waren die Familien von einer zu engen Gesellschaftsordnung umklammert. In der alten und neuen Bundesrepublik werden sie in eine zu offene Gesellschaft entlassen. Beide Situationen führen zu einem ähnlichen Ergebnis. In beiden Situationen gelingt es Kindern und Jugendlichen am Ende nicht, mit Neuem und Fremdem neugierig und angstfrei umzugehen. Die meisten Jugendlichen bleiben zu sehr damit beschäftigt, ihre eigene Identität zu verteidigen.

Fremdenfeindlichkeit gibt es in vielen Industrieländern. Sie hat viele Ursachen, wirtschaftliche, politische und soziale, denen hier nicht nachgegangen werden kann. Hier geht es nur um die psychologische Frage, ob sich schon bei jungen Kindern ein Widerstand gegen das Fremde entwickeln kann. Dies erscheint möglich. Kinder, die sich ihrer eigenen Gefühle nicht sicher sind, die nicht wissen, wer sie selbst sind oder sein wollen, und die bei ihren Eltern sehr viel Ratlosigkeit erleben, flüchten in den so genannten „Ethnozentrismus": Sie halten das Eigene und das, was ihnen vertraut ist, für gut und edel. Das Fremde, was ihnen fern liegt, halten sie für schlecht und unwürdig. Und sie erleben das Fremde als beunruhigend und Angst erregend. Aber das Letztere werden sie, wenn sie älter geworden sind, nicht mehr zugeben.

## Angst vor Fremden – in aller Kürze

Wie und wann entwickelt sich die Wahrnehmung von „Fremd"
und „Vertraut"?

- Säuglinge können schon immer verschiedene Bezugsperso-
  nen unterscheiden.
- Um die Mitte des ersten Lebensjahres wird ihnen die Unter-
  scheidung bewusster.
- Sie durchschauen klarer, welche Bedeutung die verschiede-
  nen Personen für sie haben.
- Sie sind in der Lage, feine Abstufungen im Verhalten zu
  Fremdem und Vertrautem vorzunehmen.

Wie und Wann entwickelt sich das „Fremdeln"?

- „Fremdeln" ist lediglich die Steigerung der genannten Reaktion, so dass sie deutlich als Angst erkennbar wird. Diese
  Steigerung ergibt sich besonders dann,
- wenn der Säugling bisher überwiegend von einer einzigen
  Person abhängig war und weitere Personen weitgehend von
  der Betreuung ausgeschlossen waren,
- wenn der Säugling plötzlich von einer relativ hohen Dosis an
  Fremdem überrascht wird, so dass seine natürliche Neugier
  überrannt wird.

Welche Denkanstöße ergeben sich?

- Fremdeln ist nicht immer ein Gütezeichen für die gesunde
  seelische Entwicklung.
- Die positive Bewertung des Fremdelns in unserer Kultur
  verrät, dass dort der ausschließlichen Mutter-Kind-Bindung
  ein hoher Rang zugemessen wird.
- Natürlich sind enge Einzelbeziehungen wertvoll, aber nicht
  unter allen Umständen.
- Sie verlaufen nur dann günstig, wenn die Bezugspersonen
  sozial integriert sind.

- Eltern, die sich selbst nicht in eine Gemeinschaft aufgenommen fühlen, begünstigen in der Erziehung ihrer Kinder Fremdenangst oder Misstrauen.
- Diese Angst wird frühzeitig über die enge Beziehung der Mutter zum Kind angebahnt. Leider ziehen gerade isolierte Personen ihre Kinder besonders eng an sich.
- Jedes Kind erlebt die Welt zunächst über die Gefühle der Mutter oder ähnlich naher Personen.
- Dies ist notwendig für die normale Entwicklung, damit das Kind die Welt überhaupt begreift.
- Wie ein Kind zum Fremdenfeind wird, ist damit noch nicht beantwortet. Dies ist ein sehr viel längerer sozialer Lernprozess.
- Fremdenfeindlichkeit ergibt sich zum Beispiel aus Haltungen, die ein Gemeinwesen offen oder verdeckt gegen Fremde einnimmt.

Was können Eltern tun?

- Den Säugling neben der Mutter mit ein bis drei anderen Personen bekannt machen und von diesen vertrauensvoll mitversorgen lassen.
- Den Säugling an neue Personen und Eindrücke langsam, stetig und über lange Zeit heranführen.
- Den Säugling nicht plötzlich und kurzfristig mit fremden Eindrücken überfluten.
- Übergänge und Verbindungsglieder zwischen Fremdem und Vertrautem bieten.
- Die eigenen Gefühle gegenüber Fremden, positive und negative, erkennen und offen eingestehen.
- Schon in frühen Stadien der Elternschaft alles tun, um sich in der Nachbarschaft und im Wohnviertel nicht fremd fühlen zu müssen.

# Angst bei Trennungen

## Einführung

Mutter eines Dreijährigen: „Ich bin Geschäftsfrau und oft auf Reisen. Das bedeutet nicht, dass ich mein Kind im Stich lasse. Überall, wohin ich fahre, nehme ich mein Kind mit. Das habe ich noch immer einrichten können. Ich verlange es auch von meinen Kollegen, dass sie mich nicht verwundert ansehen, wenn ich mein Kind mit in eine Sitzung bringe."

„Ich bin in einem kurdischen Dorf in den Bergen aufgewachsen. Wir waren sechs Kinder. Drei weitere sind uns gestorben, als sie noch klein waren. Einmal hatte meine Mutter eine Fehlgeburt. Im Winter lebten wir in unserem Dorf und bauten an unserem Haus. Im Sommer pachtete mein Vater mit den Verwandten Felder im Tal, um dort etwas anzubauen und die Früchte zu verkaufen. Wir schliefen in irgendwelchen Hütten und mussten auf den Feldern mitarbeiten. Meine Mutter war immer schwanger. Ich war für meinen nächstjüngeren Bruder zuständig. Ich kann mich auch erinnern, dass ich als kleines Mädchen monatelang bei meiner ältesten Schwester und ihrem Mann bleiben musste. Später habe ich ihr erstes Kind gehütet, als sie schwanger war. Ich kann nicht sagen, wer mir am nächsten steht. In der Achtung stehen meine Eltern am höchsten. Aber meine Schwester steht mir näher. Meine Familie ist für mich das Wichtigste. Ohne meine Familie bin ich nichts. Wenn Sie mich fragen, ob ich Angst hatte, wenn ich allein war, kann ich nur sagen, ich war eigentlich nie allein …"

Vater eines zweijährigen Sohnes: „Ich weiß noch, wie es war, als ich meinen Sohn, er war damals gerade ein Jahr, in der Kinderspielgruppe zum ersten Mal allein gelassen habe. Ich hatte ein flaues Gefühl in der Magengrube. Das Kind fehlte mir körperlich. Die Vernunft sagte mir, es ist gut so. Johannes fühlt sich wohl mit den anderen Kindern und den Erwachsenen. Trotzdem war mir sentimental und sonderbar zumute. Mir wurde klar, dass dieses kleine Geschöpf, das es vor einem Jahr noch nicht gegeben hatte, nun schon sein eigenes Leben hatte …"

Die seelische Reifung verläuft nicht immer glatt, sondern über Widerstände hinweg. Trennungen gehören dazu, sie sind

Grundtatsachen der Entwicklung. Sie können weh tun und die Entwicklung dennoch voranbringen. Sie können tiefe seelische Erschütterungen erzeugen oder bleibende Schäden anrichten. Eltern kennen das flaue Gefühl im Magen, wenn sie ihren Säugling das erste Mal für einige Stunden einem anderen überlassen. Das Getrenntsein ist körperlich spürbar. Ob es der Säugling auch so empfindet? Wahrscheinlich kann er die Tragweite des Vorgangs nicht erfassen.

Der Säugling kann es gebrauchen, dass die Eltern sich ihm nahe fühlen und auf seine Bedürfnisse Acht geben. Es wäre aber gefährlich, die intime Nähe zwischen Eltern und Kind zu glorifizieren, denn sie hat auch Risiken. Ich werde nicht müde, dies in verschiedenen Kapiteln meines Buches zu wiederholen. In der hiesigen Kultur genießt die frühe Mutter-Kind-Beziehung eine hohe Wertschätzung. Aber diese Kultur leistet sich die Ungereimtheit, dass sie von jedem im späteren Leben auch ein hohes Maß an Selbstbestimmung und Eigenständigkeit verlangt. Um frei und selbstbestimmt zu werden, muss sich das Kind aus den engen Bindungen wieder lösen. Dies sind kulturelle Rahmenbedingungen, keine Naturgesetze. In anderen Kulturen und Epochen sind und waren die Bindungen an die Mutter weniger eng, sie wurden ergänzt durch Bindungen an andere Familienmitglieder und soziale Gruppen. Das Kind wurde früher in die sozialen Strukturen einer Lebensgemeinschaft eingegliedert. Die Bindungen zur Mutter wurden früher gelockert, aus den Bindungen und Loyalitäten zur größeren Lebensgemeinschaft kam der Mensch freilich lebenslang nicht frei. Trennungen hingegen wurden den Kindern früh und reichlich zugemutet: Eltern starben den Kindern weg oder Kinder den Eltern. Sie rechneten damit. Oder die Kinder wurden nach kurzer Zeit in andere Hände gegeben.

Welchen inneren Schaden richten Trennungen an? Wie können sich die Kinder davor schützen und was können Eltern zu deren Schutz tun? Schon seit der Mitte des Jahrhunderts ist die Psychologie mit Trennungsforschung befasst. Auch der aufgeklärte Laie weiß inzwischen einiges über die Ergebnisse. Kinder zwischen sechs Monaten und vier Jahren sind besonders schwer von Trennungsschäden betroffen. Jüngere Säuglinge haben noch keinen Begriff von der Tragweite des Getrenntseins und werden daher für geschützt gehalten. Ältere Kleinkinder können sich selbst zur Seite stehen, weil sie einen gewissen Zeitbegriff haben und die Abwesenheit einer wichtigen Person mit tröstenden Vorstellungen überbrücken können: Die Mutter und der Vater kommen wieder, bis der kleine Zeiger der Uhr unten ist, bis es dunkel wird, bis die Tonbandkassette durchgelaufen ist, bis das Kind wieder aufwacht.

## Trennungsreaktionen

Vater der zweijährigen Lena: „Als meine Frau zu dieser kranken Tante nach Krakau flog, war eigentlich alles gut vorbereitet. Ich hatte mir die ganze Woche mehr oder weniger frei genommen und wollte mit Lena zu meinen Eltern fahren. Ich muss allerdings dazu sagen, dass Lena meine Eltern bisher nicht besonders gut kannte. Beim Abschied am Flughafen sah Lena auf meinem Arm etwas zweifelnd aus und blickte immer von mir zur Mama und umgekehrt. Bei der Autofahrt zu meinen Eltern war sie etwas still. Bei der Ankunft war nichts Besonderes. Sie ging von meinem Arm herunter, blieb aber eng an meiner Seite. Nach dem Kaffeetrinken dachte ich: ‚Jetzt ist sie etwas aufgetaut und kennt Oma und Opa wieder, jetzt kaufe ich noch schnell an der Ecke ein Buch.‘ Denkste. Sie klammerte sich an mich und schaute mich böse an. Als ihr das nichts half, begann sie zu schreien und zu toben und warf sich auf den Boden. Es steigerte sich, sie schlug nach der Oma, als diese sich herabbeugen wollte. Große Betroffenheit. Ich beschloss, meine kleine Erledigung auf morgen zu verschieben. Um es kurz zu machen: Auch daraus wurde nichts. Nachts musste ich bei Lena im Bett liegen. Sie schlief sehr unruhig, von mir ganz zu schweigen. Beim Frühstück war sie unleidig und warf mit ihrem Brot. Meine Mutter sah mich etwas zweifelnd an, als wollte sie fragen, ob das die Ergebnisse der heutigen Erziehung seien oder was wir da für ein Kind hätten. Natürlich beruhigte sich die Lage in den folgenden Tagen etwas. Ich hatte mir etwas zu arbeiten mitgebracht. Daraus wurde nicht viel.

Am vierten Tag musste ich beruflich kurz weg. Ich dachte, Lena hätte sich inzwischen an die Oma gewöhnt. Der Abschied war wieder ein Drama. Den ganzen Tag sah ich meine schwitzende, tränennasse Lena, rot im Gesicht, vor meinem inneren Auge und hatte ein schlechtes Gewissen. Ich konnte mich kaum konzentrieren. Ich fuhr zwei Stunden früher zurück. ‚Warum kommst du so früh und störst, wenn wir hier gerade so schön am Spielen sind!' Oma erzählte, sie habe nur kurz geweint, dann sei sie ganz reizend zu den Großeltern gewesen. Na endlich. Aber den ganzen Abend war sie wieder quengelig mit mir, nachts durfte ich wieder bei ihr bleiben. Meine Mutter machte die taktvolle Bemerkung, dass wir unser Kind vielleicht doch etwas zu sehr verwöhnen. Ich muss schon sagen, dass mich diese Woche ziemlich mitgenommen hat.

Rückblickend hatte sich Lena im Laufe der Woche schon eingewöhnt. Ich war längst zu erschöpft, um es noch zu merken. Es war die längste Woche meines Lebens. Dann standen wir wieder am Flughafen und warteten auf die Mama, die eine Stunde zu spät kam. Sie kam lachend auf uns zu. Lena sah durch sie hindurch und zur Decke der Flughafenhalle und verzog keine Miene. Erst allmählich, auf der Rückfahrt, schien ihr wieder klar zu werden, dass dies ihre Mutter war. Sie hat dann noch zwei Wochen zwischen uns im Bett gelegen. Wer weiß, ob es von uns oder von Lena ausging. Jetzt ist alles wieder im alten Gleis."

Alle wissen, was geschieht, wenn ein Kleinkind unvorbereitet und überraschend von der Mutter allein gelassen wird, so bei der Noteinweisung der Mutter in eine Klinik oder bei der Verabschiedung des Kindes in einen Operationssaal oder wenn die Mutter eine dringende Reise zu ihren Eltern machen muss und das Kind bei der Nachbarin zurücklässt. Beim Weggehen der Mutter schreit das Kind laut und verzweifelt. Das Schreien bringt neben dem Schmerz auch Wut und Empörung zum Ausdruck. Das Kind richtet sich an die Adresse der Mutter, als könnte diese das Schreien hören und hierdurch zur Rückkehr bewegt werden. Während das Kind schreit, steht es innerlich mit der Mutter in Verbindung. Das Schreien ist zum Steinerweichen. Auch eine hartherzige Mutter würde zurückkommen, wenn sie es hören könnte.

Man kann diesen Zustand zwar „Angst" nennen. Um pathetischen Ausdeutungen vorzubeugen, ist es aber vermutlich besser, zunächst von Stress und vegetativer Erregung zu sprechen. Die entsprechenden Stress-Hormone werden tatsächlich ausgeschüttet. Wichtiges Ergebnis der Forschung ist, dass das Kind während dieser Erregung keinen seelischen Schaden nimmt und nicht psychisch in Stücke geht, sondern mit großer Anstrengung und Zielstrebigkeit eine Leistung vollbringt, die unter „normalen" Umständen auch zum Erfolg führen würde: Die Mutter soll zurückgeholt werden.

Solange das Kind diesen Versuch nicht abbricht, bleibt es trotz der körperlichen Verausgabung psychisch noch „gut beieinander". Zwischendurch kann das Kind erschöpfen und eine Erholungspause einlegen, um dann das Schreien fortzusetzen, wenn es merkt, dass die Mutter immer noch nicht da ist. Das Gleiche passiert, wenn die Mutter tatsächlich zurückkehrt, weil dem Kind in diesem Augenblick einfällt, was es der Mutter sagen wollte: dass sie nicht weggehen darf. Das Kind ist während des Schreiens und Rufens für Trost und Zuspruch nicht erreichbar, ist ärgerlich abwehrend und mürrisch, sehr zum Verdruss der Nachbarin, die sich etwas darauf zugute hält, Kinder trösten zu können.

John Bowlby nannte dieses Stadium der Trennungsreaktion „Protest", nicht etwa Angst oder Panik. Auch nach wiederholten Strapazen dieser Art sind keine tiefer gehenden seelischen Folgen zu befürchten. Innerlich ist das Kind während des Schreiens nicht von der Mutter getrennt, sondern behält sie innerlich vor Augen. Mit dem Stress arbeitet das Kind zugleich den Trennungsschmerz ab und versucht, die Situation zu kontrollieren. Der Schmerz dringt nicht tiefer ein.

Wenn die Mutter nicht zum Kind zurückkehrt, nicht nach wenigen Stunden, nicht nach einer Nacht und nicht einmal nach ein bis zwei Tagen, dann beginnt das Kind freilich zu resignieren. Die Zeit, nach der dies eintritt, ist so verschieden wie die Kinder auch sonst. Das Kind versteht nicht, warum die Mutter nicht da ist, es hat kein Konzept, mit dem es sich die Situation erklären kann, fühlt sich leer und ratlos. Die Intensität des Gefühlslebens wird nun heruntergefahren zum Schutz vor Verwirrung und vor dem Auseinanderfallen der psychischen Funktionen. Das Kind wird ruhiger und weicher, lässt sich auf den Arm nehmen, wirkt dabei etwas melancholisch, nachdenklich, versonnen und macht große verwunderte Augen. Säuglings- und Kinderschwestern haben zu Zeiten, als die Eltern noch von den Stationen ferngehalten wurden, diesen Zustand der Kinder als „niedlich" oder „süß" bezeichnet. Das Kind habe sich an die Klinik „gewöhnt". Das waren natürlich fromme Missverständnisse.

Bowlby nennt diese seelische Verfassung „Verzweiflung". Man kann diesen Zustand auch als frühe Form der Depression ansehen, ausgelöst durch den Mangel einer Person, an die sich das Kind anlehnen und an der es sich orientieren kann. Außerordentlich schwere Formen dieser Depression sind bei Säuglingen und Kleinkindern vorgekommen, die in Heimen ohne adäquate Betreuung verwahrt wurden.

Bei mehrtägiger Abwesenheit der Mutter kann es immerhin passieren, dass der Säugling die Mutter nach ihrer Rückkehr mit leerem Gesichtsausdruck empfängt, ihren Blick nicht erwidert, keine Freude zeigt, als kenne er die Mutter nicht. Er hat sein typisches Verhalten, mit dem er sonst die Aufmerksamkeit der Mutter weckt und die Mutter an sich bindet, gleichsam abgeschaltet. Diese Blockade wird rasch überwunden. Nach längerer Abwesenheit kann sich aber noch eine Phase der Verunsicherung zwischen Mutter und Kind anschließen: Ungewohnte Quengeleien, Schlafstörungen, Nahrungsverweigerungen, anklammerndes Verhalten.


## Die Absicherung der Trennung

Mutter der einjährigen Alexandra: „Ich wusste zum Glück schon zwei Monate vorher, dass ich wieder arbeiten würde. Alexandras Tagesmutter ist eine frühere Kollegin aus meinem Betrieb, die jetzt zwei eigene Kinder hat. Wir haben uns zunächst gegenseitig besucht. Auch die Kinder haben sich dabei kennen gelernt. Dann habe ich Alexandra bei der Frau fünf oder zehn Minuten allein gelassen, wenn ich merkte, dass sie sich gerade wohl fühlte. Am Schluss konnte ich einen ganzen Vormittag wegbleiben, obwohl es noch gar nicht nötig war. Ich stand also nicht unter Druck."

„Natürlich geht Jakob (drei Jahre) gern zu Oma und Opa. Der Opa hat einen Garten, die Oma kocht gut, und was sonst noch. Es hat sich so ergeben. Mein jüngster Bruder ist erst kürzlich ausgezogen. Und jetzt haben sie wieder einen ‚Sohn'. Ich frage mich manchmal, ob ich mit dieser Lösung so zufrieden bin. Die Großeltern erlauben Jakob vieles und sind nicht konsequent mit ihm. Ich bin froh, dass ich nicht alles mitkriege. Ich würde Zustände kriegen. Sie haben auch altmodische Ansichten, zum Beispiel was sie ihm zum Anziehen kaufen. Ich bin froh, dass mein Mann ihn mittags immer abholt, weil ich mir so die Vorhaltungen nicht täglich anhören muss. Ich weiß nicht, ob das alles für Jakob so gut ist und ob er nicht am Schluss ganz durcheinander kommt."

Das Kind wird Trennungen von der Mutter durchaus bewältigen, wenn es sich in Abwesenheit der Mutter an einer festen anderen Person orientieren kann, die sich seiner annimmt und es zuverlässig und einfühlsam versorgt, noch besser, wenn es sich vor der Trennung an die andere Person schon gewöhnen konnte oder sie schon kannte, noch besser, wenn diese Person ohnehin an der Versorgung des Kindes zuvor beteiligt gewesen ist und zukünftig bleiben wird: zum Beispiel der Vater oder die Großmutter.

Wenn die Mutter regelmäßig abwesend ist, etwa weil sie berufstätig ist, wird das Kind nicht jedes Mal mit Protest und schon gar nicht mit Verzweiflung reagieren, sondern wird neue Bindungen zu einer anderen versorgenden Person aufbauen, zu einer Tagesmutter, Erzieher/in, Nachbar/in, Verwandten – übrigens auch zu einem zweiten vertrauten Ort. Es würde erst dann in Stress geraten, wenn es an einem fremden Ort zurückgelassen würde und keine vertraute Bezugsperson herbeirufen könnte.

Es liegt auf der Hand, dass Kinder, die sich zur Versorgung auf mehrere Personen stützen können, besser gegen Trennungstraumen geschützt sind, obwohl und gerade weil sie ständig mit kleinen Trennungen leben müssen. Sie sind somit für spätere Trennungsängste und für ein Leben in der Gemeinschaft besser gerüstet. Der Nachteil liegt in der Vergänglichkeit und geringen Zuverlässigkeit vieler Betreuungsformen. Die Nachbarschaften wandeln sich, die Menschen ziehen oft um, die Menschen leben längst nicht mehr in dauerhaften, einander verpflichteten sozialen Gruppen.

Das Geringste, was eine Familie aus eigener Kraft zugunsten einer Mehrpersonenbetreuung tun kann, ist die Einbeziehung des Vaters. Leider fällt dieser allzu oft nach einer kurzen enthusiastischen Mitwirkung aus der Betreuung wieder heraus. Er wird nicht mehr einbezogen in die alltägliche Versorgung, gestaltet keine Alltagsrituale, tröstet nicht, kann nicht einmal per Telefon angerufen werden oder man erwägt es nicht, da er ohnehin die für die Betreuung wichtigen Personen und Verabredungen nicht kennt und von den Nörgeleien und Trotzanfällen des Kindes unbehelligt bleibt. Dies ist ein Missstand, der zu ändern wäre. Der Vater müsste dazu auf eine Änderung seiner beruflichen Routinen und Zeitpläne hinarbeiten.

Weitere Chancen wie Risiken ergeben sich bei einer Mitbetreuung durch die Großeltern. Vorteil: Das Kind erfährt eine Bereicherung seiner Beziehungen und Erfahrungen, zudem eine starke Rückversicherung, und erlebt den Rahmen der solchermaßen erweiterten Familie als deutlich stabiler als den Rahmen der Kleinfamilie. Wie bei allen Formen der Mehrpersonenbetreuung muss die Mutter aber innerlich bereit sein, einen Teil ihrer emotionalen Bedeutung für das Kind an die mitbetreuende Person abzutreten. Wenn diese Person die Mutter der Mutter ist, können ungelöste Konflikte wieder aufbrechen. Zwar kann sich ein Kind leichter, als die Eltern denken, auf die Verschiedenheit von elterlichem und großelterlichem Verhalten einstellen und sogar Nutzen daraus ziehen, weniger gut verträgt es jedoch deren gegenseitige Eifersucht und Missgunst.

Die Mehrpersonenerziehung wird eine Notwendigkeit, wenn beide Eltern berufstätig sind. Wenn die Großeltern nicht zur Verfügung stehen, kommen Kinderkrippen, Tageseinrichtungen und Tagesmütter in Frage. Zur Warnung vor einer außerfamiliären Betreuung von Kindern werden oft die Erkenntnisse über die katastrophalen Zustände in früheren Kinderheimen angeführt. Bei den betroffenen Kindern wurden auch Ernährungs- und Gedeihstörungen, Krankheitsanfälligkeit, intellektuelle Defizite und Kontaktstörungen beobachtet. Man muss allerdings bedenken, dass sich diese Untersuchungen auf vernachlässigte Kinder bezogen, denen keine geeigneten Bindungen angeboten wurden. Die Diskussion um die Mehrpersonenbetreuung setzt aber gerade dort ein, wo es um die möglichst optimale Befriedigung der Bindungsbedürfnisse junger Kinder geht. Hier ist festzuhalten, dass die alleinige Bindung an die Mutter das Risiko traumatischer Trennungserfahrungen erhöht. Auf dieses neuartige Problem ist die damalige „Hospitalismus"-Forschung überhaupt nicht eingegangen und hätte gegebenenfalls keine Antwort gewusst.

Mehrpersonenbetreuungen von Säuglingen und Kleinkindern waren in Europa vor der Industrialisierung die Regel. Sie dürften einer Mutter-Kind-Beziehung, die jegliche weitere Personen aus der Versorgung ausschließt, auch tatsächlich überlegen sein. Solche Betreuungsformen sollten, entgegen dem Trend zu immer kleineren Familien, bewusst wieder aufgebaut werden. Ihre Tauglichkeit bemisst sich freilich danach, wie fürsorglich, stabil und dauerhaft sie sind.

Hierzu ein Beispiel: Ein junge allein erziehende kroatische Mutter, die in Zagreb arbeiten geht und ihr Kind tagsüber, auch tagelang, im Dorf bei den Großeltern zurücklässt, fügt ihrem Kind kein Trennungstrauma zu. Denn das Kind war immer zugleich an die Großeltern gebunden und bei ihnen versorgt gewesen. Im Haus lebt noch eine Schwester, deren Mann und Kinder, also Onkel und Tante, Cousins und Cousinen. Der vertraute Umkreis erweitert sich im dritten Lebensjahr auf einige weitere Verwandte im Dorf, in deren Wohnungen das Kind verkehrt.

Eine schwierigere Situation entsteht erst, als das Kind zwei Jahre alt ist und die Mutter ohne das Kind nach Deutschland weggeht. Die Mutter scheidet, auch wenn sie das selbst nicht so dramatisch sieht, aus der Gruppe der versorgenden Personen aus, sie „existiert" schon nach einigen Wochen für das Kind nicht mehr. Das Kind erleidet zwar einen Verlust, kann ihn aber durch die anderen versorgenden Personen, durch die vertraute Umwelt, im Besonderen aber durch die Bindung an die Großmutter ausgleichen. Das erste wirklich bleibende, Narben hinterlassende Trauma ereignet sich, als die Mutter das Kind im Alter von fünf Jahren zu sich nach Deutschland holt. Nunmehr verliert das Kind auf einen Schlag seine gesamte vertraute

Umwelt, auch die sprachliche Umwelt, insbesondere aber alle Personen, an die es sich gebunden hatte und die für die Befriedigung seiner Bedürfnisse zuständig waren. Das Kind muss mit der Mutter vollkommen neu anfangen.

Diese Mutter hat inzwischen ein zweites Kind und einen Ehemann. Das Kind „weiß", dass es bei der „echten" Mutter ist, aber es bedeutet ihm nichts. Das Kind wird einnässen, möglicherweise einkoten, trotzig und undankbar sein, das kleine Geschwisterkind quälen oder – gleich schlimm – sich verschließen und anpassen.

Es wäre Ausdruck großer psychologischer Ahnungslosigkeit, wollte man dieser Mutter nunmehr die Rolle der alles entscheidenden, alles rettenden, alleinigen Bezugsperson zuweisen, die sie nie gewesen ist. Die Mutter ist besser beraten, wenn sie die weitere Entwicklung ihres Kindes auf eine Gruppenerziehung aufbaut, wie sie schon in der kroatischen Heimat bestanden hat. Dementsprechend könnten sich Mutter und Kind an eine Kindertagesstätte wenden, wo das Kind auch nach der Einschulung bleiben und möglichst lang dauernde Beziehungen aufbauen könnte. Die Mutter befände sich nun wieder in einer Erziehungspartnerschaft, in der sie ihre Bindungen an das Kind neu befestigen kann, in der aber keine falschen Hoffnungen auf ein intimes Glück zwischen Mutter und Kind entstehen, deren Verrat nur tiefe Enttäuschung wecken würde.

## Bindungsverhalten

Der zweijährige Björn wurde in meiner Sprechstunde vorgestellt, weil er abends ängstlich war und bis tief in die Nacht hinein nicht schlafen konnte. Während meines Gesprächs mit der Mutter hockte er abseits vor dem Spielschrank, zog missmutig das eine oder andere Spielzeug heraus, ohne sich dafür zu interessieren. Wenn die Mutter die Stimme hob, damit ich sie besser verstehen sollte, steigerte sich auch das Rumoren in der Spielecke. Wenn die Mutter schwieg, war auch Björn leiser. Eine Unterhaltung war nicht möglich. Mehrmals sprang die Mutter zu ihm hin, weil er ungeschickt gestürzt war. Björn weinte aber gar nicht. Er war einfach schlecht drauf. Trotzdem kam er kein einziges

Mal, um sich bei der Mutter anzuschmiegen oder bei ihr aufzutanken. Einmal ging die Mutter kurz zur Toilette und schlich sich bei ihm vorbei. Björn bemerkte es erst, als sie wieder zurückkam. Er wurde nun so quengelig, dass ich das Gespräch in dieser Form nicht fortsetzen konnte.

Eine Mutter eines Kleinkindes fragt sich, was sie tun könne, um ihr Kind sicher an sich zu binden, damit es gut durchs Leben käme und glücklich würde und die eigene Familie in guter Erinnerung behielte. Sie erinnert sich: „Meine Mutter ist ganz anders aufgewachsen wie ich und noch einmal anders wie jetzt unsere Nicola. Nicolas Oma stammt von einem Bauernhof mit sechs Geschwistern. Es gab so etwas wie Mägde und Kindermädchen. Ob die Kinder jemals von der eigenen Mutter gehütet und umsorgt worden sind, wie ich es jetzt tun möchte, wage ich zu bezweifeln. Ich kenne die Mutter meiner Mutter jedenfalls als eine eher spröde und unnahbare Frau. Meine Mutter kam schon als Achtjährige für zwei Jahre zu einer Tante. Ja, Heimweh habe sie gehabt. Das ist für sie aber kein größeres Thema. Sie ging schon mit sechzehn von zu Hause weg und machte eine Ausbildung. Die Geschwister sind zum Teil im Krieg gefallen. Meine Mutter hat später ihre Mutter ins Haus geholt und zwanzig Jahre lang bis ins hohe Alter versorgt. Darüber hat sie nie geklagt, es war eine Selbstverständlichkeit. Ich weiß nicht, ob ich so etwas aushalten würde. Vielleicht ging es so gut, gerade weil sich die beiden Frauen nicht besonders nahe standen. Aber eine Bindung, eine gegenseitige Verpflichtung war natürlich vorhanden."

Jedes Kind absolviert kleinere und größere Trennungen und muss Veränderungen und Umbrüche verkraften. Eine Mutter beginnt zu arbeiten, die Familie zieht um, das Kind tritt in den Kindergarten ein, die Ehe geht zu Bruch. Wie soll ein Kind erzogen werden, damit es mit solchen Erfahrungen zurechtkommt? Zwei erzieherische Einstellungen ergänzen sich oder konkurrieren miteinander:

Erstens: Man verschafft dem Kind eine möglichst enge und (hoffentlich) sichere Bindung an die „Hauptbezugsperson", meist die Mutter. Auf diesem Fundament soll das Kind die allfälligen Verluste und Trennungen durchstehen. Zweitens: Man bereitet das Kind möglichst frühzeitig auf seine Selbständigkeit vor, ermutigt und ermuntert es zu eigenen Schritten weg von der Mutter, weckt sein Interesse für die Außenwelt. Dies setzt voraus, dass man als Erwachsener die dem Kind angebotene

Welt für einigermaßen vertrauenswürdig und ungefährlich hält oder sie so mitgestalten kann, dass sich das Kind von ihr eingeladen und nicht ausgestoßen und befremdet fühlt. Viele Fragen bleiben offen. Hat das Kind ein sicheres Fundament, wenn es gute Bindungen nur zu einer einzigen Person besitzt? Und was heißt „sichere Bindung"? Ist ein Kind, das seiner Mutter am Rockzipfel hängt, sicher an diese gebunden? Jede Bindung hat ihren Ursprung in der bedingungslosen Liebe der Eltern zu ihrem Kind und in der Bereitschaft, auf die Bedürfnisse des Säuglings intuitiv Acht zu geben. Diese Voraussetzungen garantieren aber nicht, dass die Bindung „sicher" wird und einen guten Verlauf nimmt. Es gibt zu viele liebevoll versorgte Kinder, die dennoch unzufrieden sind und die, obwohl sie mit der Mutter zusammensein dürfen, quengelig, reizbar und ängstlich sind und ständig Zuwendung fordern, ohne dabei zur Ruhe zu kommen. Ein solcher Belagerungszustand kostet Nerven. Die Mutter kann dabei nicht mehr zuverlässig entscheiden, wann sie wirklich gebraucht und wann sie nur ausgenutzt wird. Auch das Kind weiß nicht mehr, ob es die Mutter wirklich braucht, aber es hat ständig Angst, sie gehen zu lassen. Diese Situation bezeichnen wir als „unsichere Bindung". Mutter und Kind sind dabei in einem unproduktiven Zustand aneinander gefesselt und frustrieren sich gegenseitig. Dieser Zustand führt bei aller Liebe auch zu negativen Gefühlen der Mutter zum Kind, begleitet von schlechtem Gewissen. Das Kind spürt diese Gefühle bei der Mutter und verhält sich als Reaktion darauf nochmals schwieriger.

Das Forscherehepaar Ainsworth wollte herausfinden, wie sich Kinder im Beisein und nach dem Weggehen ihrer Mütter in einer fremden Situation verhalten. Die „unsicher" gebundenen Kinder waren bei der Erkundung der fremden Umgebung weniger aktiv und leichter störbar als die „sicher" gebundenen Kinder. Wenn die Mutter sich entfernte, reagierten sie kaum auf dieses wichtige Ereignis. Dabei war anzunehmen, dass die so genannten „unsicheren" Kinder ständig mit der Sorge beschäftigt waren, ihre Mutter zu verlieren. Es war zu vermuten, dass sie durch die ständige Angst vor einer Trennung diese Trennung gleichsam in der Vorstellung vorwegnahmen und daher nicht mehr darauf achten konnten, wann sie tatsächlich stattfand. Das Bindungsverhalten war gewissermaßen überreizt. Erst gelang es dem Kind vor lauter Angst nicht, seine Umwelt zu erkunden, dann verpasste es sogar die Trennung.

„Sicher" gebundene Kinder hingegen konnten sich von der Mutter besser lösen und freier spielen. Sie kehrten zwischendurch zur Mutter zurück, um bei ihr aufzutanken. Wenn die Mutter den Raum verließ, erhoben sie sofort lauten Protest, liefen hinterher und taten alles, um die Mutter zurückzuholen.

Diese Untersuchungen haben auch Missverständnisse ausgelöst. Jeder kann nachvollziehen, dass ein besonders ängstliches Kind bei der Erkundung seiner Umwelt weniger unbeschwert ist und die Mutter nicht aus den Augen lässt. Aber es wäre zu weit gegriffen, alle ängstlichen Kinder als „unsicher" gebunden im Sinne der obigen Definition zu bezeichnen.

Auch ist zu fragen, ob weniger ängstliche Kinder automatisch „sicherer" an ihre Mütter gebunden sind. Ist die Bereitschaft zur Loslösung von der Mutter und zur freien Erkundung der Umwelt stets abhängig von der Art der Bindung zur Mutter? Kulturell vergleichende Untersuchungen haben gezeigt, dass man Kinder dazu erziehen kann, sich frühzeitig für ihre Umwelt zu interessieren und nicht mehr auf die Mutter zu verlassen, sogar deren Abwesenheit zu ertragen. Bei einer solchen Erziehung fehlt also der typische Protest bei der Trennung von der Mutter. Gleichzeitig verzeichnen wir ein gutes Erkundungsverhalten. Das Bindungsverhalten des Kindes ist also anders zu bewerten, wenn eine enge Bindung zu einer einzelnen Person im Leben des Kindes gar nicht ausgeprägt ist.

An dieser Kritik offenbart sich, wie schwierig es ist, das Bindungsverhalten angemessen zu beurteilen. Unvermeidbar fließen erzieherische Stile und Glaubensfragen in die Bewertung ein: etwa der Frage, ob eher eine auf Abstand achtende oder eine auf Nähe bedachte Erziehung eine stabile Psyche und zugleich die Kontrolle der Trennungsangst am besten gewährleisten kann. Ganz offensichtlich spielen also weitere Faktoren, die vom Bindungskonzept nicht erfasst werden, im Zusammenspiel zwischen Kind und Umwelt eine wichtige Rolle.

Wir können zusammenfassen, dass sehr unterschiedliche erzieherische Grundhaltungen geeignet sind, das kindliche Bedürfnis nach Sicherheit und Geborgenheit zu befriedigen und das Kind vor allzu großer Angst zu schützen. Jeder erzieherische Weg bietet Chancen und Risiken. Ob auf den verschiedenen Wegen etwas Gutes für das Kind herauskommt, hängt von der Zuneigung und den Fähigkeiten der Bezugsperson ab – aber ebenso von der Zuneigung und den Fähigkeiten des Kindes. Man muss genau hinschauen, was sich zwischen der Bezugsperson und dem Kind wirklich abspielt, wenn das Kind zum Beispiel ein ängstliches Gesicht macht. Die Mutter kann verwirrt sein oder positiv ermutigt sein, sich dem Kind intensiver zuzuwenden. Oder sie kann selbst in Angst verfallen. Und was geschieht wirklich, wenn sich ein Kind von der Mutter abwendet? Das Kind kann dabei seinem Erkundungsdrang folgen und wenig Angst empfinden, weil es sich im Einklang mit seiner Mutter fühlt und ihr innerlich fest verbunden bleibt. Das Kind könnte aber auch frustriert sein, weil es zuvor nicht getröstet wurde. Es könnte sich über seine Angst vor der Trennung hinwegsetzen, obwohl es eigentlich Grund zu dieser Angst hätte.

„Sichere" Bindungen werden aufgebaut durch eine häufig wiederholte stillschweigende Verständigung zwischen Mutter und Kind. Dies ist auch eine aktive Leistung des Kindes. Je nach den erzieherischen Rahmenbedingungen, dem Temperament und dem Orientierungsvermögen des Kindes kann es sich in unterschiedlicher Nähe oder Distanz zur Mutter sicher fühlen und sich bei Bedarf zusätzliche Sicherheiten verschaffen. Manche Kinder haben gute „Antennen". Sie können sich rasch vergewissern, ob sie bei einer Erkundung im Einklang mit ihrer Mutter sind. Sie können gut verständliche Signale aussenden, wann und wie viel Unterstützung sie benötigen, lange bevor sie offen ängstlich wirken. Oder sie können Situationen wiedererkennen, in denen sie Freude oder Angst empfunden haben. Oder sie haben eine gute Toleranz für innere Spannungen, so dass sie sich bestimmten Stresssituationen gewachsen fühlen, ohne Hilfe anzufordern.

Die Summe aller Fähigkeiten wäre das Optimum, das kaum je erfüllt sein dürfte. Eltern, die mehrere Kinder großziehen, kennen die Verschiedenheit ihrer Kinder und wissen, dass es ihnen bei manchen Eigenheiten leichter, bei anderen schwerer fällt, sich auf das Kind einzustellen und ihm gerecht zu werden. Im Endergebnis ist es nicht zu vermeiden, dass ein Kind auch einmal unabsichtlich geängstigt wird oder unnötig behütet oder unnötig im Stich gelassen wird.

Immer wieder kommt es also vor, dass sich Eltern und Kinder der Zwiespältigkeit ihrer Gefühle beugen müssen und sich nicht einigen können. Das Kind schwankt hin und her, wie es sich der Mutter im Augenblick der Gefahr am besten versichern kann. Ein allzu starker Gefühlsausbruch könnte die Mutter anlocken, wenn man dies nicht will. Er könnte die Mutter auch vertreiben, wenn man dies nicht will. Das Kind hat nicht nur Wünsche nach Bindung und Trost, sondern will auch eigenmächtig entscheiden und seine Autonomie einüben. Die Mutter oder andere vergleichbare Personen sind nicht minder zwiespältig. Sie leiden mit dem Kind, aber werden auch ärgerlich, wenn sie nicht helfen können und wenn die Erwartungen des Kindes unerfüllbar sind. Wenn eine Mutter oder ein Vater am Ende nicht mehr wissen, wie sie sich verhalten sollen, dann ist dies nur recht und billig. Sie haben ihre eigene Ambivalenz und die des Kindes gut begriffen. Es bleibt den Eltern nichts übrig, als die Ambivalenz mal so und mal so – freilich stets in gutem Glauben und in bester Absicht – aufzulösen und zu hoffen, dass sie sich beim nächsten Mal wieder besser mit dem Kind einigen können. Hierdurch ist noch kein Schaden entstanden, denn normalerweise sind Eltern und Kinder sich in der Hoffnung einig, dass am Ende zwischen ihnen alles gut sein wird.

## Mütterliche Berufstätigkeit

„Da war er, mein Traumjob! Aber was wird aus meiner Tochter? Meine beste Freundin sagte gleich: ‚Was machst du jetzt mit dem Kind … also, in dem Alter würde ich mein Kind noch nicht zu fremden Leuten geben … hast du nicht Angst, dass dir das Kind entfremdet wird … meinst du, sie verkraftet es?‘ Sie hat sich insgeheim wohl noch gedacht, dass ich doch auf mein Kind hätte verzichten sollen, wenn mir das Arbeiten so wichtig wäre.“

„Morgens um sieben muss ich aus dem Haus gehen. Oliver (zweieinhalb Jahre alt) schläft dann noch. Mein Mann bringt ihn auf dem Weg zur Arbeit bei meinen Eltern vorbei. Sie wohnen ganz in der Nähe. Mittags lohnt es sich für mich nicht, nach Hause zu kommen. Nachmittags komme ich als Erste zurück. Ich gehe dann gleich zu Oma und Opa. Dort essen wir etwas zusammen. Mein Mann kommt manchmal auch dazu, meist geht er gleich in unsere Wohnung. Dort treffen wir uns alle um halb sieben. Dann beginnt der anstrengende Abend. Wir beschäftigen uns natürlich mit Oliver, aber wir haben auch viele andere Dinge zu erledigen. Oliver findet nie ein Ende. Abends um neun ist er noch munter. Schließlich liegt er bei uns im Bett. Wir werden langsam gereizt. Ich habe mit meinem Mann noch kein Wort sprechen können. Nachts wacht Oliver noch mehrere Male auf. Wir fühlen uns ausgelaugt. Wir wissen nicht, wie lange wir das noch aushalten. Ich verstehe gut, dass Oliver noch etwas von uns haben will, wenn er uns den ganzen Tag entbehrt hat. Ich bin jetzt wieder schwanger. Demnächst werde ich aufhören zu arbeiten. Ich habe schon heute Angst, dass sich Oliver falsche Hoffnungen macht, wie viel ich dann für ihn da sein kann. Er bekommt ja dann ein Geschwisterkind vor die Nase gesetzt. Wie wir es mit der Oma machen, weiß ich noch nicht. Wenn ich schon aufhöre zu arbeiten … eigentlich brauchen wir die Oma dann nicht mehr …“

Mutter mit zwei Kindern, vier und sechs Jahre alt: „Ich weiß nicht, ob das normal ist, aber seit ich arbeite, geht es mir wieder besser. Vorher war ich ständig erschöpft, innerlich angespannt, ständig krank, schlapp, ich hatte Probleme mit dem Kreislauf, mit Kopfschmerzen und Rückenschmerzen. Ich bekomme im Geschäft viel Bestätigung. Die Welt sieht wieder interessanter aus. Für dieses gute Gefühl nehme ich die Anstrengungen in Kauf. Wenn ich nach Hause komme, bin ich motiviert, mich auf das Genörgele meiner Kinder einzustellen. Ich sage mir: Es ist schön, diese Quälgeister zu haben, aber es gibt zum Glück noch etwas anderes in meinem Leben. Irgendwann werden das vielleicht sogar meine Kinder zu schätzen wissen. Und wenn nicht, ist es mir auch egal."

Berufstätige Mutter mit zwei Kindern, (sieben und zehn Jahre): „Donnerstagnachmittags ist mein Mann immer zu Hause. Er ist dann für die ‚Familie' zuständig. Das klingt gut. In Wirklichkeit sitzt er geistesabwesend in einer Ecke und liest oder hat etwas Dringendes in seinem Zimmer zu arbeiten. Meine Kinder denken gar nicht daran, ihn zu behelligen. Er sagt mir abends: Alles war ruhig und problemlos. Im Haushalt ist alles liegen geblieben, nichts ist eingekauft. Er weiß über nichts Bescheid: nicht, wo die Kinder waren, nicht, ob sie für den nächsten Tag alles vorbereitet haben, nicht, ob die Putzfrau abgesagt hat, er weiß von nichts. Wenn ich dann nach Hause komme, wird's plötzlich laut. Die Kinder beginnen zu streiten und erzählen mir ihre schrecklichen Geschichten: wer wem die Hose zerrissen hat, wer sein Geld verloren hat. Sie wissen ganz genau, dass alles an mir hängen bleibt."

Wo in dem schwer durchschaubaren Feld zwischen ihrer Bindung an das Kind und der notwendigen Loslösung, zwischen Über- und Unterversorgung, zwischen der Trennungsangst des Kindes und seiner Erkundungslust steht eine Mutter, wenn sie erwägt, in ihren Beruf zurückzukehren, oder wenn sie absichtlich darauf verzichtet? Diese Frage ist durch gesellschaftliche Vorurteile äußerst belastet. Eine Mutter, die zu Hause bleibe, sei altmodisch oder unemanzipiert, aber sie liebe ihre Kinder in besonderem Maße und fördere hierdurch deren späteres Lebensglück, schaffe ein wahres Zuhause, bringe dafür hohe Opfer. Eine Mutter, die arbeite, sei ehrgeizig, konkurriere mit Männern, sei materiell gesinnt, schade dem Glück ihrer Kinder, biete keine „Geborgenheit", flüchte aus ihrer Ehe, aber sie lebe dafür interessanter, emanzipiere sich aus der Unterdrückung als Hausfrau, erweitere den Horizont der Kinder und mache sie früher selbständig. Diese Vorurteile sorgen für Verwirrung und schlechtes Gewissen auf allen Seiten. Je nach der Lage am Arbeitsmarkt werden einzelne dieser Behauptungen politisch hervorgehoben.

Ähnliches gilt für die Frage nach dem Zeitpunkt des Wiedereintritts in den Beruf: Auf keinen Fall vor dem Abstillen, nicht vor Ende des ersten Lebensjahres, nicht mit 18 Monaten, wenn das Kind noch einmal die Nähe der Mutter sucht, nicht vor Beginn des Kindergartens, wenn unsere Gesellschaft erstmals einen betreuten Raum außerhalb der Familie bereitstellt, nicht vor dem Schuleintritt oder nicht vor dem Ende der Kindheit. Solche Regeln wirken zu starr und künstlich gemessen an der Lebenswirklichkeit der Familien und ihren unterschiedlichen Lebensplänen, aber auch gemessen an den vielfältigen Möglichkeiten der Kinder, eine gesunde Entwicklung zu vollziehen.

Oft wird es sich eine Mutter ohnehin nicht aussuchen können, wann sie wieder zu arbeiten beginnt. Kein noch so später Wiedereintritt in den Beruf bietet die Gewähr, dass die Trennung, die auf Mutter und Kind zukommt, gut vertragen wird. Auch der Verzicht auf den Beruf bedeutet nicht, dass sich Mutter und Kind gut miteinander vertragen und belastende, Angst erregende Situationen vermieden werden. Wenn die Berufstätigkeit der Mutter aktuell wird, muss der Betreuungsbedarf des Kindes je nach seinem Alter und seinen Fähigkeiten einfühlsam ermittelt werden. Je weniger eine Mutter sich dabei trotzig rechtfertigen muss, umso ehrlicher wird sie auch die Schwierigkeiten der neuen Situation erkennen und sich darauf einstellen können.

Die neue Lebensweise der Familie sollte gut vorbereitet werden. Zusätzliche Bezugspersonen sollten frühzeitig in die Familie eingeführt werden. Das Kind sollte ermuntert werden, einen Teil seiner Bindungsbedürfnisse auf die außerfamiliären Bezugspersonen zu verlagern. Auf keinen Fall sollte das Kind eingeladen werden, seine Bedürfnisse bis zur Rückkehr der Eltern am Abend aufzusparen. Dies führt regelmäßig zur Erschöpfung der Eltern in den gemeinsamen Abendstunden und dazu, dass sich das Kind nicht zur Nachtruhe verabschieden kann: Zu viele unerledigte Dinge sind mit den Eltern dann noch auszuhandeln!

Eine Familie mit doppelt berufstätigen Eltern sollte sich in die Nachbarschaft hinein öffnen, Betreuungspartnerschaften anstreben und einen vertrauten nachbarschaftlichen Kreis besitzen, in dem sich das Kind aufgehoben fühlen kann, auch wenn die Eltern nicht zu Hause sind. Feste Bezugspersonen müssen für feste Zeiten zuständig sein. Die Betreuung muss nach Regeln, nach zeitlichen Rhythmen und an festen Orten stattfinden. Die Abläufe müssen für das Kind durchschaubar sein. Die Eltern müssen mit den anderen Bezugspersonen ein gutes Einvernehmen pflegen. Sie müssen ihnen die Bindung an die eigenen Kinder gönnen und dürfen sie ihnen nicht neiden. Die neuen Bezugspersonen in der Tagesstätte, bei der Tagesmutter, sind keine Lückenbüßer, die Fehlzeiten überbrücken, sondern sie eröffnen dem Kind einen neuen Lebensraum und werden zu einem wesentlichen Teil seines Lebens.

Die Mutter muss bewusst auf ihr Monopol verzichten. Sie ist möglicherweise alsbald nicht mehr die alles entscheidende und für alle Lebenslagen geeignete Person für ihr Kind. Vor allem der Vater muss in die Betreuung eingebunden werden. Es ist verhängnisvoll, wenn die Mutter ihren neuen Lebensabschnitt auf eigenes Risiko beginnt und den Ehemann nicht auf dessen Mitverantwortung für die Familie eingeschworen hat. Alles geht besser, wenn der Vater diese Notwendigkeit selbst erkennt und nicht erst darauf gestoßen werden muss. Der Vater muss den Tagesablauf des Kindes und die Namen der Betreuer kennen, telefonisch erreichbar sein, Trost und Abhilfe für typische Alltagssorgen des Kindes kennen, mit dessen Gewohnheiten vertraut sein, vom Arbeitsplatz in ähnlicher Weise wie die Mutter abrufbar sein, wenn eine Notlage eintritt.

Die Betreuung muss im Überschuss funktionieren und Überlappungen aufweisen. Wenn eine Person ausfällt, darf nicht sogleich das ganze System zusammenstürzen. Zu bestimmten Zeiten und Anlässen sollten sich beide Eltern versammeln, zum Essen, zu Verabschiedungen und Begrüßungen, zum Gute-Nacht-Sagen, für Kindergarten- oder Schulveranstaltungen, aber auch, um nichts Bestimmtes zu tun und einfach nur da zu sein. Es genügt nicht, wenn „immer einer zu Hause ist" und sich die Eltern nur noch die Klinke in die Hand geben. Die Familie muss ihren Vorrat an Gemeinsamkeiten pflegen.

Eine doppelt berufstätige Familie ist keine besondere Familie, die einen Makel zu verdecken hat oder sich besonderer Tugenden rühmen darf, sondern sie ist eine normale Familie, jedenfalls eine von mehreren Familien-Varianten, die heute existieren, während es „die" Familie nur als Idealbild gibt. Die Normalität einer solchen Familie verlangt es aber, dass sich alle Mitglieder umfassend auf die Situation einstellen und sich durch Vergleiche mit anderen Familien nicht verunsichern lassen. Das Gleiche gilt übrigens für die Familien mit einem allein erziehenden Elternteil. Sie weisen ähnliche Organisationsmerkmale auf.

Dieser Vorgang erfordert am Anfang eine größere Anstrengung. Vor allem müssen die Eltern ihre Hemmungen und Vorbehalte gegenüber der sozialen Umwelt überwinden. Die Eltern können nicht erwarten, dass sich ihr Kind auf die Betreuung durch eine Umwelt einlässt, der sie selbst skeptisch oder ablehnend gegenüberstehen. Nur wenn es die Eltern schaffen, um sich herum ein vertrautes soziales Terrain aufzubauen, wird sich auch das Kind, wenn es die Eltern entbehren muss, ohne Angst auf diesem Terrain zu bewegen lernen.

## Trennung und Scheidung der Eltern

„Wir haben im Haus meiner Schwiegereltern gewohnt. Ich war noch sehr jung, als wir geheiratet haben. Ich habe es am Schluss mit den Schwiegerleuten nicht mehr ertragen. Mein Mann hat nie begriffen, wie schlimm es für mich war. Am Anfang habe ich mich nur mit meinem Kind beschäftigt. Sascha war mein ganzer Lebensinhalt. Als er größer wurde, war er viel bei den Großeltern, auch beim Opa in der Werkstatt. Ich habe mich ab dieser Zeit richtig überflüssig gefühlt. Ich war das fünfte Rad am Wagen. Als ich wieder anfing zu arbeiten, lernte ich meinen jetzigen Freund kennen. Sie müssen verstehen, dass er mir geholfen hat, dass ich mich im Spiegel wieder ansehen konnte. Ich bin nicht mehr dieselbe wie früher. Ich weiß jetzt, was ich will. Mein Mann versteht nicht, wie ich die Scheidung wollen kann. Er ist so träge und unselbständig. Ich habe begriffen, dass mein Mann immer ein Kind bleiben wird. Meine Schwiegereltern sagen, wenn ich weggehe, wäre es das Beste, wenn Sascha bei ihnen bliebe. Vielleicht meinen sie es gut. Vielleicht wollen sie mich aber nur bestrafen dafür, dass ich von ihnen weggehe. Ich bin geschockt. Sascha ist doch erst viereinhalb Jahre alt. Ich bin doch seine Mutter. Er braucht doch seine Mutter noch."

„Die Besuchswochenenden beim Vater sind für mich ein Gräuel. Vorher bedrängt mich Carol tagelang, dass er seinen Vater nicht sehen will und dass er die neue Freundin des Vaters nicht ausstehen kann. Er schläft unruhig. Er ist auffällig anhänglich. Beim Abschied steht ihm die Angst ins Gesicht geschrieben. Ich versuche ihn zu trösten, es muss ja sein. Bei seiner Rückkehr ist er dann wie aufgedreht. Er ruft mich vorher an, ob er länger bleiben kann. Ich sage nein. Er wird regelrecht aufgehetzt. Er beschimpft mich mit Ausdrücken, Gott weiß, wo er die herhat. Er tritt mich mit Füßen. Es kommt mir fast so vor, als mache er seinen Vater nach, so wie der sich früher verhalten hat. Wenn Sie wüssten, was ich mit meinem Mann früher durchgemacht habe. Dieser kleine Teufel erinnert mich lebhaft daran, und ich denke, o nein, nicht schon wieder dasselbe!"

„Die schlimmste Zeit war, als wir uns jeden Tag gestritten haben und als wir wussten, dass es nicht mehr lange mit uns gut geht. Jeder von uns hat sich auf das Kind gestürzt und wollte es auf seine Seite ziehen. Nachts schrie Daniel im Schlaf auf. In der Schule weinte er, wenn er einen kleinen Fehler machte. Morgens hatte er Bauchschmerzen und wollte nicht aufstehen. Er verletzte sich oft. Mehrmals waren wir mit ihm in der Unfallambulanz. Wir haben jetzt zu zweit unsere Ruhe gefunden. Uns geht es gut. Der Vater soll aufhören, uns zu verfolgen. Jedes Mal, wenn er anruft oder Daniel in der Schule abfängt, reißt er die alten Wunden wieder auf."

Ein Drittel aller Familien in den Industrieländern löst sich wieder auf, bevor die Kinder erwachsen sind. Die Zahl der Scheidungen hat sich in den letzten 40 Jahren verdreifacht. Diese Statistik verrät, dass die Auflösung, besser: die Umwandlung der Familien, nicht eine seltene Panne ist, verschuldet durch die Verirrung einzelner Menschen, sondern zu einer Spielart der Normalität geworden ist. Sie ist als Grundrisiko schon bei jeder Familiengründung vorhanden. Im öffentlichen Bewusstsein ist diese tief greifende Veränderung noch nicht akzeptiert worden. Als „normal" gilt noch immer die „heile" Familie mit Vater, Mutter und Kindern. Alles andere gilt als bedauernswert. Daraus lässt sich der soziale Druck ermessen, unter dem Kinder stehen, deren Eltern sich getrennt haben.

Auf den ersten Blick scheint die Familie der ideale Ort zu sein, wo die wichtigsten kindlichen Bedürfnisse zu befriedigen sind, vor allem das Bedürfnis nach Kontinuität und Sicherheit.

Familien sind bei ihrer Gründung auch fest entschlossen, diese Bedürfnisse zu erfüllen. Sie geben ihren Kindern in den ersten Jahren die Verheißung größtmöglicher Geborgenheit und ewiger Dauer mit auf den Weg. Gerade diese nahezu ideologische Beschwörung des Glücks innerhalb der Familie verhindert es aber immer wieder, dass eine Familie die Kinder in der sozialen Welt so fest verankert, dass sie notfalls auch eine Auflösung der Familie verkraften können.

Wenn ein Elternteil aus der Familie auszieht, bekommen die Kinder Angst, dass auch der andere Elternteil weggehen wird und dass sie am Schluss mutterseelenallein übrig bleiben. Die Kinder denken, dass sie selbst der eigentliche Grund für den Zwist der Eltern und deren Trennung sind. Viele Eltern sind verständlicherweise bei der Trennung selbst so aufgewühlt, dass sie keine klare Vorstellung davon haben, wie es im Kopf des Kindes aussieht. Das Verhalten des Kindes wird leicht missverstanden. Es fehlen offizielle Rituale und Zeremonien der Eheauflösung, an denen sich Eltern und Kinder orientieren und mit denen sie die Unausweichlichkeit des Endes der Familie besser begreifen könnten. Der juristische Akt der Scheidung kommt viel zu spät und ist zu abstrakt.

Die erste akute Phase der Trennung wird von den Kindern manchmal gar nicht als drohender Verlust erkannt. Das Erleben kann vorher wie nachher unvermindert vom heftigen Streit der Eltern bestimmt bleiben. Die Kinder sind daran so gewöhnt, dass sie die neue Qualität des Streits übersehen. Das Kind kann als Sendbote zwischen den Eltern pendeln oder als Puffer dienen. Weitere Personen, Freunde, Großeltern können den elterlichen Streit verwirren und anheizen. Der eigentliche Kern, die Trennung, wird so überdeckt. Bei einem Auszug aus der bisherigen Wohnung und mit dem Verlust der vertrauten Umwelt, der Nachbarn und Freunde und einem Schulwechsel wird der Verlust für das Kind aber zur besonders schmerzlichen Wirklichkeit. Alle Kinder zeigen irgendwelche seelischen Verwundungen. Manchen Kindern scheint es besser zu gehen, wenn der Streit aufhört und Ruhe einkehrt. Auch hinter der Ruhe dürfte aber eine depressive Reaktion verborgen liegen.

Die seelischen Reaktionen haben einen ähnlichen Verlauf wie der Trauerprozess beim Tod einer nahe stehenden Person. Ein solcher Trauerprozess besteht grundsätzlich nicht nur aus Traurigkeit. Der Prozess legt Ruhepausen ein, es kann den Kindern zeitweilig gut gehen. Die Trauer äußert sich in Wut und Angst, Reizbarkeit und Kränkbarkeit, Unruhe und Schlafstörungen. Die Kinder können psychosomatische Beschwerden entwickeln, Ekzeme bekommen oder wieder zu Bettnässern werden. Junge Kleinkinder klammern sich bei den Eltern an, schreien und trotzen. Ältere Kleinkinder und Schulkinder ziehen sich in Tagträume zurück. Dort träumen sie, dass sich die Eltern wieder zusammentun. Die Kinder können sich in der Schule nicht konzentrieren und lassen in den Leistungen nach. Sie klagen über Kopf- und Bauchschmerzen. Der Trauerprozess ist notwendig. Er darf nicht unterdrückt werden, nur weil es die Umwelt nicht mit ansehen will oder weil die Eltern nicht an ihre eigene Trauer erinnert werden wollen und sich gerade einreden, wie gut es ihnen gehe.

Heftige Reaktionen der Kinder im Rahmen des Trauerprozesses werden von beiden Eltern gern fehlinterpretiert. Ein Vater, dessen Kind am Ende eines Wochenendbesuchs todunglücklich ist und nicht zur Mutter zurückgehen will, schließt fälschlicherweise, dass das Kind bei ihm besser aufgehoben sei. Eine Mutter, die erlebt, wie aufgewühlt ihr Kind vom Besuch beim Vater zurückkommt, schließt ebenso falsch, dass der Vater etwas Schlimmes angerichtet habe und dass weitere Besuche unterbleiben sollten.

Ob das Kind den Trauerprozess nach etwa einem Jahr abschließen kann oder ob die seelische Krise länger andauert, hängt davon ab, wie die Eltern selbst ihre Trennung innerlich bewältigen, ob sie ihren Streit beilegen und ob sie nach außen neue feste Verhältnisse für sich und die Kinder schaffen können. Nur etwa ein Viertel aller Kinder zeigt nach ein bis zwei Jahren noch Störungen, Jungen sind häufiger darunter als Mädchen.

Vieles wird davon abhängen, wie sicher ein Kind sich bei der Person gebunden fühlt, mit der es zusammenlebt und den Alltag zu bestreiten hat. Ökonomischer Status, Qualität der Schule oder materielle Absicherung sind für den Verlauf der Krise weniger bedeutsam. Je älter das Kind ist, desto wichtiger wird neben der Sicherheit der Bindungen zu einem Elternteil aber die Einbindung in die soziale Umgebung sein. Das hat schon für Kinder ab dem Schulalter eine gewisse Bedeutung. Im Alter ab zehn Jahren wird dieser Aspekt stark vorherrschend. Kinder entscheiden sich immer wieder einmal, beim Vater statt bei der Mutter zu leben, nämlich dann, wenn sie am Wohnort des Vaters fest beheimatet sind, die Mutter aber (meist aus guten Gründen) aus dieser Umgebung ausbrechen will. Zur Beheimatung gehört in einem solchen Fall die Bindung an die (väterlichen) Großeltern und deren soziales Umfeld. Aus diesem Umfeld versprechen sich die Kinder mehr Sicherheit und Kontinuität als aus der Bindung an die Eltern selbst. Für eine Entscheidung zugunsten des Vaters muss also die persönliche Beziehung in der frühen Kindheit hier nicht besonders eng gewesen sein, solange sie als positiv und zuverlässig erlebt wurde.

Die Kinder gehen mit der Situation der Trennung nicht nur angstvoll, sondern auch opportunistisch um. Sie haben deswegen aber auch Schuldgefühle. Sie müssen auf zwei Hochzeiten tanzen. Sie können eigentlich nicht ehrlich sein, ohne einen der beiden Eltern zu verletzen. Die Kinder stehen also in einem „Loyalitätskonflikt". Sie sind tief verunsichert, wo sie selbst stehen und wer sie selbst sind. Aus diesem Dilemma versuchen die Kinder in zwei Richtungen zu entkommen: Sie ziehen sich in eine kleinkindhafte, abhängige Haltung zurück und schmiegen sich eng an eine Person an. Meist ist dies die Mutter. Dies kann aber nur eine vorübergehende Entlastung bringen und muss auf längere Sicht wieder überwunden werden. Die andere Richtung ist die frühzeitige Ablösung aus dem Elternhaus, also ein beschleunigter Reifungsprozess und eine frühe Selbständigkeit. Dieser Weg wird häufiger eingeschlagen, auch schon von Vorschulkindern, die schließlich den Streit der Eltern und ihre eigene Lage mit großer Hellsichtigkeit und Abgeklärtheit durchschauen.

## Angst bei Trennungen in aller Kürze

Wie reagieren junge Kinder bei Trennungen von ihrer wichtigsten Bezugsperson?

- Sie reagieren zwischen sechs Monaten und vier Jahren besonders empfindlich.
- Säuglinge bis zu sechs Monaten begreifen das Getrenntsein noch nicht genügend.
- Danach begreifen sie die Trennung, aber können sich mit Hilfe innerer Vorstellungen noch nicht ausreichend trösten.
- Am Anfang „protestieren" die Kinder gegen die Trennung. Sie denken, die vermisste Person könnte jeden Augenblick zurückkommen. Sie sind wütend auf sie.
- Später werden die Kinder still, freudlos und matt. Sie wehren sich nicht mehr gegen Zuwendung durch Fremde.
- Sie können sich die Rückkehr der vermissten Person nicht mehr vorstellen.
- Die vermisste Person wird bei ihrer Rückkehr zunächst wie fremd behandelt.
- Die Trennungsreaktion kann sehr verschieden ausfallen: wichtige Faktoren sind das Temperament und Alter des Kindes; die Art der „Bindung", die das Kind zur vermissten Person hat; die Lebensbedingungen des Kindes während der Trennung.
- Nach einer Trennung kann ein Kind noch längere Zeit ängstlich und reizbar sein.

Wie kann seelischer Schaden bei Trennungen vermieden werden?

- Bei voraussehbaren Trennungen müssen Ersatzbeziehungen rechtzeitig angebahnt werden.
- Am besten ist es, wenn sich jedes Kinder nicht nur an eine, sondern an mehrere Pflegepersonen bindet. Denn jedes Kind ist früher oder später mit Trennungssituationen konfrontiert.
- Ein wichtiger Bindungspartner für das Kind sollte neben der Mutter frühzeitig der Vater sein.

– Die Ersatzbezugsperson muss zuverlässig für das Kind da sein.
– Ersatzbeziehungen, die ein Kind bei längeren Trennungen eingeht, müssen weitergepflegt werden. Sie erledigen sich nicht automatisch durch das Ende der Trennung.
– Kinder können frühzeitig dazu ermutigt werden, kleine Situationen des Getrenntseins von der Mutter positiv zu erleben. Voraussetzung ist eine fürsorgliche Umgebung.

Wie werden Kinder durch die doppelte Berufstätigkeit der Eltern belastet?

Die Belastung entsteht nicht automatisch und nicht grundsätzlich. Sie entsteht:
– Wenn sich die Eltern mit Hilfe ihrer Arbeitszeiten aus dem Wege gehen und nicht mehr miteinander kommunizieren.
– Wenn die Ersatzbetreuung der Kinder zu knapp und nicht im Überschuss bereitgestellt wird.
– Wenn die Eltern keine vertrauensvollen Partnerschaften mit den anderen Bezugspersonen ihrer Kinder pflegen.
– Wenn die Eltern ihren Anspruch auf alleinige Bindung an die Kinder verteidigen, statt wichtige Elternfunktionen an Ersatzbezugspersonen abzutreten.
– Wenn die Eltern den Ersatzbetreuern deren Beliebtheit nicht gönnen.
– Wenn der Vater unerreichbar bleibt und nur die Mutter den Alltag der Familie organisiert.

Wie werden Kinder durch die Trennung und Scheidung der Eltern belastet?

– Dadurch, dass sie denken, sie seien an dem Streit der Eltern Schuld.
– Dadurch, dass sie den Vorgang der Trennung lange nicht als endgültig begreifen können.
– Dadurch, dass sie als Puffer und Sendboten zwischen den streitenden Parteien dienen müssen.
– Dadurch, dass sie einen echten Trauerprozess durchstehen müssen.

- Dadurch, dass sie sich stark mit den Gefühlen des Elternteils identifizieren müssen, bei dem sie leben – aus Angst, ihn sonst auch zu verlieren.
- Dadurch, dass sie durch diese Parteinahme ungewollt den Verlust des anderen Elternteils riskieren.
- Dadurch, dass sie permanent zwischen den unvereinbaren Standpunkten der Eltern jonglieren müssen und nur unter Mühe ihre eigene Position finden können.

Welche Denkanstöße ergeben sich?

- Es kommt nicht darauf auf, dem Kind eine möglichst „enge" Bindung zu bieten.
- Ziel muss es sein, eine „sichere" Bindung zu erreichen.
- Ein Kind kann durch die enge Bindung an eine unsichere Mutter verunsichert werden.
- Ein Kind kann seine Sicherheit durch die Bindung an eine einzelne Person erfahren.
- Ein Kind kann sich durch die Bindung an mehrere Personen weiter absichern.
- Ein Kind kann sich durch weitere Umstände „sicher" und eingebunden fühlen: feste Regeln, Verlässlichkeit, ein heimatliches Umfeld.
- Die Form der Bindung ist eine Frage des Erziehungsstils und der kulturellen Voraussetzungen.
- In jeder Trennungsangst steckt auch der Wunsch nach Loslösung und Autonomie.
- Je trotziger das Verhalten des Kindes wirkt, desto stärker vermischt sich die Angst mit diesem Wunsch.

Was können Eltern tun?

- Bevorstehende Trennungen vorbereiten.
- Bevorstehende Ehescheidungen durch Trennungsberatung vorbereiten.
- Für den Fall von Trennungen, wenn möglich, rechtzeitig Ersatzpersonen einführen.

- Bedenken, dass zehn schmerzhafte und dramatische Abschiede weniger schädlich und folgenreich sind als eine längere durchgehende Abwesenheit.
- Bedenken, dass alle längeren Trennungen vom jungen Kind als vollkommener Verlust erlebt und betrauert werden müssen.
- Nach einem bleibenden Verlust möglichst stabile neue Verhältnisse anstreben und neue Beziehungen anbieten.
- An einmal eingeführten Bezugspersonen, vor allem jenen aus der frühen Kindheit, langfristig festhalten (z. B. geschiedene Ehepartner, Pflegemütter, Großmütter u. a.).
- Bedenken, dass Scheidung nicht den unwiderbringlichen „Verlust" eines Elternteiles für das Kind bedeuten darf.
Die Kinder im Ehestreit nicht für eine Partei vereinnahmen.
Bedenken, dass die Kinder eine eigene dritte Partei sind – mit eigenen Interessen.
- Eine geplante doppelte Berufstätigkeit der Eltern in allen Folgen auf den Alltag durchdenken.
- Die hierdurch notwendige Änderung (d. h. Lockerung und Umgestaltung) der Beziehung zu den Kindern bedenken und akzeptieren.
- Als Eheleute besonders eng zusammenstehen und gemeinsame Verantwortung für die Alltagsorganisation der Familie tragen.

# Angst in der Nacht

## Einführung

Mutter eines fünf Monate alten Säuglings: „Nach dem Füttern spiele ich noch ein wenig mit Marco, dann wird er müde, und ich kann ihn in sein Bettchen legen und rausgehen."

Mutter eines acht Monate alten Säuglings: „Seit Anne nachts nicht mehr die Flasche bekommt, ist es mir ein wenig unheimlich. In ihrem Zimmer bleibt es die ganze Zeit so ruhig. Wenn ich nachschaue, schläft sie. Meine Freundin sagt, so ein Glück möchte sie auch haben. Ihr Florian ist schon 13 Monate, aber er ruft sie jede Nacht, trinkt eine ganze Flasche Tee aus und macht eine Überschwemmung im Bett."

Mutter eines 18 Monate alten Sohnes: „Als Baby hat er viel geschlafen. Jetzt habe ich den Eindruck, dass er fast gar keinen Schlaf mehr braucht. Vielleicht ist das übertrieben. Aber er schläft jedenfalls nicht, wenn ich es gerne hätte. Beim leisesten Geräusch steht er kerzengerade in seinem Bettchen und ruft mich. Wenn es mit dem Mittagsschlaf etwas später als sonst wird, weiß ich schon, dass er am Abend nicht zur Ruhe kommen wird."

Kleinkinder sind ab dem zweiten Lebensjahr in ihrer Entwicklung so weit, dass sie sich abends von ihren Eltern verabschieden wollen. Sie haben begriffen, dass die Personen, die sie am meisten brauchen, von ihnen getrennt existieren und dass sie nicht jederzeit über sie verfügen können. Sie wissen auch, dass sie nachts allein und sich selbst überlassen sind.

Während des Tages absolvieren die Kinder ein großes Programm an Erkundungen. Sie erleben aufregende neue Dinge, überschreiten ihre Grenzen, verlieren die Herrschaft über sich und lehnen sich weit ins Unbekannte hinaus. Bevor sie einschlafen können, müssen sie sich wieder auf vertrautem Boden zurechtfinden, ihre Gefühle ins Gleichgewicht bringen und sich ihrer Bindungen vergewissern. Alles muss wieder unter ihrer Kontrolle stehen. Wenn sie morgens aufwachen, wollen sie alles so vorfinden, wie sie es abends verlassen haben.

Die Übergangszeit vom Tag zur Nacht, von der Wach- zur Schlafenszeit, verdient die besondere Aufmerksamkeit der Eltern. Diese Zeit hat einen hohen Regelungs- und Gestaltungsbedarf. Es müssen sich Rituale herausbilden.

Säuglinge verschlafen noch zwei Drittel ihrer Lebenszeit. Die innere Uhr ist nach einem 3–4-Stunden-Rhythmus geschaltet. Der Wirkungsgrad dieser Uhr ist jedoch verschieden. Auch der 6–8-Stundenschlaf der Erwachsenen verläuft noch nach diesem biologischen Zeitplan. Innerhalb eines Schlafzyklus gibt es verschiedene Schlaftiefen, vom oberflächlichen Schlaf bis zum Tiefschlaf und rückwärts. Der oberflächliche Schlaf ist von Traumphasen unterbrochen. Der junge Säugling wacht jeweils nach drei Stunden auf, wird gefüttert und gewickelt, bleibt noch eine kurze Weile wach und schläft wieder ein.

Irgendwann im ersten Lebensjahr kann der Säugling nachts zwei Schlafphasen hintereinander durchlaufen, ohne aufzuwachen. Tagsüber kann er längere Zeit ohne Schlaf auskommen. Das junge Kleinkind erreicht schon eine Wachzeit von insgesamt ca. 8 Stunden. Wie viel Schlaf und Wachzeit das Kind beansprucht, wird nicht nur von seinem Temperament, sondern auch von den Lebensgewohnheiten der Eltern abhängen, ist also in weiten Grenzen konditionierbar. Das zweijährige Kleinkind hat sein Schlafbedürfnis auf 14 bis 16 Stunden verringert, das siebenjährige Kind kommt mit 7 bis 10 Stunden Schlaf aus. Spätestens jetzt, oft schon viel früher, benötigt das Kind keinen Mittagsschlaf mehr. In diesem Alter werden nur noch wenige Kinder nachts wach. Hierzu gehören Kinder mit Hirnfunktionsstörungen: Sie wachen mitten in der Nacht auf, ohne Angst zu zeigen, sind eine Zeitlang richtig wach und unternehmungslustig und schlafen erst dann wieder ein.


## Das tägliche Ritual

Vater eines zweieinhalbjährigen Sohnes: „Heute bin ich an der Reihe: Ich soll ihm noch ein Lied vorsingen, nein, nicht dieses, ein anderes. Ja, welches denn nun? – Die Mama soll kommen. Wo ist die Mama?

Da ist sie. Gut. Sie soll nicht hier, sondern auf der anderen Seite des Bettes stehen. Wir sollen beide zusammen singen. Es ist zu dunkel. Das Licht soll an bleiben. Nein, nicht dieses Licht, das Licht auf dem Korridor. Die Tür soll einen Spalt offen stehen, nein, das ist zu weit. Ich soll noch einmal zu ihm kommen. Das Kissen liegt nicht gerade. Der Hase fehlt noch. Kann die Mama noch einmal piepsen wie die Maus? Kann sie das machen, wenn sie im Wohnzimmer ist? – Wenn er mich zum dritten Mal gerufen hat, platzt mir der Kragen. Ich herrsche ihn an. Jetzt reicht es aber. Schluss jetzt. Er ist betroffen. Dann jammert er leise. Das ist mir unangenehm: Nachher habe ich ihm noch Angst eingejagt, statt sie ihm zu nehmen. Ich gehe also hin und versöhne mich wieder mit ihm. Dafür muss ich noch etwas an der Gardine verändern, weil es ihn stört. – Jeden Tag dauert diese Prozedur etwas länger."

Viele Kleinkinder brauchen abends lange, bevor sie zur Ruhe kommen. Vorher steigert sich die Dramatik des Tages noch einmal zum furiosen Finale. Der typische Kommentar lautet, das Kind sei müde und überreizt, es könne daher kein Ende finden, schließlich breche es zusammen. Gerne wird übersehen, was die Eltern zu diesem Finale beitragen. Entweder der Vater oder beide Eltern waren die meiste Zeit des Tages abwesend. Jetzt wollen sie mit dem Kind noch etwas erleben und wollen dem Kind nahe sein. Dann bemerken sie erschrocken, wie spät es schon ist und dass ihnen kaum noch Zeit bleibt, als Ehepaar zusammen zu sein. Nun drängen sie plötzlich auf einen Abschied vom Kind – mitten in einer hoch stimulierten Situation, in welcher das Kind bislang noch keine Chance hatte, mit sich und den Eltern zur Ruhe zu kommen. Hier spielen sich also intensive Eltern-Kind-Beziehungen in Zeitraffer ab.

Kleinkinder sind erfindungsreich, wenn nicht erpresserisch, wenn es darum geht, den allabendlichen Abschied hinauszuzögern und an verschiedene Bedingungen zu knüpfen. Die Bemühungen sind bisweilen grotesk, das Kind scheint wie unter einem Zwang zu stehen. Das Unbehagen und die Anspannung ist manchen Kindern anzumerken. Andere wirken nur despotisch oder nörgelig. Immer dient das zwanghafte Verhalten dazu, die Angst vor dem Alleinsein zu bannen und die Kontrolle über die Eltern zu wahren, obwohl diese sich entfernen. Letztlich versucht sich das Kind selbst unter Kontrolle zu bekommen und sich ein größtmögliches Gefühl der Sicherheit und des Gehaltenwerdens zu verschaffen.

Eltern dürfen sich von zwanghaft ausufernden Forderungen des Kindes nicht völlig in die Defensive treiben lassen. Statt das Kind mit der Erfindung der Abschiedsrituale allein zu lassen, sollten sie aktiv und mit eigenen Erfindungen an ihnen mitwirken. Sie müssen Rituale anbieten, die sie mit gutem Gefühl ausüben und genießen können, auch noch beim tausendsten Mal. Sie werden ohnehin entdecken, dass die Kinder mit wachsendem Alter und Verständnis die Rituale umgestalten, kürzen, erweitern, lockern oder abschaffen wollen. Starre Rituale über Jahre hinweg verraten eine schlechte Angstkontrolle. Die Rituale müssen Spaß machen und dürfen nicht zu Instrumenten eines Machtkampfes verkommen.

Die Vorbereitung eines Kleinkindes zum Schlafen sollte einige Zeit vor den Ritualen am Bett beginnen. Schon beim gemeinsamen Abendessen bieten sich Gelegenheiten, den Tag abzuschließen oder Revue passieren zu lassen oder dem Kind noch einmal in Ruhe nahe zu sein. Eltern, vor allem Väter, die mit dem Kind zu dieser Zeit noch einmal toben wollen, müssen sich darüber klar sein, dass sie nicht unmittelbar danach eine Verabschiedung ins Bett erzwingen können, sondern dass sie noch einmal Zeit zum ruhigen Ausklang einkalkulieren müssen. Damit dürfte der Zeitrahmen eines Abends mehr als ausgereizt sein. Fraglich ist auch, ob das Kind während dieser Zeit noch genügend wach und aufnahmefähig ist. Letztlich wird der abendliche Höhepunkt des Tages nur dann nicht auf dem Tiefpunkt enden, wenn er rechtzeitig beginnt, zum Beispiel vor dem Abendessen. Frustrierend kann ein verspätetes Spielen mit dem Kind auch dann werden, wenn am Ende ein Elternteil mit dem Kind im Bett einschlafen muss. Dann sind Eltern und Kind emotional tief ineinander eingedrungen, statt sich zu verabschieden. Vater oder Mutter simulieren im Bett des Kindes, dass sie selbst im Schlaf beim Kind bleiben, also mit ihm einschlafen wollen. Aus der Simulation wird der Ernstfall. Vater oder Mutter erwachen schlaftrunken und missmutig, kurz bevor sie selbst ins Bett müssen. Der Abend ist zu Ende. Manche Kinder verlangen eine akustische Verbindung vom Kinderzimmer zu den Eltern. Aber auch Eltern, die abends auf Zehenspitzen durch die Wohnung schleichen und miteinander flüstern, damit das vermeintlich schreckhafte Kind nicht erwacht, erzeugen eine starke atmosphärische Bindung zwischen sich und dem Kind. Sie trauen dem Kind nicht zu, dass es sich aus eigener Kraft von den Eltern abgrenzen und seine Wahrnehmungen von ihnen zurückziehen kann.

## Übergangsobjekte

Mutter einer dreijährigen Tochter: „Gestern habe ich wieder einmal den Wettkampf ums Wachbleiben verloren. Ich wollte nur kurz bei ihr liegen bleiben, damit sie besser einschläft. Ach bitte, versuche doch selbst einzuschlafen, flehte ich sie an. Ich kann nicht, ich habe solche Angst, kam die Antwort. Eine volle Stunde später bin ich in ihrem Bett aufgewacht, mit zerdrücktem Gesicht. Der Abend war für mich vorbei."

„Ein Elefant liegt in unserer Wohnung herum, irgendwo. Er ist keine Schönheit mehr. Der Rüssel ist abgenagt. Der Schwanz besteht aus einer ausgefransten Kordel. Gestern ging wieder das Suchen los. Wo ist ‚Bo'? So heißt er. David braucht den Schwanz des Elefanten, also die Kordel, in seiner Faust, wenn er den Daumen in den Mund steckt. Und er braucht den Daumen im Mund, wenn er schlafen will. Es dauert keine Minute, dann fällt der Daumen aus dem Mund und ‚Bo' daneben. – Neulich auf der Autobahn mussten wir ‚Bo' ganz hinten im Kofferraum suchen. Wir konnten nicht weiterfahren. David wollte schlafen, ‚Bo' war weg. David war schon ziemlich unleidig, als ‚Bo' endlich auftauchte. Er biss hinein, schleuderte ‚Bo' herum – und ‚Bo' lag im Matsch neben dem Auto. Solche Geschichten könnte ich viele erzählen."

Übergangsobjekte, so vorhanden, sind eine wunderbare Hilfe beim Einschlafen für Kleinkinder. Übergangsobjekte, ein Wort von Winnicott, sind abgegriffene Stoffwindeln, Plüschtiere, die schon der Säugling im Bettchen hatte, und andere weiche Objekte. Diese Dinge werden mit vorsprachlichen Lauten benannt oder sind namenlos. Das Kind sucht diese Dinge intuitiv, es schaut sie nicht an. Sie werden berochen und betastet. Die Objekte streichen liebkosend wie zufällig am Gesicht des Kindes entlang. Das Kind lutscht und kaut an ihnen, ist zärtlich und grob mit ihnen, schleudert sie in die Ecke. Sie liegen dann irgendwo herum, überall und nirgends. Wenn das Kind sich leer und unbefriedigt fühlt, sucht es nach ihnen, besonders dringend, wenn es müde wird. Zum Einschlafen will das Kind sein Objekt in der Hand halten und sein Gesicht damit berühren.

Es wird vermutet, dass Übergangsobjekte einen Teil des mütterlichen Körpers darstellen. Das Kind bedient sich eines solchen Objektes, um der Mutter nahe zu sein, genauer, ihrer Brust, und um jederzeit über die Mutter verfügen zu können. Übergangsobjekte sind in diesem Sinne keine wirklichen Objekte, sondern nur Erinnerungsfetzen aus der Säuglingszeit, die eine ursprüngliche innere Vorstellung von der Mutter wachhalten sollen.

Übergangsobjekte werden nicht bewusst erkannt, begrüßt, vermisst oder verabschiedet, wie wirkliche Personen oder Spieltiere. Sie werden irgendwann vergessen. Sie verlieren von einem Tag auf den anderen ihren Zauber, liegen herum und bedeuten dem Kind nichts mehr. Die Schaffung eines Übergangsobjektes ist eine kreative Leistung des Kindes am Beginn der Kleinkindzeit. Eine Voraussetzung scheint zu sein, dass sich die engste Bezugsperson allmählich so weit vom Kind zurückzieht, dass sich das Kind zur Überbrückung des Verlustes etwas Neues einfallen lassen muss. Vor allem bei Erstgeborenen wird immer wieder beobachtet, dass sie keine Übergangsobjekte wählen, weil die Eltern ihnen in der Einschlafsituation physisch noch zu nahe bleiben. Dies führt dann zu dem kuriosen Ergebnis, dass die Kinder ihre leibhaftigen Eltern zum Einschlafen ins Bett holen, als sei der Körper der Eltern im Ganzen das Übergangsobjekt. Hierbei ergreifen sie etwas Haar, ein Ohrläppchen oder einen Finger des Vaters oder der Mutter. Die Eltern müssen im Bett des Kindes ausharren, bis es eingeschlafen ist.

Beim zweiten Kind oder bei weiteren Kindern haben die Eltern dann begriffen, dass ihre Kinder, wenn sie sich entsprechend verhalten, durchaus ohne sie einschlafen können, und das sogar sicherer und schneller.

## Das Kind im Bett der Eltern

„Mit Lisa im Bett schlafen wir alle unbequem und unruhig."

„Wenn das Kind noch eine Nacht länger in unserem Bett schläft, dann schlafe ich woanders."

„Wir haben jetzt ein Campingbett ins Elternschlafzimmer gestellt."

„Georg will bei uns im Bett schlafen. Mir ist das eigentlich nicht recht. Finden Sie, er sollte zwischen uns liegen, oder finden Sie es besser, wenn er neben mir, statt neben meiner Frau liegt? Vielleicht ist die Frage unwichtig, aber mich beschäftigt sie."

„Sandra schläft schon lange bei uns im Bett. Es ist groß genug dafür. Ich weiß gar nicht, wann und wie das angefangen hat. Ich glaube, sie hatte Angst. Ihr Zimmer wurde damals renoviert."

„Wenn wir selbst ins Bett gehen, tragen wir Nadine hinüber in ihr eigenes Bett. Das geht problemlos."

„Wenn wir abends ausgehen, dürfen unsere beiden Kinder im Elternbett liegen. Irgendwie fühlen sie sich dort sicherer."

„Ich kann nicht schlafen, ich habe schlecht geträumt." Mit diesem Notruf melden sich Kleinkinder und sogar Schulkinder bis zur Pubertät bei den Eltern und möchten in deren Bett kommen. Gegen diesen Wunsch der Kinder ist wenig einzuwenden. Das Elternbett ist entgegen landläufiger Befürchtungen nicht der alles entscheidende Ort, wo das Schicksal sexuell missbrauchter oder zur Unselbständigkeit verdammter Kinder besiegelt wird oder wo das Auftauchen des Kindes den Untergang der elterlichen Erotik heraufbeschwört. Was ist schon dabei, wenn das Kind „zwischen" den Eltern liegen will. Das eine Kind will sich tatsächlich als Keil zwischen die Eltern drängen. Die Eltern werden es lächelnd durchschauen und sich beizeiten zu wehren wissen. Das andere Kind möchte sich nur der Präsenz beider Eltern versichern, was ihm hoch anzurechnen ist. Intuition ist gefragt, pädagogische Dogmatik ist abzulehnen.

Natürlich darf das Elternbett nicht zum normalen Schlafplatz des Kindes werden. Auch wenn das Kind in ängstlichen Phasen fast täglich ins Bett der Eltern kommen will, muss es das Bett der Eltern bleiben und darf nicht offiziell zum Bett des Kindes werden. Die Eltern haben jede Möglichkeit, diese Tatsache zu bekräftigen. So sollte das Kind im eigenen Bett zur Nacht verabschiedet werden. Auch sollten die Eltern sich vorbehalten, das Kind, wenn es lästig wird, mitten in der Nacht ins eigene Bett zurückzuverfrachten. Das Kind sollte es im Ehebett nicht zu bequem haben und die Vorzüge des eigenen Bettes nicht vergessen. Der Rest ist die Entscheidung des Kindes.

Es muss für alle Beteiligten klar sein, dass lediglich die nächtliche „Angst" des Kindes, was immer dahinter steht, die Eltern dazu bringt, dem Kind nachts ihre Nähe für eine gewisse Zeit anzubieten. Es ist ein Angebot der Eltern an das Kind, nicht etwa ein Angebot des Kindes, weil dieses meint, den Eltern auch nachts seine Gegenwart schenken zu müssen, damit sie nicht so allein sind. In der Tat haben manche Kinder die Vorstellung, sie müssten den Schlaf der Eltern bewachen oder als Partner für Mutter oder Vater zur Verfügung stehen. Jeder Elternteil mag prüfen, ob er tagsüber solchen Phantasien Vorschub leistet, die das Kind dann nachts nicht zur Ruhe kommen lassen.

Der Inhalt der schlechten Träume bei Kleinkindern ist unergründlich. Wir nehmen an, dass sie wirkliche Träume haben, glauben aber kaum, dass sie sich an einen bestimmten Traum erinnern, wenn sie die Eltern rufen. Berichte über konkrete Trauminhalte erhalten wir erst von Schulkindern. In jedem Fall greift das Kind mit seiner Angst unbewusst Erlebnisse auf, die es während des Tages nicht abschließen konnte und die eine unterschwellige Erregung zurückgelassen haben. Eine Begebenheit wurde nicht durchschaut, ein Vorgang nicht befriedigend abgeschlossen, ein Streit blieb offen, eine Versöhnung wurde nicht vollzogen. Das Kind steht unter dem Eindruck, eine innere oder äußere Gefahr nicht gut genug unter Kontrolle bekommen zu haben.

Gerade nach Tagen, in denen das Kind sehr widerständig, trotzig und draufgängerisch war oder besonders hässlich zu seinem Geschwister, wird nachts die Erinnerung daran lebendig, beim älteren Kind in Form eines schlechten Gewissens, beim Kleinkind als konkrete Befürchtung, von der Bezugsperson abgelehnt und verstoßen zu werden. Das ängstliche Rufen und Herbeikommen muss als Fortsetzung des täglichen Bemühens um eine enge und möglichst sichere Bindung verstanden werden. Dies gilt besonders für intensive individuelle Beziehungen zwischen einer Mutter und ihrem einzigen Kind. Oft fehlt eine mitversorgende soziale Umwelt, d.h., die Mutter ist tatsächlich über weite Teile des Tages die alles entscheidende Person und das Reservoir für alle gemischten Gefühle zwischen sich und dem Kind.

Oder eine Mutter ist ins Berufsleben zurückgekehrt und hat die Betreuung des Kindes abgegeben, strebt aber in der kurzen verbliebenen Abendzeit weiterhin eine enge Beziehung zu ihrem Kind an. In beiden Fällen kann die Beziehung frustrierend verlaufen, der Anspruch kann überhöht sein. Mutter und Kind scheitern dann immer wieder an der Unerfüllbarkeit ihrer Sehnsüchte, kränken sich, sind süchtig nach Befriedigung und kommen miteinander nicht zur Ruhe.

Einige dieser Kinder kommen auch nicht zur Ruhe, weil sie wissen, dass die Eltern beim Aufwachen nicht mehr da sein und erst am folgenden Abend wiederkommen werden. Kinder, die während des Tages eine außerfamiliäre Bezugsperson haben, können abends irritiert sein, wenn diese wichtige Person am Zubettgeh-Ritual nicht mitwirkt. Selbstverständlich ist eine direkte Mitwirkung nicht möglich, aber Kinder sind anpassungsfähig und erfindungsreich. Eine Tagesmutter oder Oma könnte ihr eigenes Verabschiedungsritual abhalten, bevor das Kind abends zu den Eltern zurückkehrt. Die Kinder sollten wenigstens mit immer denselben Abläufen rechnen können.

Manche Kinder kommen abends nicht zur Ruhe, weil sie fürchten müssen, dass über Nacht unvorhergesehene Veränderungen eintreten, weil sie eine diffuse Spannung spüren, weil sie glauben, dass die Eltern zu streiten beginnen, sobald sie eingeschlafen sind. Sie wollen wach bleiben, um die Eltern vor ihrem Streit zu schützen, sie wollen in die Bresche springen und ablenken. Auch Eltern haben bisweilen Angst, mit dem Ehepartner allein zu sein und suchen unwillkürlich die Nähe des Kindes.

## Nächtliche Angstzustände

Mutter eines siebenjährigen Sohnes: „Mit fünf Jahren hatte Jakob eine Zeit, in der er nachts im Schlaf aufschrie. Er war relativ leicht zu beruhigen. Man ging zu ihm, strich ihm über den Kopf und redete ruhig auf ihn ein. Er murmelte dann irgendetwas und drehte sich um. Morgens wusste er nichts davon. Tagsüber war ihm nichts anzumerken. Klingt nicht so schlimm, nicht wahr? Wir waren aber damals schon sehr verunsichert und befremdet, weil wir gar nicht an ihn herankamen. Es kam mir ein wenig verrückt und auch gespenstisch vor. Was ging in Jakob vor? – Wir sind zu einer psychotherapeutischen Beratung gegangen und haben uns mehr oder weniger überzeugen lassen, dass es wohl mit der Oma, also meiner Mutter, zusammenhing. Naja, nichts Besonderes, nichts, was es nicht auch in anderen Familien gäbe. Die Oma war unheilbar erkrankt und wurde pflegebedürftig. Jakob war vor dem Kindergartenalter täglich bei ihr gewesen. Ich stand vor der Frage, ob ich meine Mutter zu uns ins Haus holen sollte. Die ganze Versorgung wäre für mich einfacher zu organisieren gewesen. Ich hatte auch das Gefühl, es meiner Mutter schuldig zu sein. Mein Mann war strikt dagegen. Er sagte, er würde dann ausziehen. Inzwischen ist die Oma in einem Pflegeheim. Ich bin mir inzwischen auch sicher, dass die Pflege bei uns nicht möglich gewesen wäre."

Mitten in der Nacht beginnt das Kind zu weinen oder aufzuschreien, wie in Panik, aus einem Traum heraus. Bisweilen ruft das Kind auch angstvoll nach den Eltern. Wenn diese herbeikommen, bemerken sie, dass das Kind nicht wach ist. Es reagiert zunächst nicht auf die Ansprache und lässt sich nicht beruhigen. Schließlich nimmt das Kind die Zuwendung an, wird auf dem Arm der Eltern ruhig, gähnt und schläft weiter. Am nächsten Morgen weiß es von nichts. Es hat einen „Pavor nocturnus" gehabt.

Diese Anfälle von Angst ereignen sich im oberflächlichen Schlaf, wo auch geträumt wird. Als Ursache kommen die schon erwähnten Bedingungen in Betracht, allgemeine und spezielle

Belastungen der kindlichen Lebenssituation, etwa im Alter von 3 bis 9 Jahren. Die Eltern werden bei dieser Form der Panik natürlich für die Empfindlichkeit des Kindes hellhörig, auch wenn die Belastungen der Familie nicht außergewöhnlich sein müssen. Verschiedene Kinder sind nun einmal unterschiedlich belastbar. Bemerkenswert ist, dass sich die Kinder durch die besondere Form des Anfalls vor einer bewussten Auseinandersetzung mit der Angst schützen. Der Pavor nocturnus ist aber nicht Vorbote weiterer und schwerer psychischer Störungen beim Kind.

Besondere Anstrengungen bei der Gestaltung eines sicheren Tagesablaufs und eines ruhigen Ausklangs sind erforderlich. Das Kind sollte nicht abends mit starken Reizen neu überflutet werden, etwa mit Fernsehsendungen, auch wenn andere Kinder die gleiche Sendung mühelos verkraften. Psychotherapeutische Gespräche können den Eltern helfen, sich über Belastungen klar zu werden, die sie dem Kind (und sich selbst) zumuten. Dabei ist die Entdeckung von allfälligen familiären Belastungen relativ banal. Welche Familie ist schon frei von Sorgen! Interessanter ist es herauszufinden, an welchen Punkten sich das Kind in den Sorgen und Ängsten der Eltern verfangen hat. Ein Kind kann nur ruhig schlafen, wenn es sich zur Nacht von den Eltern und deren Sorgen abgrenzen kann und wenn es hoffen kann, dass die Eltern noch ein wenig Kraft übrig behalten, um sich auch seinen Sorgen zuzuwenden.

Noch ungewöhnlicher als der Pavor nocturnus, und im Erscheinungsbild besonders abnorm anmutend, ist das nächtliche Schlafwandeln. Anfälle von Schlafwandeln werden auch als „geordnete Dämmerzustände" bezeichnet. Sie sind nicht auf das Kindesalter beschränkt, sondern können in jedem Lebensalter auftreten. Es gibt ähnliche Dämmerzustände während bestimmter Formen epileptischer Anfälle. Typische Schlafwandler sind jedoch keine Epileptiker. Die Veranlagung hierzu existiert unabhängig von der Epilepsie.

Schlafwandler „wandeln" nicht immer, schon gar nicht balancieren sie über steile Dachfirste. Tatsächlich richten sie sich jedoch während des Schlafens, übrigens während des Tiefschlafs, aus dem Bett auf, sitzen auf der Bettkante, murmeln vor sich hin, nesteln, streichen über die Bettdecke, kratzen sich, schmatzen, suchen nach etwas. Ein Teil der Betroffenen steht tatsächlich auf und vollzieht Routinehandlungen, etwa einen Gang zur Toilette. Der Autor kennt auch den Fall eines zehnjährigen Mädchens, das im neu bezogenen Haus herumging und über einen unbefestigten Balkon auf die darunter liegende Terrasse stürzte. Solche Unfälle sind aber selten. Während des Schlafwandelns sind die Personen nicht ansprechbar. Sie wirken in der Regel nicht angstvoll, sondern eher emotional unberührt oder missmutig. Sie können mit sanftem Nachdruck ins Bett zurückgeführt werden, ohne dabei zu erwachen. Ebenso wie die Kinder mit Pavor haben die Schlafwandler an ihre Zustände keine Erinnerung.

Die Annahme einer Veranlagung zum Schlafwandeln befreit nicht von der Verpflichtung, ähnlich wie beim Pavor nocturnus, nach besonderen psychischen Belastungen zu suchen, die das Auftreten begünstigen und verschlimmern können. Alle Möglichkeiten, einem schlafwandelnden Kind besonders viel Sicherheit und Orientierung im Tagesablauf zu bieten, sollten ausgeschöpft werden. Ein zu Rate gezogener Kinderpsychiater und Psychotherapeut wird gelegentlich Therapie empfehlen, wenn er sieht, dass er ein bestimmtes Kind hiermit von innerem Problemdruck befreien kann. Dabei wird auch der Druck auf das Schlafwandeln nachlassen.

## Angst in der Nacht in aller Kürze

Wie entsteht Angst in der Nacht?
- Durch Fortschritte des Kindes bei der Einübung der Selbständigkeit am Tage.
- Dadurch, dass das Kind das Einschlafen als Verzicht auf seine (mühsam eroberte) Kontrolle über die Welt erlebt.
- Dadurch, dass das Kind das Einschlafen als Abschiednehmen erlebt.

– Dadurch, dass das Kind nachts allein ist.
– Dadurch, dass das Kind im Schlaf seine Verbindungen zu den Bezugspersonen nicht pflegen kann (und inzwischen weiß, dass es hierzu aktiver Bemühungen bedarf).
– Dadurch, dass das Kind die Erlebnisse und Gefühle des Tages noch einmal innerlich vorbeiziehen lässt und sich dabei nochmals erregt.

Welche Denkanstöße ergeben sich?

– Die Nacht ist kein leerer Raum, in dem „nichts" geschieht.
– Schlafen ist nicht in jeder Hinsicht das Gegenteil von Wachen.
– Beim Einschlafen und im Schlaf leistet das Kind bedeutende seelische Arbeit.
– Jeden Abend versucht das Kind, seine Beziehung zu den Eltern zu klären und zu festigen.
– Jeden Abend geht es darum, dass sich das Kind von den Eltern und diese von ihrem Kind zurückziehen.
– Angst ist ein untrennbarer Bestandteil dieser seelischen Arbeit.
– Die Eltern können dem Kind diese Angst nicht „nehmen" oder ersparen.
– Das Kind braucht einen schützenden Rahmen, in welchem es seine nächtliche Angst klein halten, ertragen und verarbeiten kann.
– Das Kind braucht die Gewissheit, dass seine Eltern auch während der Nacht für es da sind, auch wenn sie sich von ihm zurückgezogen haben.
– Räumliche Trennung der Schlafplätze ist eine große Hilfe, aber keine unbedingte Voraussetzung für den erforderlichen inneren „Rückzug".

Was können Eltern tun?

– Übergänge zum Schlafengehen gestalten.
– Nicht kurz vor dem Schlafengehen noch toben und Gefühle aufwirbeln.

- Bei der Befolgung der (notwendigen) Rituale nicht starrer und strenger sein, als es das Kind ohnehin schon ist.
- Auf Angebote des Kindes achten, wann es die Rituale ändern oder lockern will.
- Flexibel reagieren. Ernst, Herzlichkeit, Humor, Strenge, Spiel und Theater sind die Zutaten des abendlichen Rituals.
- Die Grundtatsachen nicht vergessen oder leugnen: Es geht um Trennung, Abschied und Rückzug.
- Den Abschied nicht so weit abmildern oder ungeschehen machen, dass das Kind vergisst, Übergangsobjekte zu erfinden.
- Dem Kind das Einschlafen im Elternbett ohne viele Umstände erlauben.
- Die Ausnahmesituation des Schlafens im Elternbett verteidigen und es dem Kind dort nicht allzu bequem machen. Es ist dort nur zu Gast.
- Bei nächtlichen Angstzuständen prüfen, ob das Kind in Sorgen und Konflikte der Eltern unwillkürlich hineingezogen worden ist.
- Bei nächtlichen Angstzuständen, die über mehrere Monate andauern, psychotherapeutische Beratung erwägen.

# Angst in der Schule

## Einführung

Mutter eines sechsjährigen Jungen, der ein Jahr von der Einschulung zurückgestellt wurde: „Es hieß im Kindergarten immer, dass Jan noch etwas verspielt wäre. Ich finde, dass er sich erst im letzten Jahr, als die neue Erzieherin in die Gruppe kam, nicht mehr zurechtgefunden hat. Sie hätten mal die Unruhe erleben sollen, die in der Gruppe war, wenn ich ihn morgens brachte. Mit dem Hinbringen wurde es täglich später, weil Jan so trödelte. Die Erzieherin meinte, er sollte früher kommen, damit er sich besser in die Gruppe eingliedern könnte. Aber dann hätte er noch mehr zu leiden gehabt. Ich frage mich überhaupt, wieso jemand wie diese Erzieherin mein Kind einschätzen will, wenn sie ihn nur so kurz am Tag mitkriegt. Schließlich bin ich es ja, die den ganzen Rest des Tages mit ihm verbringt. Ich wundere mich auch, was ich aus dem Kindergarten über angebliche Schreianfälle und Aggressionen höre. Jan braucht nun einmal eine ruhige Ecke, wo nicht gleich ein anderes Kind kommt und ihm alles wegnimmt. Er kann dann sehr konzentriert spielen. Es gab in der Gruppe einen Jungen, der sich regelrecht mit ihm angelegt hat und immer mit den Sachen spielen wollte, die Jan gerade hatte. Das hat mir die Erzieherin auch bestätigt. – Und dann die Ausflüge! Da habe ich ihn schon gar nicht mitgehen lassen, nicht mit dieser Gruppe und nicht mit dieser schlechten Aufsicht. – Mir war es eigentlich recht, dass Jan noch ein Jahr mit der Schule wartet. Der Schulweg ist leider auch ziemlich weit und kompliziert. Ich hätte mir eine bessere Zusammenarbeit zwischen Kindergarten und Schule gewünscht, ob er nun in die Schule gehen soll oder nicht. Sie haben am Ende sogar gemeint, es spräche nichts gegen die Einschulung. Nach allem, was vorher schief gelaufen war, war das der blanke Hohn! Am Ende haben sie schließlich mir die Entscheidung überlassen. Ich hoffe, der Vorschulkindergarten ist besser."

Auch wenn sich das Kind riesig auf die Schule freut: Der Eintritt in die Schule führt über eine Schwelle hinweg. Das Kind muss einen Schritt in eine neue Welt wagen. Diese Welt ist stärker abgesetzt von der Welt der Familie, als dies im Kindergarten der Fall war. Das Kind muss sich ab jetzt in einer größeren Kindergruppe bewegen, ohne die Nähe und den Zuspruch einer Erzieherin zu finden. In den Pausen, vor und nach dem Unterricht ist das Kind dem freien Kräftespiel der Gruppe ausgesetzt.

Mit dem Schulbeginn erhebt eine öffentliche Einrichtung einen Rechtsanspruch auf das Kind. Fremde Personen maßen sich an, über das Kind zu urteilen. Das Kind gehört nicht mehr nur den Eltern, sondern auch der Gesellschaft. Es wird von außen angeschaut. Mit mehr oder weniger Beklemmung fragen sich die Eltern, ob das Bild, das sich die Lehrerin und der Lehrer von dem Kind machen, mit dem übereinstimmt, was sie selbst in ihrem Kind sehen. Wird sich das Kind in der neuen außerfamiliären Umgebung zurechtfinden und durchsetzen können? Ist es bereit zu Leistung, Konzentration und Hingabe an neue Aufgaben?

Es ist eine Besonderheit des deutschen Schulsystems, dass die Kinder zunächst nur wenige Stunden in die Schule gehen, eine kürzere Zeit, als sie vorher im Kindergarten zugebracht haben. Die Trennungsanforderung ist also eher gering, muss freilich unter härteren Bedingungen bestanden werden, denn die Anforderung an die soziale Kompetenz, geistige Aufnahmefähigkeit und Selbstbestimmtheit ist eher hoch. In anderen Ländern, z.B. in den USA, wird der Übergang in die Schule sanfter gestaltet. Die Anwesenheit der Eltern ist am Anfang gestattet. Die Kinder werden ähnlich wie im Kindergarten eng geführt, betreut, getröstet und beköstigt. Sie treten ja auch bereits mit fünf Jahren in die Schule ein. Die Schulzeit dauert weit in den Nachmittag hinein. Den Kindern wird weniger Disziplin und Leistung abverlangt, sie müssen jedoch eine lange Abwesenheit von den Eltern verkraften.

Jede Entwicklung vollzieht sich im Spannungsfeld zwischen innerer Wandlung und Veränderungen der äußeren Situation, die neue Anforderungen stellt. Neben der Schule sind es nicht zuletzt die Eltern selbst, die ihren Kindern etwas abverlangen und gerne wüssten, was ihr Kind schon alles kann. Die Entwicklung erfolgt bisweilen unmerklich, dann wieder in Sprüngen, über Krisen und Hindernisse hinweg. Die Hindernisse sind überall. Das Kind nimmt sich zum Beispiel vor, den Kinderwagen zu schieben, landet geradewegs in einer Hecke, wird wütend, lässt sich nicht von weiteren Versuchen abbringen und merkt auf eine sehr schmerzhafte Weise, dass es Kinderwagen-Schieben noch nicht kann. Diese Enttäuschung hätte es sich ersparen können. Aber das Kind vollzieht seine Entwicklung eben nicht dadurch, dass es Hindernissen aus dem Weg geht. Es baut sie geradezu auf.

Andere Hindernisse werden dem Kind von außen vorgegeben. Die Einschulung ist ein solches auferlegtes Hindernis. Sie trägt zugleich den Charakter einer feierlichen Einführung in eine neue gesellschaftliche Rolle, einer „Initiation". Allen Personen im Umkreis wird bewusst, dass das Kind eine neue Entwicklungsstufe erreicht hat. Man kann darüber streiten, welche Anforderungen dem Kind zu welcher Zeit gut tun. Man kann aber nicht darüber streiten, dass es in jeder Entwicklung Sprünge und Hindernisse geben muss, welche den Entwicklungsprozess markieren und voranbringen. Äußere Ereignisse müssen den notwendigen Kontrapunkt für innere Entwicklungen bilden. Wenn es die Schule nicht gäbe, müssten die Eltern, die Gesellschaft oder sogar das Kind selbst sich etwas Vergleichbares einfallen lassen. Damit wären aber beträchtliche Risiken und Unsicherheiten verbunden. Ein Vater eines ängstlichen Schulanfängers hat mir einmal erklärt, er werde sich von der Gesellschaft die Entwicklungsschritte seines Kindes nicht vorschreiben lassen. Er habe ein Recht darauf, seinem Kind Leid zu ersparen, und er werde sein Kind nicht kaputtmachen lassen, nur weil es eine Schulpflicht gäbe. – Wer aber wird, wo diese Verpflichtung wegfällt, die Entwicklungsschritte des Kindes bestimmen? Wer wird nun verhindern, dass der Kinderwagen – im Sinne des oben gebrauchten Beispiels – „in die Hecke" gefahren wird?

## Die klassische Schulphobie

Mutter des achtjährigen Nils, Erstklässler, nach einem halben Schuljahr, schon einmal zurückgestellt: „Nils ist schon immer viel krank gewesen. Das fing im Kindergarten an und führte ja auch dazu, dass wir ihn zurückstellen ließen. Nach seinen Krankheiten war es nicht einfach, ihn wieder in den Kindergarten einzugewöhnen. Als wir dann hierher umgezogen sind, war er auch im letzten halben Jahr vor der Schule gar nicht mehr im Kindergarten. Alle Kinder wären ihm fremd gewesen, das wäre nicht sinnvoll gewesen.

In der Schule hat Nils dann einen ausgesprochen schwierigen Start erwischt. Ich muss leider auch der Klassenlehrerin einen Vorwurf machen. Nils hatte sich so sehr auf die Schule gefreut, Schultüte und alles. Und dann so etwas. Gleich am ersten regulären Schultag wurde ihm in der ersten Pause der Ranzen weggenommen und versteckt. Man hätte erwarten sollen, dass die Lehrerin aufpasst, was die Kinder treiben. Ich habe es später noch oft genug erlebt, dass auf dem Pausenhof weit und breit keine Aufsicht zu sehen war und der Lehrer irgendwo herumstand, sich unterhielt und daher auch nichts mitbekommen konnte. Nils sagt, er hätte den Ranzen gesucht, die Pause wäre dann zu Ende gewesen, er hätte das Klassenzimmer nicht wiedergefunden. Er kam dann tränenüberströmt zu mir nach Hause.

Nun ging es los, dass er morgens nicht aus dem Bett kam oder gleich nach der ersten Stunde wieder nach Hause geschickt wurde, da ihm schlecht geworden war. Er wollte auch morgens nichts frühstücken, nicht einmal etwas trinken. Ich muss auch zu seiner Entschuldigung sagen, dass er in der ersten Zeit wieder einmal eine richtige Darmgrippe hatte und sich davon nicht richtig erholen konnte. – Ich muss leider auch erwähnen, dass mein Mann nicht gerade eine große Hilfe ist. Er hört das nicht gerne, aber es ist so. Mein Mann mischt sich, wenn er die Probleme ausnahmsweise miterlebt, sofort ein. Meist geht Nils ihm deshalb aus dem Weg. Mein Mann droht dann, dass er ihn eigenhändig zur Schule schleppt, ob er will oder nicht. Er merkt nicht, dass er mit Zwang alles noch viel schlimmer macht. Er wirft mir vor, dass ich mich hinter Nils verstecke, wenn er etwas von mir will, oder dass ich mich vor Nils stelle, wenn mein Mann etwas von ihm will. So oder so. Die ganze Linie passt ihm nicht. Er behauptet auch glatt, dass er gegenüber der Schule in eine peinliche Lage komme. Das soll er doch mir überlassen. Ich denke nicht daran, Nils seinem Vater zu überlassen, solange der so aggressiv geladen ist.

Abgesehen davon: Ich gebe gerne zu, dass ich es mit Nils nicht leicht habe. Mittags dauert es ewig, bis er überhaupt einmal mit den Hausaufgaben anfängt. Und dann gehen die Verhandlungen los, warum er irgendetwas nicht machen kann und was ich zu tun oder zu lassen habe, damit er es doch macht. Morgens trödelt er unsäglich. Er braucht eine Stunde, um seine Sachen zusammenzusuchen, und dann hat er immer noch irgendetwas vergessen. Er kriegt seine Schuhe nicht gebunden, er kommt nicht vom Klo herunter. Wir müssen noch mal zurückgehen, weil etwas Wichtiges zu Hause liegen geblieben ist. Ich verspreche, dass ich ihn bis an die Straßenecke begleite. Er bettelt dann, dass ich noch eine, nein, zwei Straßenecken weiter mitgehe. Er findet kein Ende. Wenn mein Mann meint, er könne es besser, dann soll er es doch einmal versuchen, dann aber ohne mich!"

Kinder, die bereits in den ersten Tagen und Wochen des Schulbesuchs ängstlich werden, haben Schwierigkeiten mit der Trennung von zu Hause, meist von der Mutter. Diese Kinder tragen ihre Angst freilich nicht offen zu Markte. Alle Welt freut sich schließlich auf die Schule. Auch das ängstliche Kind macht gute Miene zum Schulanfang und mischt sich mit seiner Schultüte tapfer unter die anderen Kinder. Aber schon wenige Tage später klagt es über Bauchschmerzen und Kopfschmerzen. Es klagt nicht über Angst. Aber es weint, findet morgens nicht aus dem Bett, trödelt und stellt Bedingungen. Was erst eine Sache für den Hausarzt zu sein scheint, wird bald als seelisches Problem offenbar und bringt die Mutter in einen peinlichen Rechtfertigungszwang gegenüber der Schule, was sie ärgerlich und hilflos macht. Sie schimpft mit ihrem Kind und beschwört es und denkt insgeheim, wie leicht das Problem damit zu lösen wäre, dass sie das Kind zu Hause behielte. „Die Schule mag ein notwendiges Übel sein, hier aber doch wohl mehr Übel als Notwendigkeit. Wo liegt der Sinn der Schule, wenn ich meinem Kind jeden Morgen so weh tue und ihm so viel Angst bereite", so könnte man die Gedanken der Mutter umschreiben.

Wir können davon ausgehen, dass diese Kinder noch nichts Böses in der Schule erlebt haben, jedenfalls nichts, was früher erlebte Bosheiten auf dem Spielplatz oder vor dem Wohnhaus in den Schatten stellen würde. Freilich war die Mutter früher stets in Reichweite. Immer noch fühlen sich Mutter und Kind durch ein inneres Band miteinander verbunden. Sie leben in einer heimlichen Schicksalsgemeinschaft, in die noch nie wirklich ein Dritter, auch der Vater nicht, eindringen durfte. Typisch ist, dass Mutter und Kind in einer Notlage so eng zusammengerückt sind: Die Eltern können in einer unharmonischen Ehe leben, die Mutter kann unerträglicher Kritik durch Schwiegereltern und Schwägerin ausgesetzt sein, die Familie kann in einer feindseligen und abweisenden Nachbarschaft fern der vertrauten Heimat leben, die Mutter kann durch unterschiedliche eigene Sorgen niedergedrückt sein.

Eine solche Situation kann dazu führen, dass die Mutter unwillkürlich denkt, niemand habe ein Recht, das innere Band zwischen ihr und dem Kind zu zerschneiden oder die Schicksalsgemeinschaft in ihrer Bedeutung anzufechten. In der Phantasie des Kindes, wohl auch in jener der Mutter, schickt sich die Schule an, genau dies zu tun. Das Lebensgefühl daheim wird als grundverschieden vom Lebensgefühl in der Schule erlebt. Beide Bereiche liegen endlos weit auseinander. Das Kind muss sich jedes Mal, wenn es zur Schule geht, aufs Neue von der Mutter losreißen und fühlt sich ohne sie schutzlos und ausgeliefert.

Die Hoffnung, dass dieses Problem verschwinden würde, wenn es die Schule nicht gäbe, ist natürlich trügerisch. Kinder mit Trennungsproblemen am Schulanfang wirken zu Hause oft schnippisch, anmaßend und altklug. Sie sind Meister der Tarnung und spielen ihre Probleme herunter. Solange sie auf eigenem Terrain bleiben und dort bestimmen können, was zu sein hat, und solange sie die Mutter unter Kontrolle haben, behalten sie Oberwasser und bewegen sich ungezwungen. Die Mutter fühlt sich aber im Zusammenleben mit diesem Kind selbst nicht mehr frei, sondern wie in einem Käfig, aus dem sie gerne herauskäme, wenn sie nur wüsste wie. Gegenüber der Mutter sind diese Kinder oft nörgelig und tyrannisch. Mutter und Kind reiben sich aneinander auf. Kurzum, auch wenn es die Schule nicht gäbe, blieben genug andere Schwierigkeiten übrig.

Solange die Schule der Familie mit peinlichen Fragen und Forderungen auf den Leib rückt, scheint das Problem außerhalb der Familie zu liegen. Mit Hilfe von ärztlichen Attesten lässt sich die Grundschule jedoch leicht auf Abstand verweisen. Das Kind wird alsbald wieder ausgeschult und zurückgestellt. Letztlich haben die Atteste der Familie einen schlechten Dienst erwiesen. Niemand bleibt übrig, der sich für diese Familie und die dort quasi verbarrikadierten Personen engagieren will. Die Familie selbst kann an ihrem Problem nur arbeiten, wenn sie die Notwendigkeit dazu vor Augen hat und sich einem äußeren Druck ausgesetzt sieht. Die Situation, – eine Abhängigkeit ohne Bewegungsspielraum – ist vergleichbar mit einer Suchtkrankheit. Auch der Suchtkranke lässt sich lange nichts anmerken. Er kann an seiner Sucht nur arbeiten, wenn er in eine äußere Zwangslage gerät. Im vorliegenden Fall entsteht die Zwangslage durch die Schulpflicht. Durch das Scheitern an dieser sozialen Norm, so willkürlich sie auch festgelegt sein mag, erkennt die Familie, dass sie in eine Sackgasse geraten ist und Hilfe braucht.

In einem ersten Schritt sollten sich Vater und Mutter enger zusammenschließen – unter Aufgebot aller verfügbaren Solidarität. Die Mutter darf nicht allein gelassen werden. Sie muss sich stärker bewusst werden, dass sie entweder in einer Ehe lebt oder, wenn sie Alleinerziehende ist, sich in einer Erziehungsgemeinschaft mit anderen befindet, darüber hinaus in einer Nachbarschaft und sozialen Gemeinschaft. Sie darf sich nicht als Einzelkämpferin fühlen. Im zweiten Schritt sollten sich Eltern und Klassenlehrer zusammentun. Auch Nachbarschaftsgemeinschaften, bestehend aus anderen Eltern der Schulklasse, haben sich bewährt. Die Eltern des schulphobischen Kindes müssen in diesen Kreis einbezogen werden. Gemeinsam sollte beraten werden, wie das Kind in die Schule zurückgeführt werden kann. Es ist in der Regel möglich, dass die Mutter oder der Vater das Kind eine Zeitlang in die Schule begleiten und dort im Hintergrund anwesend bleiben. In jedem Fall müssen die Schulleitung, Lehrerschaft und Schulklasse Partner bei der Lösung der Schulphobie bleiben. Dieser Personenkreis darf sich nicht ausbooten lassen, auch dann nicht, wenn die Eltern einen Psychotherapeuten zu Rate gezogen haben. Eine Schulphobie zu behandeln und die Schule zu ignorieren, käme einem Realitätsverlust gleich. Hausärzte sollten, sobald sie das Problem erkannt haben, auf die Ausfertigung von Attesten verzichten. Das Gleiche gilt für Psychotherapeuten. Zu leicht kommt das Kind zu der Meinung, ein medizinischer (oder psychischer) Sonderfall zu sein, als Patient am Rande der Gesellschaft zu stehen und vogelfrei zu sein. Das Kind würde im späteren Leben öfter in diese Rolle zurückfallen, als ihm und seiner Umwelt lieb ist.

## Das stumme Kind

Lehrer der neunjährigen Nadja aus der dritten Klasse der Grundschule: „Es hat lange gedauert, bis ich überhaupt gemerkt habe, dass sie nicht spricht. Seither ist sie durch mich etwas unter Druck geraten und ich durch sie. Sie hat mir mal einen Zettel hingelegt, scheinbar zufällig, darauf stand: ‚Mir verschlez die Psrache.' So ist sie auch sonst. Scheinbar zufällig tritt sie auf, sorgt aber dafür, dass man sie auch bemerkt. Wenn ich sie frage, schaut sie mich vielsagend von der Seite an, als wollte sie mir mitteilen: ‚Ich hätte da was für Sie, aber ich weiß nicht, ob Sie es verdienen, es ist ein Geheimnis.' Ich kann mir dann aussuchen, ob ich mich über dieses Geheimnis ärgern oder geehrt fühlen darf. Sie spannt einen auf die Folter. Wenn man zu sehr in sie dringt, ist sie beleidigt. Dann kriegt man ein schlechtes Gewissen. Sie ist auch recht kokett auf ihre Weise: Ich habe schon ein paar Mal beobachtet, wie die Jungen versuchen, ihr das Kleid hochzuheben. Ich weiß nicht, wie solche Szenen zustande kommen. Jedenfalls ist sie das einzige Mädchen, das diese Art der frühsexuellen Neugier in der Klasse erregt. Von ihrem Elternhaus weiß ich nur, dass der Vater nicht viel zu melden hat, was aber nicht heißen soll, dass die Mutter sich groß vordrängen würde. Beide leben eigentlich zurückgezogen. Die Mutter stammt aus dem Ort, der Vater ist von woanders. Es gibt eine Geschichte über die Familie der Mutter. Der Vater soll die Familie unter üblen Umständen mit einem Berg von Schulden verlassen haben. Die Mutter schämt sich noch heute für den schlechten Ruf ihrer Eltern. – Als ich einmal versucht habe, die Mutter auf die Probleme mit dem Sprechen ihrer Tochter aufmerksam zu machen, hat sie mich völlig entgeistert angesehen, so halb betroffen, halb vorwurfsvoll. Woher solle sie denn wissen, warum ihre Tochter mit dem Lehrer nicht spreche. Mit der Mutter spreche sie jedenfalls ganz normal. Mir hat es die Sprache verschlagen. Ich kam mir schäbig vor, dass ich es überhaupt erwähnt hatte. So geht es mir immer mit der Mutter. Ich frage mich immer: ‚Tut man das, gehört es sich, soll ich, soll ich nicht' und so weiter. Ich stecke da in einer Sackgasse und frage mich, ob ich etwas unternehmen muss oder ob ich es einfach so weiterlaufen lassen soll. Aber was soll aus dem Mädchen später einmal werden?"

Es gibt eine Variante des schulphobischen Verhaltens, die auch einem aufmerksamen Lehrer oder einer Lehrerin verborgen bleiben kann. Es kann zwei oder drei Schuljahre dauern, bis die Schule beschließt, dass es so nicht weitergehen kann. Gemeint sind Kinder, die im Unterricht stumm bleiben. Sie tuscheln zwar mit ihren Kameraden, verweigern aber der Lehrerin oder dem Lehrer jede Antwort, nicken und schütteln den Kopf oder lächeln vielsagend. Diese als „mutistisch" bezeichneten Kinder verfolgen den Unterricht mit aufmerksamer Miene. Sie erledigen alle schriftlichen Arbeiten zur Zufriedenheit. Zudem haben sie eine derart „sprechende" Ausstrahlung auf die Lehrer, dass diese sich einreden, das Kind habe vielleicht doch schon etwas von sich gegeben, und der Lehrer habe es nur überhört. Im Übrigen werde das Kind spätestens morgen eine gesprochene Antwort geben. Leider spricht das Kind morgen ebenso wenig wie gestern. Es schreibt seine Antwort wieder nur auf Zettel. Das mutistische Kind genießt es, wenn sich jemand um es bemüht. Wenn es sprechen würde, müsste es auf diese Zuwendung verzichten.

Diese Kinder stammen aus Familien, in denen auch nicht gerade viele Worte gemacht werden. Wie bei der Schulphobie gibt es ein enges Band zwischen Mutter und Kind. Die Mutter fühlt sich oft unbehaglich in der Nachbarschaft und am wohlsten in den eigenen vier Wänden. In abgelegenen Gebirgsgegenden auf Einzelgehöften soll es in den USA besonders viele mutistische Kinder geben. Auch schon vor dem Schulalter sprechen diese Kinder nicht mit jedem, zwar mit der Mutter, oft mit den Spielkameraden, nicht immer mit dem Vater, nie mit fremden Personen, schon gar nicht mit solchen, die etwas von ihnen verlangen oder sie unfreundlich ansehen. Das Verhalten der Kinder verrät eine Angst vor sozialen Kontakten und vor Fremden. Die Kinder wirken dabei aber nicht ängstlich, sondern eher lebhaft. Mit ihren ausdrucksstarken Gebärden beweisen sie ein pantomimisches Talent.

Bei schweren Verläufen kann ab der ersten oder zweiten Schulklasse eine tagesklinische Behandlung, ab der dritten oder vierten Schulklasse eine stationäre Psychotherapie erwogen werden. In diesem Alter ist ein wohnortnaher längerer Aufenthalt außerhalb der Familie vertretbar, wenn das Kind die Eltern an den Wochenenden besuchen kann. In der heimähnlichen Umgebung einer Psychotherapiestation kann das Kind mit einem neuartigen Alltag konfrontiert und mit Sprache umhüllt werden. Dieser Alltag kann so eingerichtet werden, dass kaum etwas ohne Sprache erreichbar ist. Mutistische Kinder wollen gern etwas erreichen, aber sie wollen, dass man ihnen den Wunsch von den Augen abliest.

Mutistische Kinder fallen vor allem im Rahmen der Schule auf. Man muss bedenken, dass die Schule so hohe Anforderungen an die Sprechtüchtigkeit der Kinder stellt, wie sie im späteren Leben nie wieder vorkommen. Schüler müssen nach Aufforderung vor einem Publikum sprechen. Nach dem Ende der Schulausbildung können die Kinder in Berufe gehen, wo diese Leistung nicht verlangt wird. Auch privat können sie solchen Anforderungen leicht ausweichen. Es wird unter Erwachsenen kaum mehr auffallen, wenn jemand nicht in jeder Situation und nicht mit jedem sprechen will.

## Ich-Schwäche und Schulangst

Mutter eines elfjährigen Sohnes in der ersten Klasse (Klasse 5) des Gymnasiums: „Vielleicht könnte er sich jetzt besser behaupten, wenn er als kleines Kind trotziger gewesen wäre und sich und uns mehr Schwierigkeiten gemacht hätte …"

Eltern eines neunjährigen Grundschülers: „Wir haben nicht im Entferntesten geahnt, wie schlecht er sich in der Schule zurechtfinden würde. Er war ein fröhliches, zufriedenes Kind …"

Eltern eines zwölfjährigen Jungen am Gymnasium: „Alles fing an, als der Klassenlehrer versetzt wurde und ein neuer Lehrer in die Klasse kam. Dummerweise zog damals auch sein bester Freund weg, der mit ihm von der Grundschule aufs Gymnasium gewechselt hatte. Seither liegt uns Christian täglich in den Ohren, dass er aus der Klasse, dass er aus der Schule raus will."

Mutter einer dreizehnjährigen Tochter an der Realschule: „Wenn Sonntagabend kommt, wird sie blass und still. Montagmorgen kann sie beim Frühstück keinen Bissen herunterbekommen. Bis zum Mittwoch normalisiert es sich. Donnerstag hat sie Biologie. Da ist es wieder ganz schlimm mit der Angst. Vom Biologielehrer fühlt sie sich abgelehnt.

Sie denkt, dieser Lehrer will sie fertigmachen. Sie steigert sich da hinein. Ihre Mitschüler beklagen sich auch über den Lehrer. Das habe ich von den Eltern erfahren. Aber im Grunde weiß ich gar nicht genau, warum es bei unserer Vera so extrem ist. Ich frage mich, ob wir mit dem Lehrer einmal sprechen sollten. Vera will das aber nicht. Sie denkt, dann wird alles noch viel schlimmer."

Lehrer über den zehnjährigen Jonas in der vierten Grundschulklasse: „Jonas ist einer der besten Schüler der Klasse und zugleich ein krasser Außenseiter. Meist verhält er sich still. Einmal ist er ausgerastet und hat einem Mädchen, das ihn gehänselt hat, ein Büschel Haare ausgerissen. Weil er daraufhin noch stärker isoliert wurde, habe ich das im Elternabend zum Thema gemacht. Das war ein Reinfall, wie ich es erwartet hatte. Die Mutter hatte diese Diskussion gewünscht, aber keiner der anderen Eltern hat mitfühlend reagiert. ‚Wie soll ich mein Kind dazu bringen, sich so oder so zu verhalten?' Das war der Tenor. Dann habe ich versucht, mit den Kindern über die Außenseiterrolle von Jonas zu reden. Das kam ganz gut an und führte auch dazu, dass sich zwei Kinder spontan auf Jonas Seite stellten. – Am meisten Sorgen macht mir, dass Jonas selbst die ganze Situation, in die er geraten ist, nicht zu verstehen scheint. Also er merkt nicht, wie schlecht sein Verhalten bei der Gruppe ankommt. Er erwartet, dass man freundlich zu ihm ist, basta. Wenn man es nicht ist, empfindet er es als krasse Ungerechtigkeit. Er kommt zu mir als Aufsichtsperson und beschwert sich. Er setzt sich überhaupt nicht mit den Kindern auseinander. Durch seine Mutter wird er in dieser Einschätzung bestärkt. Nach dem Vorfall mit den Haaren kam Jonas drei Tage nicht in die Schule. Dann kam die Mutter und hielt mir eine Standpauke. Das war alles."

Wir blicken nun auf Kinder, die nicht am Schulbeginn sondern im Verlaufe der ersten Schuljahre ängstlicher werden, Schlafstörungen entwickeln, morgens über Übelkeit und Kopfschmerzen klagen, von der Schule nach Hause zurückkehren, bedrückt und mutlos oder trotzig und reizbar sind. Sie drohen an, dass sie den Schulbesuch demnächst verweigern werden, obwohl sie es meist nicht wahr machen. Das Konzept von der engen Schicksalsgemeinschaft mit der Mutter hilft hier nicht weiter. Die Analyse fördert ein ganzes Bündel von Schwierigkeiten zutage. Sie liegen in der Persönlichkeit des Kindes und in seinem Leistungsvermögen. Sie liegen aber auch in der konkreten Schulsituation, in der Persönlichkeit des Lehrers und im Verhalten der Schülergruppe.

Den Leistungsproblemen ist ein eigenes Kapitel gewidmet. Hier soll es zunächst um charakterliche Merkmale gehen, welche das Auftreten von Konflikten in der Schule begünstigen. So lassen sich einige der schulängstlichen Kinder als „ichschwach" einstufen. „Ich-Schwäche" ist keine Krankheit, sondern nur die Beschreibung einer persönlichen Eigenart, die mit sozialer Anpassungsstörung, Überanpassung, Scheu und Kontaktarmut einhergeht. Die Eltern zeigen sich verwundert, dass ihnen früher nichts Bedenkliches aufgefallen ist. Rückblickend fällt auf, dass sich das Kind kaum jemals einen Trotzanfall geleistet hat. Es gibt unter den ich-schwachen Kindern viele, die in der Kleinkinderzeit besonders still und brav waren. Einige haben auch ein fröhliches und lebhaftes Naturell gehabt. Alle haben sich aber auffallend eng an den Vorgaben der Eltern orientiert. Sie haben es vermieden, gegen die Eltern bockig zu werden oder ihnen den Stachel zu zeigen. Sie sind der schmerzlichen Erfahrung der eigenen Ohnmacht ausgewichen, wo sie nur konnten. Sie haben sich nicht in letzter Konsequenz klargemacht, dass sie überhaupt einen eigenen Willen besitzen. Sonst hätten sie sich auch mit unangenehmen Ohnmachtsgefühlen auseinander setzen müssen.

Ich-schwache Kinder stehen erstmals in der Schule einer größeren Ansammlung anderer Kinder gegenüber, die über mehr Ich-Stärke verfügen. Es sind Kinder, deren Auftreten bei anderen eine Überzeugungskraft hat, die ihre Stimme so heben können, dass sie in einer Gruppe durchdringt, Kinder, die darin geübt sind, Widersprüche zu ertragen und Niederlagen einzustecken. Ihre Durchsetzungskraft beruht nicht darauf, dass sie ständig ihren Ellenbogen benutzen oder beißen, sondern darauf, dass sie gut erfassen können, wie sie andere Kinder nehmen müssen und wie der seelische Zustand der anderen einzuschätzen ist: freundlich, abweisend, interessiert oder ängstlich. Die ich-stärkeren Kinder scheinen also besser zu verstehen, nach welchen ungeschriebenen Gesetzen der soziale Verkehr verläuft. Es scheint ihnen leichter zu fallen, sich zu entscheiden und für etwas einzustehen und einem Druck oder einer Kritik standzuhalten.

Wenn ich-schwächere Kinder einen besonders einfühlsamen Lehrer oder eine entsprechende Lehrerin bekommen, gelingt es ihnen, sich an diese anzuschmiegen und in deren Windschatten aufzuhalten. Einem Pädagogen, der sich dem Kind als Beschützer anbietet, kann die wahre Natur und Tragweite der Ich-Schwäche entgehen, er teilt insoweit die Sichtweise der Familie des Kindes. Die Anbindung an einen solchen Lehrer ist trotzdem eine glückliche Konstellation. Er schont das Kind nicht nur, sondern fördert es auch – aber in seiner Rolle als Lehrer, also in anderer Weise, als die Eltern es tun würden. So lernt das Kind, mit neuen Personen außerhalb der Familie zurechtzukommen. Viele Niederlagen bleiben ihm erspart. Ich-Schwäche ist keine festgeschriebene Behinderung, sondern eine Art von Empfindlichkeit, die je nach den äußeren Umständen mehr oder weniger stark zum Vorschein kommt und bei behutsamer Förderung verringert werden kann. Ich-Schwäche ist allerdings ein Merkmal, das sich auch im Laufe des Lebens als Vorbote einer seelischen Krankheit neu entwickeln und verstärken kann.

Auch eine verständnisvolle Schülergruppe kann einem ich-schwachen Mitschüler Schutz bieten. Ein einzelner Schüler, dem sich das Kind eng anschließt, kann eine Hilfs-Ich-Funktion übernehmen. Dieser Schüler bildet dann die Brücke zur Klassengemeinschaft. Er bewertet die Großwetterlage für das ich-schwache Kind und bereitet gemeinsame Entscheidungen vor. Der Verlust einer solchen Freundschaft kann die erste große Krise für das ich-schwache Kind heraufbeschwören, etwa in Form einer Weigerung, zur Schule zu gehen. Die Eltern und Lehrer sind vor den Kopf gestoßen. Niemand hätte diese Reaktion erwartet. Dies zeigt, wie perfekt vor allem die gut begabten Kinder ihre Ich-Schwäche durch Anpassung überdecken können.

Vieles kann zum Lob von Klassengemeinschaften gesagt werden. Schüler können solidarisch mit Schwachen, ungezwungen, hilfsbereit und tolerant mit Behinderten sein. Leider trifft auch das Gegenteil zu. Schüler können achtlos und grausam sein, vor allem bei Entgleisung einer Gruppendynamik. Sie können dann Mitschüler, die sie als andersartig und schwach erleben, aus ihrer Mitte ausschließen. Einzelne Kinder können einen positiven, integrierenden oder aber einen diabolischen Einfluss auf die ganze Klassengemeinschaft ausüben. Besonders starke Wirkungen entfaltet die Klassengemeinschaft im so genannten Großkindalter zwischen zehn und dreizehn Jahren.

Wie es nicht anders sein kann, gibt es auch Lehrerpersönlichkeiten, die der besonderen Herausforderung, vor der sie mit ich-schwachen Kindern stehen, nicht gewachsen sind und sich abwenden oder resignieren. Gerade die ich-labilen Kinder kommen leicht zu der Überzeugung, dass sie von bestimmten Lehrern, an die sie sich *nicht* anschmiegen dürfen, abgelehnt würden.

Auch unabhängig vom Problem der Ich-Schwäche können Lehrer bei bestimmten ihrer Schüler Angst hervorrufen. Mancher Lehrer wirkt provozierend, nur weil er eigene Angst und Unsicherheit abzuwehren versucht. Wenn Eltern bemerken, dass ihr Kind durch die Verhältnisse in der Schule immer ängstlicher wird, geraten sie in ein Dilemma: Sollen sie aktiv eingreifen, auf die Gefahr hin, dass sie noch mehr Porzellan zerschlagen und die Initiative ihres Kindes hemmen? Oder sollen sie sich zurückhalten, auf die Gefahr hin, dass sich ihr Kind von den Eltern verlassen fühlt?

Die Schule steht außerhalb der Familie. Grenzen zwischen beiden Bereichen müssen gewahrt bleiben. Auch zum Schutz der kindlichen Autonomie ist es wichtig, dass die Eltern nicht beliebig in die Schule hineinregieren. Für die Zusammenarbeit zwischen Eltern und Schule existieren Regeln. Die Eltern müssen sich darüber klar sein, dass sie bei energischen Eingriffen in den Schulbereich ihr Kind in Loyalitätskonflikte zwischen Lehrern, Klassengemeinschaft und Elternhaus stürzen. Bevor sich die Eltern an die Schule wenden, sollten sie prüfen, ob sie dem Kind zu Hause genügend Rückhalt, Trost und Verständnis bieten. Das Kind weiß oft selbst nur zu gut, dass es sich in der Schule arrangieren muss, wenn nicht in dieser, dann in einer anderen Klasse, wenn nicht in dieser, dann in einer anderen Schule, wo alles noch fremder und schlimmer werden kann. Trotz seines Leidens will das Kind daher oft nicht, dass sich die Eltern einmischen. Es befürchtet, am Ende zum Opfer der Schule *und* der Eltern zu werden und zwischen den Fronten aufgerieben zu werden. Eltern, denen diese Problematik gegenwärtig ist, werden sich darum bemühen, alle Schritte gegenüber der Schule mit dem betroffenen Kind sorgfältig vorzubereiten und abzustimmen. Sie werden keine Entscheidungen überstürzen und sich vielfältig informieren, bevor sie handeln.

## Versagensangst bei Überforderung

Eltern eines dreizehnjährigen Gymnasiasten. Die väterliche Familie betreibt mehrere Buchhandlungen und ist gesellschaftlich angesehen. Die Mutter hat in der Schwiegerfamilie einen schweren Stand. Sie hat mit siebzehn das Gymnasium abgebrochen, als sie mit Benjamin schwanger wurde und den Vater heiratete. Sie hat keine Ausbildung. Sie wird von den Schwiegereltern nicht akzeptiert. Der Vater bekleidet den Posten eines Filialleiters in einer der Buchhandlungen. Er ist Kaufmann und hat Realschulabschluss, dann die Fachhochschulreife erreicht. – Benjamin hat die 4. Grundschulklasse freiwillig wiederholt, bekam dann die Realschulempfehlung, wurde aber auf Drängen der Eltern im Gymnasium eingeschult.

Auszug aus dem Befund bei der Prüfung des Leistungsvermögens durch einen Psychologen: „Der Hamburg-Wechsler-Intelligenztest für Kinder ergibt schwach durchschnittliche Werte im nichtsprachlichen Teil des Tests (9+/–1 Wertpunkte) und etwas bessere Werte in der sprachlichen Intelligenz. Die besseren Werte ergeben sich dort, wo auch das Bildungswissen mit erfasst wird. Benjamin resigniert in den Tests leicht, wenn er keinen raschen Erfolg sieht. Wenn er merkt, dass er mit einer Aufgabe gut zurechtkommt, zum Beispiel bei den bildungsabhängigen Leistungen, strengt er sich an, erzielt aber auch dann nur Durchschnittswerte von 10+/–1 Wertpunkten. Der Vergleich der Untertests ergibt keine auffälligen Stärken oder Schwächen, also keine Hinweise auf das Vorliegen von Teilleistungsstörungen. Nach Kenntnis der Anforderungen an deutschen Realschulen dürfte Benjamin dort überfordert sein bzw. nur unter außerordentlich hohem Einsatz von Ausdauer und Lernen bestehen können. Das Leistungsvermögen reicht hingegen mühelos für einen durchschnittlichen, bei besserer Motivation auch für einen guten Hauptschulabschluss."

Die Mutter: „Die Klassenlehrerin hat mir versichert, er könne mehr, er sei nicht dumm, er wirke manchmal wie blockiert. Das kann ich aus meiner Erfahrung bei den Hausaufgaben nur bestätigen. Darum sind wir auch hierhergekommen: damit Sie uns helfen, die seelischen Blockaden bei Benjamin zu beseitigen. Wir halten Benjamins Verhalten nicht mehr für normal. An den Schulproblemen kann das nicht allein liegen, denn seine Versetzung ist, wie wir erfahren haben, nicht gefährdet. Wenn es nur um die Schule ginge, wären wir nicht zu Ihnen gekommen."

Der Vater: „Ich bin auch kein Genie in der Schule gewesen. Aber wenn ich mich in Benjamins Alter ein wenig mehr angestrengt hätte, dann wäre ich nicht vom Gymnasium geflogen. Hinterher ist man immer schlauer. Ich musste den harten Weg gehen und mich hocharbeiten. Das würde ich meinem Sohn gern ersparen. – Wir sind keine strengen Eltern, wir verlangen keine Hochleistungen. Wenn wir sicher wüssten, dass es für Benjamin auf dem Gymnasium keinen Sinn hat, dann würden wir ihn nicht zwingen. Er selbst hat aufs Gymnasium gewollt. Benjamin, habe ich zu ihm gesagt, gehe nur aufs Gymnasium, wenn du es wirklich willst. Wir verlangen es nicht. Glauben Sie mir, es war sein sehnlichster Wunsch. Es ging von ihm aus. Was uns nun so irritiert, ist aber, dass er es nicht einmal mehr ernsthaft versucht und dass er sich überhaupt nicht mehr helfen lässt. Das Gleiche mit der Nachhilfe: Er kam vor einiger Zeit an und sagte uns, er glaube, er wolle es mal mit Nachhilfe versuchen. Also gut. Und jetzt geht er nicht hin, und wir bezahlen diesen Lehrer für nichts und wieder nichts. Was geht in diesem Jungen vor?"

Die Mutter: „Er investiert seine Energie in viele Dinge, Tennis, Rockmusik, Fußball. Er hat eine Mannschaft und eine Band gegründet, in der er singt. Das ist ja ganz nett, auch wenn ich mich frage, wo er diese Jungs herholt, jedenfalls nicht aus seiner Schule, es sind einige, wo ich mich frage, ob sie der richtige Umgang für ihn sind und ob ich sie in meinem Haus haben will. Nach dem Mittagessen muss er ganz dringend zu diesen Freunden. Abends hat er dann keine Zeit und keine Energie mehr für die Schulaufgaben. Es wäre so einfach, sie zu erledigen, bevor er weggeht. – Jetzt wollte er auch noch Saxophon-Unterricht nehmen. Da habe ich ihm gesagt: Wenn du einen Monat lang deine Hausaufgaben bis drei Uhr fertig bekommst und abends noch bereit bist, mit mir ein paar Vokabeln zu lernen, dann kriegst du deinen Saxophon-Unterricht. Das gleiche Problem hatten wir im letzten Jahr mit dem Tennis. Ich musste schließlich die Trainerstunden abmelden. Seine ganze Zeit war verplant, das wurde einfach zu viel.

Wir fangen wirklich an, uns Sorgen zu machen. Er macht Bemerkungen, dass er die Lehrer alle hasst und sie umbringen will. Und wenn ihm das nicht gelingt, dann bringt er sich eben selber um. Nicht dass wir diese Drohungen sonderlich ernst nehmen, aber Sie sollten wissen, dass er solche Verrücktheiten von sich gibt. Er will manchmal morgens nicht zur Schule gehen. Er wirkt sehr verschlossen auf mich. Ich komme gar nicht an ihn heran, erfahre nichts von ihm. Er will in Ruhe gelassen werden, er geht mir aus dem Weg. Mit nichts können wir ihm eine Freude machen. Er provoziert uns. Abends bin ich wie ein Kameltreiber und muss ihn daran erinnern, dass die Hausaufgaben noch nicht fertig sind. Er wird dann sehr hässlich zu mir. Er ist auch ausgesprochen hässlich und hinterhältig zu seiner kleinen Schwester. Wenn ich ihn frage, ob irgendetwas in der Schule vorgefallen ist, sagt er immer: Nein, nichts. Diese Verschlossenheit von ihm macht mich richtig fertig. Er lässt sich nicht mehr helfen. Vielleicht kommen Sie als Therapeut besser an ihn heran. Und dann muss ich mir noch die dummen Nachfragen und Kommentare meiner Schwiegereltern anhören. Sie tun so, als wäre Benjamin jetzt schon der geborene Juniorchef für die Firma. Dazu steht ihm doch wohl später noch eine eigene Meinung zu."

Kinder sind unterschiedlich begabt. Manche Kinder leisten in einigen Bereichen oder allen Bereichen mehr als andere. Jedenfalls schneiden sie in genormten Leistungstests unterschiedlich ab. Manche bringen es durch Übung und Ehrgeiz weiter als andere. Manche beweisen im späteren Beruf Begabungen, die zu zeigen sie in der Schule nie Gelegenheit hatten. Manche wachen intellektuell erst spät auf. Manche ermüden rasch wieder und müssen immer wieder angeschoben werden. Manche „vergeuden" ihre Begabung. Manche sind langsam, aber beharrlich, andere genialisch, chaotisch und zeitweise brillant.

Bei aller Vielfalt der Begabungen und allen Schwierigkeiten einer klaren Definition bleiben ein paar nüchterne Tatsachen übrig: zum Beispiel die Möglichkeit der Voraussage, ob es ein Kind in einer bestimmten Schulform leicht oder schwer haben wird, zu Erfolgen zu kommen. Genauere oder gar absolute Angaben sind unmöglich. Unter Strapazen können ehrgeizige Ziele erreicht werden, die der nüchterne Betrachter oder der Psychologe, der die Testergebnisse kennt, für unrealistisch hält. Die Risiken eines solchen Weges müssen gegen die Vorteile abgewägt werden. Eltern und Kind werden einkalkulieren müssen, dass sie scheitern können und dürfen hieran nicht zu schwer tragen. Es gibt also Eltern, denen die Voraussage, dass es ihr Kind auf dem Gymnasium außerordentlich schwer

haben werde und dass es dort mit einer gewissen Wahrscheinlichkeit scheitern werde, nicht scharf genug ist. Das Gleiche
gilt noch häufiger für Eltern, die ihr Kind vor einer Sonder-
schule bewahren wollen, weil sie dort negative soziale Ein-
flüsse für ihr Kind befürchten. Eltern können sich auf den
Standpunkt stellen, dass der Besuch einer möglichst anspruchs-
vollen Schule den Versuch aus vielen Gründen solange wert
sei, wie sich nicht unwiederbringlich erwiesen habe, dass das
Kind versagt habe.

In der Tat hängt der erfolgreiche Besuch einer bestimmten
Schule auch davon ab, welches Profil sich die Schule gibt. Eine
Schule, die sich zum Ziel setzt, Kinder mit weit auseinander
liegenden Begabungen aufzunehmen, wäre theoretisch für fast
jedes Kind geeignet. Solche Schulen haben zweifellos Vorteile,
was die soziale Integration der Kinder betrifft. Aber auch
in solchen Schulen kann die Tatsache unterschiedlicher Begabungen nicht unterdrückt werden. Unterschiedliche Begabungen müssen in allen Schulen unterschiedlich gefördert werden.
Sie erfordern unterschiedliche pädagogische Konzepte. Die
Schule muss also eine Binnendifferenzierung vornehmen. Jede
Schule muss früher oder später offenbaren, was ein Schüler
dort geleistet hat und was nicht. Es mag Unterschiede geben,
wie sie es tut.

Wenn es zu einer Konfrontation zwischen Eltern und Schule
kommt, wird eine Schule, an der ein Kind versagt hat, deutlicher als bisher feststellen, dass ein Kind für die betreffende
Schulform nicht genügend begabt gewesen sei. Die Schule
macht sich dabei zum Maßstab und zum Richter über die Begabung des Kindes und triff jenes Urteil, welches ein Kinder-
psychologe vermeiden würde. Die Eltern erleben dies als ab-
wertende und parteiische Äußerung. Tatsächlich existieren
Begabungs-„Mängel", wenn man von schweren geistigen Behinderungen absieht, nur in Bezug auf einen zu hohen eigenen
Anspruch oder in Bezug auf eine Umwelt, die zu hohe Anforderungen stellt. Genau hiervon soll die Rede sein, denn erst
an diesem Punkt drohen Anforderungen, also Leistungen, die
vom Kind erwartet werden, zum leidvollen Stress zu werden.

Ursprünglich ist Leistung keine Fronarbeit, sondern der freie Wunsch des Kindes. Auch wenn eine Leistung mit Anstrengung verbunden ist, erregt sie nicht automatisch Versagensängste. Sie wirkt vielmehr stimulierend und weckt die freudige Erwartung von Lob und Anerkennung. Leistung kann Lustgefühle erzeugen. Erst am traurigen Ende einer Kette von Misserfolgen und Enttäuschungen wird die Leistung zum Stress und führt zur Versagensangst.

Schule und Elternhaus wirken immer wieder in ungewollter Komplizenschaft daran mit, den Kindern die Freude an der Leistung auszutreiben. Wie viele Eltern empfinden wahre Freude und Befriedigung bei ihrer Arbeit und können diese Gewissheit an ihre Kinder weitergeben? Es sind jedenfalls weitaus weniger, als es Eltern gibt, die ihre Kinder zur Leistung anspornen, obwohl sie selbst bei dem Wort ‚Leistung' innerlich nur Ingrimm empfinden. An anderer Stelle machen sich Skepsis und Resignation breit, ob es auf dieser Welt überhaupt noch eine sinnvolle Arbeit und etwas Sinnvolles zu produzieren gibt. Werden wir nicht bald einen globalen Mangel an Arbeit verwalten müssen? Wäre es nicht vielleicht besser, die Kinder in der Schule auf die möglichst kreative Gestaltung ihrer überreichlichen Freizeit vorzubereiten?

Dies ist nur die eine Seite des Meinungsbildes. Auf der anderen Seite herrscht die hartnäckige Überzeugung, dass man seinen Kindern nur über den höchstmöglichen Schulabschluss das höchstmögliche Lebensglück verschaffen könne. Auf jeden Fall sollen es die Kinder einmal besser haben als man selbst. Sie sollen den unerfüllten Lebensplan der Eltern oder Großeltern vollenden. Auf die Schule hageln Vorwürfe ein, dass sie den Kindern nicht genügend, nicht das Richtige, nicht auf die richtige Weise beibringe. Die Schule nimmt sich diese Kritik zu Herzen und produziert immer neue Lehrpläne mit immer neuen (alten) Inhalten und Methoden. Die Leistungsorientierung dieser Gesellschaft ist ungebrochen. Ein Wertewandel ist nicht in Sicht.

Kinder mit „Begabungsmängeln" gelten als die Verlierer unserer Gesellschaft. Diese Kinder leiden vor allem dann unter

Angst, wenn sie zu den Schlusslichtern in ihrer Klasse gehören, also zu Versagern innerhalb der Gruppe, der sie angehören wollen oder sollen. Und noch etwas kommt hinzu: Ein Kind mag zwar bei der Auswahl einer bestimmten Schule mithelfen dürfen, es hat aber keine Wahl, welcher Art von Familie es angehören will. Unweigerlich wird das Kind seine Fähigkeiten mit jenen der anderen Familienmitglieder vergleichen. Wenn das Kind in einer Familie lebt, in der es von erfolgsgewohnten Menschen und Leistungsträgern umringt ist, denen es nicht das Wasser reichen kann, wird es sich ständig entwertet fühlen, auch wenn die Eltern nicht müde werden zu beteuern, dass ihnen jede Schulform recht sei und sie sich ganz nach dem Willen des Kindes richten. Selbstverständlich muss ein solches Kind mehr wollen, als es kann. Die Tragik ist vorgezeichnet.

Kein Kind kann ohne Erfolg und Anerkennung leben. Das Kind muss sich einer sozialen Umgebung zuordnen können, in der ihm Anerkennung auf ehrliche Weise zuteil wird, nicht nur als Gnadenakt oder aus Wohlwollen. Kinder, die schulisch andauernd überfordert sind, „erlernen" ihre Hilflosigkeit. Sie glauben schließlich zutiefst an ihre eigene Unfähigkeit: Was immer sie tun und wie immer sie sich anstrengen, der Erfolg steht in keinem vernünftigen Verhältnis zum Aufwand.

Der gut gemeinte Versuch, diese Kinder zur Leistung zu ermutigen, steigert nur ihre Versagensangst. Angst macht in aller Regel dumm. Nur geringe Dosen von Angst, mit Lust vermischt, bieten vielleicht einen Ansporn. Für viele Kinder, die nicht mehr an ihre Fähigkeiten glauben, ist die Hürde, die sie überspringen müssten, viel zu groß. Sie entscheiden sich für ein negatives Heldentum: Sie verweigern absichtlich jede Bemühung. Damit haben sie ein Alibi für ihr Versagen. Sie können sich im Glauben wiegen, dass sie mehr geleistet hätten, wenn sie nur gewollt hätten. Weitere Missverständnisse sind leider die Folge: Hat dieses Kind nun aus Angst versagt, hat es nicht gewollt oder hat es nicht gekonnt?

In den meisten dieser Fälle ist die Antwort unbequem, aber einfach: Das Kind hat nicht gekonnt. – Aus diesem Grund hat es Angst gehabt. Und daher hat es erst gar nicht gewollt.

# Narzisstische Leistungsangst

Mutter von Ronnie, 12 Jahre alt: „Mein Sohn ist ein wenig eitel und ein wenig verträumt. Er prahlt gern mit dem neuen Auto seines Vaters, mit dem Geld seiner Eltern, mit seinem neuen Mountain Bike und seinen Rollerskates. Er erzählt auch Phantasiegeschichten, wo er schon überall war, und anderen Unsinn, der uns Eltern in Verlegenheit bringen könnte. Bei seinen Freunden ist er nicht besonders beliebt. Das hält ihn aber nicht von diesem Unsinn ab. Er führt mich gern spazieren, hakt mich unter und will von seinen Klassenkameraden dabei gesehen werden. Ich denke, es wäre besser, wenn er sich mit denen verabreden würde, statt mit seiner Mutter im Ort herumzulaufen. Ich bin schließlich nicht seine Frau. Auch dann nicht, wenn der Papa auf Geschäftsreisen ist. Das sage ich ihm auch im Spaß manchmal so wörtlich.

Wenn er in der Schule eine gute Note schreibt, wird er übermütig. Er glaubt, er sei ein Genie und lernt nicht mehr. Schon deshalb verhaut er dann die nächste Klassenarbeit. In der Grundschule war er noch wirklich super gut. Als er am Gymnasium Dreien schrieb, brach für ihn eine Welt zusammen. Er zitterte vor Angst vor den nächsten Klassenarbeiten und hat uns Eltern verrückt gemacht. Ich muss sagen, ich kann mich nur schwer aus seinen Stimmungen, seinen Hoffnungen und Verzweiflungen heraushalten. Er kriegt eine Mordswut auf manche Lehrer, die ihm schlechte Noten geben. Ich soll ihm dann immer Recht geben. Aber das kann ich nicht. Ich würde ihn damit in seiner unrealistischen Selbsteinschätzung noch unterstützen. Wenn ich so etwas zu ihm sage, läuft er weinend aus dem Zimmer. Eine typische Situation ist folgende: Er macht Hausaufgaben und will unbedingt, dass ich ihm dabei zuschaue und ihn bewundere. Ich sage: ‚Nein, ich habe keine Zeit, außerdem vertragen wir uns nicht dabei.‘ Er bettelt, ich solle nur ganz kurz gucken. ‚Also gut.‘ Er zeigt mir, wie er ein Dreieck berechnen kann. Ich verstehe es aber nicht und entdecke in seinem Ansatz einen logischen Fehler. Soll ich es ihm sagen? Ich frage ihn: ‚Bist du sicher, dass euer Lehrer euch das so erklärt hat?‘ ‚Natürlich hat er es so erklärt! Du hast keine Ahnung, was verstehst du davon‘, schreit er in höchster Erregung. Ich versuche es noch einmal. Er springt auf, wirft den Stuhl um, schleudert den Füller auf den Boden, läuft raus und tritt mir für den Rest des Tages nicht mehr unter die Augen. Ich weiß schon, was er später sagen wird: Er wollte doch nur gelobt werden und hatte mich nicht um Kritik gebeten. Das soll ich dem Lehrer überlassen. Aber sagen Sie einmal ehrlich: Ich kann ihn doch nicht für etwas Falsches loben!"

Hinter dem verkrampften und übersteigerten Leistungswillen eines Kindes kann sich das Verlangen nach Mutterliebe verbergen. Diese wird dringend und verzweifelt ausgerechnet im Zusammenhang mit den Schulleistungen zum Ausdruck gebracht und droht in Verzweiflung umzuschlagen. Es ist nicht auf den ersten Blick – und oft überhaupt nicht zu durchschauen, warum manche Kinder sich nicht genügend geliebt, beachtet und anerkannt fühlen. Alle Erklärungsversuche für dieses seelische Problem beschäftigen sich mit der frühesten Kindheit. Zu dieser Zeit spielt die Frage der späteren Schulbildung (hoffentlich) zur Bewertung des Kindes noch keine Rolle. Jedes Kind sollte sich am Lebensbeginn darauf verlassen können, ‚bedingungslos‘ geliebt zu werden. Diese Liebe beruht darauf, dass es das Kind überhaupt ‚gibt‘, also nicht auf seinem besonderen Liebreiz und nicht auf seinen Begabungen oder Fähigkeiten. Narzisstische Beziehungsstörungen entstehen aus dem Zweifel, ob diese Liebe zwischen Mutter und Kind ausreichend vorhanden ist. Sie entstehen nicht, weil sich eine Mutter tatsächlich zu wenig um ihr Kind gekümmert oder dieses nicht geliebt hat. Sehr wohl beruht die Störung jedoch auf zwiespältigen Gefühlen zwischen Mutter und Kind, die beide nicht bereinigen können.

Mit dem Erreichen des Schulalters wirken sich narzisstische Störungen zwischen Mutter und Kind so aus, dass das Kind ausgerechnet  aufgrund seiner Schulleistungen von der Mutter bewundert und geliebt werden möchte. Dabei sitzt dem Kind stets die Angst im Nacken, das dieses Vorhaben erneut misslingen könnte. Narzisstisch gestörte Kinder können auch dann, wenn sie schulisch erfolgreich sind, bei leiser Kritik und kleinen Fehlern, die man ihnen aufzeigt, enorm kränkbar sein und zusammenbrechen. Sie bewahren sich heimlich ein Traumbild von ihrer eigenen Unantastbarkeit und Größe. Das Traumbild passt leider nicht auf die enttäuschende Wirklichkeit.

## Teilleistungsschwächen, Hochbegabungen und Aufmerksamkeitsstörungen

Mutter des neunjährigen Grundschülers Dragan: „In den ersten beiden Schuljahren war die Verwirrung am größten, ob er dort bleiben kann oder in die Förderschule, das heißt die Sprachheilschule, wechseln soll, und was besser für ihn ist, dableiben oder wechseln. Wechseln wäre auch nicht schön gewesen. Er hätte weit fahren müssen. Die Lehrer waren auch sehr unterschiedlicher Meinung, ob sie Dragan ausreichend fördern könnten oder nicht. Ich habe mich gewundert, dass die Lehrer so unsicher sind. Sie haben doch bestimmt immer wieder einmal einen solchen Fall. Ich muss zugeben, dass die erste Klassenlehrerin für Dragan viel Zeit geopfert hat und sich um die anderen Kinder vielleicht nicht genug kümmern konnte. Vielleicht hat Dragan von daher einen schwierigen Stand in der Klasse. Dragan verstand nie, was die Lehrerin zur Klasse sagte. Sie musste immer extra zu ihm hin und es noch mal erklären. Dabei ging das Gejohle und Gehänsel los. Dragan schrie dann und ging auf die anderen Kinder los.

Dragan war damals völlig fertig, ich wurde immer wieder zur Lehrerin zitiert, weil er einen Weinkrampf oder einen Wutanfall bekommen oder die Mitarbeit verweigert hatte. – Dragan hat erst mit vier Jahren sprechen gelernt. Sein Wortschatz ist gering. Wir haben in den ersten Jahren zu Hause fast nur Kroatisch gesprochen. Die BK-(Bildende Kunst-)Lehrerin war die erste, die sich für Dragan einsetzte. Sie war beeindruckt von den schönen Bildern, die er malen konnte. Er war ein guter, schneller Rechner. Die Buchstaben hat er rasch gelernt. Er konnte sich auch geschriebene Worte gut merken, aber nicht nach Diktat schreiben. Zuhause wusste er nie, was er aufhatte, bis die zweite Lehrerin, die er jetzt hat, beschloss, alles in sein Heft zu schreiben. Nachmittags geht er seit langem in eine Therapie, wo er übt, nach dem Gehör Aufgaben zu lösen und ähnliche Sachen. In der Schule wurden seine Diktate zwei Jahre lang nicht benotet. Trotzdem ist er schrecklich empfindlich, dass er für dumm oder für blöd gehalten werden könnte. Zurzeit haben wir das Problem, dass er aus geringfügigem Anlass seine Mitschüler schlägt, wenn sie über ihn reden und lachen, auch wenn sie es nicht böse meinen. Er kann sich überhaupt nicht anders wehren."

Das Leistungsprofil bei Kindern mit Teilleistungsschwächen weist Höhen und Tiefen auf. In einigen Bereichen, die im Intelligenztest gemessen werden, schneiden die Kinder gut ab, in anderen deutlich schlechter. Typische Teilleistungsschwächen betreffen die Lese-Rechtschreibschwäche, die Rechenschwäche, eine auditive oder eine visuelle Wahrnehmungsschwäche. Diese Schwächen wirken sich in der Schule so aus, dass die Kinder zeitweise gute Leistungen bringen, dann aber wieder Einbrüche erleiden. Die Schwankungen haben mit der zusätzlichen Anstrengung zu tun, welche die Kinder leisten müssen, um Lerninhalte aufzufassen. Dabei machen sie immer wieder einmal schlapp und verlieren die Motivation. Sie ärgern sich und sind enttäuscht über sich selbst, weil sie merken, dass sie hinter ihren eigenen Ansprüchen zurückbleiben. Sie müssen beim Lernen und Verstehen zum Teil mühevolle Umwege gehen. Diese kosten Zeit. An bestimmten Etappen des Lernvorganges bleiben sie hängen, zum Beispiel dort, wo Gehörtes oder Gesehenes im Gedächtnis zwischendurch gespeichert und dann wieder abgerufen werden muss. Wenn die Kinder eine schwierige Etappe mit Hilfen überwunden haben, begreifen sie den Rest der Aufgabe wieder mühelos.

Kurioserweise wird bei Kindern, die trotz guter Begabungen in der Schule versagen oder sich verweigern, immer häufiger die Vermutung der „Hochbegabung" ins Spiel gebracht. Verantwortlich für diese Vermutung sind populäre Publikationen, die Hochbegabungen mit nahezu allen gängigen Verhaltensstörungen in Verbindung bringen. Erklärt werden diese mit der „Unterforderung" der Kinder und der Missachtung ihrer speziellen Bedürfnisse. Hier gilt es jedoch ein Missverständnis aufzuklären: Gut und sehr gut begabte Kinder können sich in aller Regel glücklich schätzen, dass sie geringere und nicht ausgerechnet stärkere Probleme haben als andere Kinder! Hochbegabte fallen nur dann mit ihrem Verhalten auf oder drohen im normalen Schulbetrieb zu versagen, wenn sie neben ihren Stärken auch Schwächen aufweisen. Typische Schwächen in Teilbereichen wurden bereits genannt. Hinzu kommt, dass es unter Menschen mit speziellen Begabungen überdurchschnittlich häufig solche gibt, die sich aufgrund autistischer Züge im zwischenmenschlichen Verkehr nicht zurechtfinden. Die Verzweiflung und Schulangst dieser autistischen Kinder rührt nicht daher, dass ihre Begabungen übersehen werden, sondern daher, dass sie im normalen und alltäglichen Sozialverkehr mit ihren Klassenkameraden überfordert sind. Auch abseits des Autismus kommen natürlich spezielle und begrenzte Begabungen vor, die im üblichen Schulbetrieb zu kurz kommen und nur unter besonderen Bedingungen gefördert werden können. Es versteht sich von selbst, dass solche Begabungen nicht übersehen werden dürfen.

Schließlich seien noch die typischen Schwankungen im schulischen Leistungsvermögen und in der Motivation bei Kindern mit Aufmerksamkeitsdefizit-Syndrom (ADS) erwähnt. Dieses kommt unabhängig von den bislang beschriebenen Teilleistungsschwächen vor, geht aber mit diesen auch vielfältige Verbindungen ein, sodass bei unsauberer Definition viel zu viele Kinder in den Verdacht des ADS geraten. Vor allem viele jüngere Kinder am Beginn ihrer Schullaufbahn sind noch unkonzentriert und ablenkbar. Die fortschreitende Reifung des Nervensystems führt glücklicherweise dazu, dass dieses Problem im Laufe der Grundschulzeit von vielen Kindern ganz von allein überwunden wird. Eine hohe Ablenkbarkeit bei Grundschülern ohne Hinweise auf ernste Verhaltensprobleme in anderen Lebensbereichen, zum Beispiel in der Familie, darf nicht als „Krankheit" (ADS) bezeichnet werden. Es handelt sich um Spielarten der normalen Entwicklung. In gewissem Sinne ist auch das ADS eine Form der Teilleistungsstörung.

Ablenkbare Kinder müssen im Klassenzimmer und bei den Hausaufgaben ständig geführt, motiviert und in der Spur gehalten werden. Diese erzieherische Arbeit erfordert Zeit und Geduld. Wenn diese Kinder unter Zeitdruck geraten und wenn man wegen gelegentlicher „Sternstunden" generell zu hohe Erwartungen an sie richtet, brechen sie ein. Es ergibt zwar durchaus einen Sinn, mit diesen Kindern zu „üben". Noch wichtiger ist es aber, ihre Motivation mit allen Mitteln zu erhalten.

Ganz gut gelingt dies, indem man ihnen neue Lerntechniken zeigt und Belohnungssysteme einführt. Bisweilen gelingt dies aber auch nur, indem man den Leistungsdruck zurücknimmt. Übungstherapie kann schlussendlich vom Kind als Leistungsdruck empfunden werden. Unaufmerksame und zerstreute Kinder leben mit der unvermeidbaren Situation, gegängelt und reglementiert zu werden. Klares und konsequentes Erziehungsverhalten ist in der Tat bei diesen Kindern die richtige Wahl. Umso wichtiger ist es, ihnen auch Raum zur Erholung und freien Entfaltung zu geben. Es empfiehlt sich weiterhin, diesen Kindern für ihren Bildungsweg Zeit einzuräumen. Ältere Kinder und Jugendliche können die genannten Schwächen deutlich besser ausgleichen. Sie bringen auch mehr Geduld auf als jüngere Kinder und können die gebotenen Möglichkeiten der schulischen und beruflichen Weiterbildung nützen. Voraussetzung ist, dass sie nicht bereits in den ersten Schulklassen den Glauben an sich verloren haben. Schulängste und Entmutigungen, die ein Kind am Beginn der Schullaufbahn erfahren musste, können lange Schatten werfen.

## Schulphobie bei Jugendlichen

Eltern des inzwischen achtzehnjährigen Rudi, der seit seinem 15. Lebensjahr keine Schule mehr besucht und seine Zeit in seinem gut eingerichteten Zimmer des elterlichen Hauses verbringt. Mutter: „Rudi ist unser jüngster. Wir haben noch zwei ältere Kinder, die schon verheiratet sind. Sie sind aus meiner ersten Ehe. Es begann vor zweieinhalb Jahren mit einer Klassenfahrt nach Italien. Dort muss es eine Auseinandersetzung zwischen Rudi und seinem Freund wegen eines Mädchens aus der Parallelklasse gegeben haben. Kurz darauf zog noch ein anderer Freund weg und Rudi hatte nicht mehr allzu viel Anschluss in der Klasse. Aber man kann auch nicht sagen, dass er ein Außenseiter war. Leistungsmäßig war er guter Durchschnitt, er hat eine graphische Begabung und wir haben immer erwartet, dass aus ihm einmal ein Architekt wird. – Nach der Klassenfahrt wurde Rudi krank. Erst war es eine richtige Magenschleimhautentzündung. Dann waren wir im Urlaub mit ihm. Dann schlossen sich verschiedene Krankheiten an, bei denen wir nicht so recht wussten, wie ernst wir sie nehmen sollten. Rudi hat uns mit seinen Beschwerden ziemlich verrückt gemacht. Mal war er überzeugt, er habe Blutkrebs, dann wieder war es ein ungeklärter Schwindel, dann Kopfschmerzen und die Angst vor einem Hirntumor. Er fand, dass sein Hals zu dick sei und sah sich immer im Spiegel an. Seine Schilddrüse sei vergrößert. Er aß nicht mehr regelmäßig mit uns und wenn, dann seine eigenen Sachen. Ich war zunehmend genervt. Ich wurde täglich, ob ich wollte oder nicht, in Streitgespräche über Rudis Symptome verwickelt und sollte sagen, ob sie gefährlich seien. ‚Dann geh' doch zum Arzt, wenn es unbedingt sein muss.' … ‚Wenn du meinst, es muss nicht sein, dann gehe ich eben nicht.' … ‚Doch du gehst, sonst gibst du ja doch keine Ruhe.' … ‚Willst du meine Schmerzen haben? Mir hilft ja doch keiner.' … ‚Dann gehe ich eben mit dir zum Arzt.' … ‚Zu dem Arzt gehe ich nicht mehr, der glaubt mir doch nicht.' … ‚Dann gehen wir eben zu einem anderen.' Ich hielt diese Diskussionen für absurd, habe mich aber dabei ertappt, wie ich selbst Angst um Rudi bekam, dass er etwas haben könnte. Manchmal habe ich dieselben Beschwerden bei mir entdeckt, die er bei sich beschrieben hatte! Es war der reinste Terror. Ich sagte auch: ,Ich rede nicht mehr mit dir darüber.' ,Gut dann rede ich auch nicht mit dir.' Dann saßen wir beide in unseren Zimmern und haben gelauscht, welche Bewegungen der andere macht. – Zur Schule ging Rudi damals schon Monate nicht mehr."

Der Vater von Rudi: „Das kam so. Er wollte nach der längeren Pause nicht mehr in seine alte Klasse zurück. Er wollte sich nicht den peinlichen Fragen stellen. Das habe ich akzeptiert. Ich habe ihn bei einem anderen Gymnasium angemeldet. Der Direktor hatte volles Verständnis und sah in dem Vorgang kein Problem. Das Problem war, dass er in diese Schule auch nicht ging. Ich wurde nun etwas gereizt. Rudi merkte das wohl. Er versprach mir hoch und heilig, er würde mich nicht noch einmal in eine solche Verlegenheit bringen. Um Gerede im Ort abzuwenden, habe ich ihn dann in einer Privatschule angemeldet. Das hat uns im Voraus eine größere Summe gekostet. Drei Tage ging er in diese Schule! Dann sagte er, keine zehn Pferde würden ihn dort mehr hinbringen. Nun waren wir wirklich verzweifelt. Die Blamage hätte nicht größer sein können. Von dem Geld will ich gar nicht reden. Monatelang habe ich bei Anrufen der Schule Ausreden gebraucht, bis ich ihn richtig abgemeldet habe. Eine Zeitlang war er noch formell bei der örtlichen Hauptschule und Berufsschule gemeldet. Es hat aber niemand Schritte unternommen, ihn dorthin zu zwingen."

Die Mutter von Rudi: „Am Anfang hat er sogar noch Anrufe von einigen Bekannten aus der alten Klasse bekommen. Ich kann mich erinnern, dass er mit denen auch ein paar Mal ausgegangen ist. Schließlich wurde es Rudi wohl zu kompliziert, denen zu erklären, dass er weder in die Schule ging noch überhaupt irgendetwas tat. Er hat sie daraufhin abgewimmelt, keine Lust, keine Zeit. – Er besucht manchmal seine ältere Schwester. Wenn man ihn auf der Straße sieht oder ihn anspricht, kommt man nicht auf den Gedanken, dass etwas mit ihm nicht in Ordnung ist. Ich bin inzwischen mit meinen Nerven am Ende. Seit einiger Zeit gehe ich zu einem Psychotherapeuten. Wir haben auch schon andere Dinge versucht. Einmal ist uns von einem Therapeuten geraten worden, Rudi mit der Absurdität der Lage zu konfrontieren und ihm zu sagen, dass wir das nicht länger mitmachen würden. Wir sollten uns aus der Lage losreißen und einfach ein paar Tage zu zweit wegfahren. Rudi war davon tatsächlich sehr beeindruckt. Aber nicht so, wie wir es uns erhofft hatten. Er geriet in offene Wut und Verzweiflung. Er riss Bilder von der Wand. Er versuchte, mich in der Waschküche einzuschließen. Er war wie rasend. Er hinterließ uns dann einen Brief, in dem er uns erklärte, dass es ihm Leid täte, was er getan hätte, aber dass er ohne uns nicht leben könnte. Wir seien das Letzte, was er noch hätte. Die Tage außer Haus waren für uns keine

Erholung, sondern eine einzige Qual. Manchmal gab es später kleine Lichtblicke. Dann konnte man ganz offen mit Rudi sprechen. Das ist auch heute noch so. Die meiste Zeit lebt er zurückgezogen in seinem Zimmer. Er hält dort sogar einigermaßen Ordnung. Er hat dort einen Fernseher, Videorekorder, Computer, Zeichenbrett, Werkzeug, Lebensmittel, alles. Stellen Sie sich einmal vor, was die Leute über uns denken würden, wenn wir ihnen unsere Lage schildern würden. Nicht einmal unsere Verwandten wissen, was bei uns los ist. So ist es. Wir wissen nicht, was sich je daran noch ändern wird. Jedenfalls ist Rudi nicht bereit, in eine Therapie zu gehen."

Von Jahr zu Jahr ihres Lebens müssen sich die Kinder mit veränderten äußeren Bedingungen auseinander setzen und erleben dabei zumeist auch einen Zuwachs ihrer eigenen Möglichkeiten: Lehrerwechsel, längere Schultage, Klassenfahrten ins Ausland, mehr Taschengeld, Erfahrungen in der Arbeitswelt durch Berufspraktika und Ferienarbeit, intensive Interessen für andere Personen, Verliebtheiten und Bindungswünsche an das andere Geschlecht, die Erfahrung, von jemand anderem sexuell begehrt zu sein, außerhäusige Aktivitäten, Einladungen, Entscheidung über Mitwirkung in einem Verein oder einer Jugendgruppe. Immer mehr Lebensbereiche und Geschmacksbildungen können und sollen nicht mehr mit den Eltern geteilt werden oder werden von diesen sogar abgelehnt.

Alte Ängste können abgeschüttelt werden, neue Ängste tauchen möglicherweise auf. Es kommt auch vor, dass ein Jugendlicher, der in der Kindheit nahezu angstfrei war, unerwartet von Ängsten heimgesucht wird, die ihn nun bei der Entfaltung seines Lebens als Jugendlicher behindern. In der Pubertät werden die Karten der seelischen Entwicklung gleichsam noch einmal neu gemischt. Die Eltern können sich mit einem Kind vor eine vollkommen neue Situation gestellt sehen. Ab der Pubertät entwickeln sich seelische Störungen, die ins Erwachsenenalter überdauern: Essstörungen, Zwangsstörungen, Depressionen. Dies war schon immer so.

Relativ neu und in rascher Zunahme begriffen aber ist die Erscheinung, dass Jugendliche, die bislang die Schule problemlos besucht haben, den Schulbesuch einstellen und ‚schulphobisch' werden. Dieses Phänomen ist noch rätselhaft. Etwa nach einer Bagatellerkrankung kehren diese Jugendlichen nicht in die Schule zurück. Sie haben dort weder unter Leistungsproblemen noch unter deutlichen sozialen Schwierigkeiten zu leiden gehabt. Auch wenn sie nicht direkt im Mittelpunkt ihrer Schulklasse gestanden haben, sind sie keineswegs völlige Außenseiter gewesen. Sie besorgen sich nun Atteste von verschiedenen Ärzten, entwickeln psychosomatische Beschwerden vielfältiger Art oder ängstigen sich übertrieben, dass sie krank sein könnten. In wieder anderen Fällen geben sie einem Mitschüler oder Lehrer die Schuld an der entstandenen Lage oder verzichten ganz auf Rechtfertigungen. Sie sind keine „Schulschwänzer", sie zeigen den Eltern ihren Zustand ganz offen und verbergen ihn nur gegenüber der Schule. Sie bleiben zu Hause. Ein Schulschwänzer würde sich zur Schule abmelden, dort aber nie auftauchen und stattdessen durch die Ladenpassagen der Innenstadt ziehen, bis die Schule aus ist. Er würde sein Schwänzen vor den Eltern geheim halten.

Eine Zeitlang bekommen die Jugendlichen noch Besuch von der Schulklasse und halten ein paar Nachmittagstermine aufrecht, zum Beispiel den Sportverein und privaten Unterricht für ein Musikinstrument. Sie wirken dabei normal und ungezwungen. Diese Kontakte schlafen jedoch ein. Der Vorrat an Gemeinsamkeiten wird aufgebraucht, der Lebenskreis schrumpft schließlich ganz auf die Familie zusammen. Das Verhalten dieser Jugendlichen und die hierdurch entstehende Situation der Familie erinnert an die Schulphobie bei Schulbeginn, wo sich das Kind nicht von der Mutter lösen kann. Alte Bindungen zu und Abhängigkeiten des Kindes von den Eltern kommen wieder zum Vorschein. Hinzu kommt eine tiefe innere Unzufriedenheit mit der eigenen Person, mit der gesamten Umwelt und mit den Eltern. Die Unzufriedenheit wird vor allem an letzteren ausgelebt.

Im Grunde nehmen die Jugendlichen es sich selbst und den Eltern übel, dass sie sich aus der Abhängigkeit nicht befreien können. Die Familien wirken nach außen abgeschlossen und gewähren wenig Einblick. Bisweilen nötigt der Jugendliche seine Mutter, sich mit ihm zu verschiedenen Ärzten zu begeben und mit ihm die Angst auszustehen, er könnte ernsthaft krank sein. Die Jugendlichen sind hässlich und tyrannisch zu ihren Eltern und bringen sie an den Rand der Demütigung. Die Scham hierüber verbietet es den Eltern, irgendjemanden einzuweihen. Die Schulphobie bei Jugendlichen wird immer häufiger. Fast jede weiterführende Schule und jede Erziehungsberatungsstelle oder kinderpsychiatrische Praxis kennt inzwischen solche Fälle zur Genüge. Bisweilen wenden sich nur die Eltern an einen Therapeuten, und das betroffene Kind weigert sich mitzukommen.

Zu Recht darf man vermuten, dass das Auftreten der Schulphobie etwas mit den gesellschaftlichen Rahmenbedingungen zu tun hat. Es scheint, als würden die schulphobischen Jugendlichen ihre eigene Familie an den Pranger stellen, so behütet und wohlgeordnet diese Familien auch immer sein mögen. Was damit am Pranger steht, sind keine „bösen" Familien, die sich etwas vorzuwerfen hätten, allenfalls depressive und ratlose Familien, die sich in eine absurde Lage versetzt sehen, wo sie unfreiwillig zusammen mit dem Kind aus der „normalen" Gesellschaft ausgeschlossen sind. Sie müssen tatenlos ansehen, wie sich ihr Kind seinen Weg in die Zukunft verbaut.

Möglicherweise kommt im Verhalten der Kinder eine Angst vor einer feindlichen, abweisenden Gesellschaft zum Ausdruck. Die Jugendlichen verstecken sich in der Familie, ohne dort den gewünschten Schutz vor der feindlichen Welt zu finden. In der Tat kann keine Familie diesen Schutz geben, wenn es die Gesellschaft nicht ihrerseits fertig bringt, einen Teil der Schutzfunktion zu übernehmen. Dennoch hat man den Eindruck, als würden die Jugendlichen ihren Eltern vorwerfen, sie hätten sie nicht gut genug auf die Unwirtlichkeit der Gesellschaft vorbereitet. Möglich wäre, dass die Eltern das Kind zu eng an sich gebunden haben.

Aber auch in einem solchen Fall hätte die Gesellschaft eine Mitverantwortung. Sie müsste Familien durch geeignete Rahmenbedingungen davor schützen, ihre Kinder zur eigenen Angstbewältigung bei sich festzuhalten. Die Familien müssten sich selbst in der Gesellschaft besser gehalten fühlen. Das Problem könnte also im Auseinanderdriften von Familie und Gesellschaft liegen. Eine allzu anonyme und unwirtliche Welt darf sich auf ihre „heimeligen" Familien als Horte der Geborgenheit nichts einbilden: Rettungsinseln auf dem Ozean sind keine Alternativen zu festem Land. So wäre immerhin denkbar, dass schulphobische Jugendliche die heutige gesellschaftliche Wirklichkeit mehr noch als ihre eigenen Eltern an den Pranger stellen.

## Angst in der Schule – in aller Kürze

Wie entsteht Angst in der Schule?

- Sie entsteht nicht immer auf die gleiche Weise. Verschiedene Ursachen können zu ihr beitragen.
- Sie kann aus Schwierigkeiten von Mutter und Kind herrühren, sich voneinander zu trennen.
- Sie kann dadurch ausgelöst werden, dass ein weniger durchsetzungsfähiges Kind zum Opfer eines böswilligen Gruppengeschehens wird.
- Sie kann dadurch ausgelöst werden, dass zwischen dem Kind und einem bestimmten Lehrer eine negative Gefühlsübertragung entsteht. Hier spielen charakterliche Besonderheiten des Lehrers eine Rolle.
- Sie kann auf der Grundlage charakterlicher Besonderheiten des Kindes entstehen. Es gibt Kinder, die sich mit den sozialen Anforderungen in der Schule nicht gut zurechtfinden („Ich-Schwäche").
- Sie kann auf der Grundlage so genannter „narzisstischer" Probleme des Kindes entstehen. Es gibt nämlich Kinder, die mit Hilfe schulischer Leistungen verzweifelt gegen das Gefühl ankämpfen, nicht geliebt und anerkannt zu sein. Dieses Problem bezieht sich im Grunde auf die Familie.
- Sie kann ihren Grund in einer allgemeinen Überforderung haben. Dem Kind werden in diesem Fall ständig Leistungen abverlangt, die es nur unter großer Anstrengung und Entbehrung oder gar nicht erbringen kann.

- Sie kann ihren Grund in einer Teilleistungsschwäche haben. In diesem Fall zeigt das Kind teilweise mühelos gute Leistungen, zum Teil versagt es krass. Die Überforderung liegt in umschriebenen Teilbereichen der Intelligenz oder in einer Aufmerksamkeitsschwäche oder beidem.
- Sie kann der Gipfelpunkt einer Entwicklungskrise sein. Die Krise bezieht sich auf die Ablösung vom Elternhaus im Jugendalter.

Welche Denkanstöße ergeben sich?

- Die Schule ist die Messlatte, die Kinder überspringen müssen, wenn sie einen Weg aus der Familie heraus in die Gesellschaft finden wollen.
- Die Schule ist ein gestalteter Lebensraum für Kinder, welcher den Weg in die Gesellschaft ebnen soll.
- Die Schule ist geprägt durch kulturelle Traditionen, die von Land zu Land sehr verschieden sein können.
- Die Schule richtet Entwicklungshürden in Form von Leistungsanforderungen auf.
- Irgendwelche Hürden werden in der Entwicklung immer aufgerichtet. Im Zweifelsfalle baut sich das Kind solche Hürden selbst.
- Das Kind erlebt Leistung ursprünglich nicht als Joch. Kinder sind leistungsbereit und erleben Leistungen lustvoll.
- Die Gesellschaft, die Schule und die Eltern haben ein gespaltenes Verhältnis zum Leistungsprinzip. Dadurch wird den Kindern die Orientierung erschwert.
- Wie die Schule gestaltet wird und wie sie von den Kindern und Eltern erlebt wird, hängt unmittelbar vom Zustand der Gesellschaft und der Familien ab.
- Die Schule kann und sollte nicht als böse, fremde Welt betrachtet und angeprangert werden.
- Schulische Überforderung ist ein wichtiger, zentraler Faktor für psychische Krisen bei Kindern und Jugendlichen. Art und Ausmaß dieser Überforderung wird leicht unterschätzt.

Was sollen Eltern tun?

- Die Schule als außerfamiliäre Realität anerkennen und trotzdem Mitverantwortung für die Schule übernehmen.
- Bei Schulphobie dürfen sich die Eltern nicht über das Vorgehen streiten. Sie müssen eng mit der Schule zusammenarbeiten, damit das Kind Vertrauen zur Schule aufbauen kann.
- Bei Schulphobie keine ärztlichen Atteste erwirken. Das Kind nicht in eine Krankenrolle versetzen.
- Bei Schulphobie auch die psychotherapeutische Behandlung nicht als Alibi gegen den Schulbesuch einsetzen.
- Bei kontaktschwachen und wenig durchsetzungsfähigen Kindern nach Stützen suchen: nach einem Lehrer oder (besser:) einem Mitschüler als Beschützer und Fürsprecher.
- Die Eltern selbst müssen sich hingegen zurückhalten. Sie müssen sich die begrenzten Möglichkeiten klarmachen, das eigene Kind im Raum der Schule zu beschützen. Keine Elternaktionen im Alleingang! Alles vorher mit dem Kind absprechen.
- Bei Schulversagen: Die familiäre „Betriebsblindheit" bedenken. Nicht die Eltern, sondern das Kind selbst und seine Lehrer wissen in aller Regel am ehesten, welche Leistungen zurzeit zumutbar sind und welche nicht.
- Bedenke: Die meisten Kinder, die angeblich nicht lernen „wollen", wissen genau, dass sie nur unter großer Mühe „könnten", d.h. im Grunde „nicht können". Sie wollen dem vorprogrammierten Misserfolg ausweichen.
- Keine Hausaufgabenbetreuung durch die Mutter (oder den Vater), wenn diese Betreuung unter seelischen Strapazen für Mutter und Kind verläuft, wie auch immer diese Strapazen begründet sein mögen! Professionelle Nachhilfe ist besser.
- Faustregel: Alles tun, um die Lust an der Leistung nicht kaputtzumachen. Eher unterfordern als überfordern. Druck wegnehmen. Mehr Zeit einräumen, wenn ein bestimmtes Bildungsziel gewünscht ist. Spätere Möglichkeiten der beruflichen Weiterbildung bedenken.

# Angst bei Krankheit

## Einführung

Mutter eines dreijährigen Sohnes: „Eben hatte er noch auf der Schaukel gesessen, frech wie Rotz, und tat so, als könnte niemand ihm etwas anhaben. Schon längst sollte er herunterkommen und den anderen Kindern Platz machen. ‚Komm jetzt endlich von der Schaukel runter!‘ und: ‚Pass auf und halte dich wenigstens fest!‘, hatte ich gerufen. ‚Nein‘, hatte er zurückgerufen und kam sich großartig vor. Als er am Boden lag, schrie er ganz entsetzlich und war nicht zu beruhigen. Ich frage mich, ob es wirklich so wehgetan hat, das Blut am Kopf konnte er ja nicht sehen. Aber er dachte bestimmt, jetzt habe ich der Mama nicht gehorcht und darum bin ich von der Schaukel gefallen. Diese prompte Strafe hat ihn wohl fassungslos gemacht. Er tat mir natürlich Leid. Aber eigentlich geschah es ihm wirklich nur recht.“

Der dreizehnjährige Karl: „Was ist nun, wenn der Arzt mir eine Spritze gibt und es ist etwas Falsches drin und ich sterbe daran?“

Mutter von Karl: „Er hat schon lange eine Angst vor Spinnen. Unser größtes Problem ist aber jetzt seine Angst vor Spritzen. Seit zwei Jahren versuche ich ihn zum Zahnarzt zu bekommen. Jetzt wird es sehr dringend, sagt der Arzt. – Karl hat es zu Hause nicht leicht. Vielleicht kommen seine Ängste daher. Er hat einen sehr kranken Vater. Schon vor fünf Jahren hieß es, er würde bald sterben. Dann wurde er doch operiert, und sein Überleben glich einem medizinischen Wunder. Seither pflegen wir ihn zu Hause. Er ist fast hilflos, aber er hat durch die Folgen der Operation ein bösartiges Wesen. Früher hat Karl seinen Vater sehr geliebt, jetzt muss er sich täglich von ihm beschimpfen und schikanieren lassen. Manchmal halten wir es kaum noch aus. Wir denken manchmal, es wäre besser, wenn der Vater von diesem Leben bald erlöst würde. Das sind nur kurze Momente. Wir sind religiös und der Glaube hilft uns, stark zu bleiben und unsere Aufgabe zu erfüllen.“

Mutter des siebenjährigen Franz: „Er ist und bleibt ein außerordentlich anstrengendes unruhiges Kind, eines, wie ich es niemandem wünsche. Die einzige Zeit, wo ich ihm einmal näher kam – und er mir –, war während seiner Hirnhautentzündung, wo er mehrere Wochen im Bett lag und ich mich um ihn kümmern musste. Das konnte er annehmen.“

Ein Kleinkind, das binnen kurzer Zeit spürbar erkrankt, zum Beispiel Ohrenschmerzen mit hohem Fieber bekommt oder einen Unfall erleidet, versteht seine Lage nur mangelhaft. Es beginnt schon damit, dass es nicht weiß, ob der Zustand von den Eltern oder von ihm selbst ausgeht, ob er eine Strafe für Fehlverhalten ist und ob die Eltern ihm böse sind. Das Kind wird im Gesicht und im Verhalten der Eltern dringend nach Signalen und Erklärungen suchen. Das Kind wird Angst haben, in seiner Hilflosigkeit allein gelassen zu werden. Bei anhaltenden Schmerzen und der Untersuchung durch eine fremde Person wird das Kind schlimmstenfalls mit Panik reagieren. Bei unserem Beispiel wird der Arzt den Ohrenspiegel in den schmerzenden Gehörgang einführen und mit einer Kanüle Blut aus dem Arm holen. In seiner Hilflosigkeit muss das Kind, selbst wenn die Eltern in der Nähe sind, jeden derart massiven Zugriff einer fremden Person bedrohlich finden.

Bei Kleinkindern ist das Bewusstsein von der Ganzheit und Zusammengehörigkeit des eigenen Körpers noch nicht sicher genug ausgebildet. Bei schmerzhaften Eingriffen befürchtet das Kind, buchstäblich in Stücke zu gehen. Freilich wird das gleiche Kind, wenn es wieder gesund ist, seine Gesundheit erneut unbekümmert aufs Spiel setzen, es wird seinem Körper sogar mutwillig Schmerzen zufügen, etwa probieren, ob es sehr wehtut, wenn man sich die Zinken einer Gabel in den Arm drückt. Es wird dabei weitaus weniger Angst empfinden. Hier ist gut zu erkennen, wie sehr das Kind zur Kontrolle seiner Angst auf eine Situation angewiesen ist, die es zunächst einmal aktiv steuern kann. Das Gefühl, einer Situation passiv ausgeliefert zu sein und handlungsunfähig zu werden, erzeugt größere Angst als der Schmerz selbst.

Ältere Kinder haben bereits ausgebildete Phantasien über ihre Körperteile und Körperregionen. Diese Phantasien gestalten die Ängste nun entscheidend mit. Das Kind verfolgt mit Schaudern, wie das Blut aus dem Inneren des Körpers herausfließt, und erlebt den Verlust eines ureigenen Besitzes. Scharfe Gegenstände, Nadeln und Skalpelle dringen durch die Haut ins Körperinnere ein. Dieser Vorgang kann schon bei dreijährigen

Jungen die Angst wecken, ihren Penis zu verlieren, der ihnen als Attribut ihres Körpers sehr wichtig geworden ist. Ärztliche Eingriffe erregen auch Bestrafungsphantasien. Zahnärztliche Behandlungen lösen besondere Ängste aus, weil sich der betroffene Mundraum mitten im Kopf befindet, wo sich das Kind den Mittelpunkt des eigenen Ichs, also seiner Person, vorstellt. Die Angst vor Injektionen kann ab der Vorpubertät das Ausmaß einer schweren Neurose annehmen und einen inneren Kampf mit aggressiven und sexuellen Phantasien anzeigen.

Eine Krankheit bricht nicht „aus heiterem Himmel" herein, sondern reiht sich in andere Ereignisse ein, die im gleichen Zeitraum stattfinden. Diese mögen medizinisch nicht das Geringste mit der Krankheit zu tun haben. Im Erleben der Kinder, übrigens auch noch im Erleben mancher Erwachsener, ist es anders. Ein Kleinkind bringt alle Ereignisse des Tages und alles, was sonst seine Vorstellungen bewegt, mit dem Ausbruch der Krankheit in Verbindung. Durch diese Verbindung kann das Erleben der Krankheit dramatisiert werden, etwa wenn sich zu einer Kolik oder einem Brechdurchfall oder zu einem Unfall die Angst vor Bestrafung hinzugesellt.

Die Eltern hängen sich ungewollt in solche Ängste ein. Sie sagen oder denken: „Es ist zwar nicht schön, dass du jetzt krank bist, aber jetzt siehst du einmal, wie es ist, wenn man schwach ist ... Es tut dir gut, wenn du dich einmal nicht so aufspielen kann, wie du es sonst immer tust ... Da siehst du, wie es einem gehen kann ... Wie oft haben wir dir gesagt, wenn du so weitermachst, dann wird noch etwas passieren!" In den Wartezimmern der Kinderärzte ereignen sich derartige Kämpfe zwischen Eltern und Kind. Das Kind befürchtet, dass die Eltern den Arztbesuch zu seiner Disziplinierung unternehmen. Der Arzt muss in diesem Fall dringend durchschauen, dass er zum verlängerten Arm der Eltern zu werden droht. Die Krankheit kann im Zusammenhang mit anderen Tagesereignissen aber auch positiv verbucht werden. Sie kann helfen, einen Streit, den das Kind gerade mit den Eltern austrägt, zu besänftigen. Den Eltern kann es nun leichter fallen, sich dem Kind wieder zuzuwenden und Mitgefühl zu zeigen.

Wenn sich die Aufnahme eines kranken Kindes in der Klinik als notwendig erweist, werden hiermit weitere Ängste heraufbeschworen. Das Kind gelangt in eine vollkommen fremde Situation. Die Fremdheit ergibt sich aus der Berufskleidung, den Apparaten, dem andersartigen Tagesablauf, dem ständigen Auf- und Abtreten unterschiedlicher Personen, die unterschiedliche Aufgaben erfüllen. Zu keiner der Personen, die in einer Klinik arbeiten, kann das Kind eine Beziehung aufbauen. Es mangelt trotz der meist praktizierten ‚Bezugspflege‘ an einer besonderen Person, die für das Kind umfassend zuständig wäre. Dies ist vor allem für Kleinkinder ein Problem. Schulkinder sind im Umgang mit wechselnden Funktionsträgern bereits geübt.

Ein weiteres Problem bei der Klinikaufnahme ist die drohende Trennung von der Mutter. Diese Drohung trifft das Kind in einer Situation, in der es sich ohnehin besonders anlehnungsbedürftig fühlt. Solange das Kind noch jünger als vier Jahre ist (siehe Kapitel „Angst bei Trennungen"), kann es die Bedeutung der neuen Umgebung und die Notwendigkeit der Trennung nicht verstehen und die Dauer der Trennung nicht überblicken. Eine Mutter sollte sich daher zusammen mit dem Kind in der Klinik aufnehmen lassen (Rooming-in) und sich vor allem während des Tages in der Nähe des Kindes, nicht unbedingt stets an seiner Seite, aufhalten.

## Krankheitsverhalten, Krankheitsängste und Krankheitsverlauf

Melanie, vierzehn Jahre alt: „Ich bin schon immer mit Krankheiten ein wenig eigen gewesen. Als meine Oma einen Herzinfarkt hatte, wollte ich wissen, ob mein Herz gesund ist und bin mit ihr zu den Nachuntersuchungen gegangen. Meine ‚Herzphase‘ habe ich aber längst hinter mir. Das war vor zwei Monaten. – Man denkt ja nicht freiwillig an Krankheiten und Tod. Aber man liest einiges in den Zeitungen, und neulich ist bei uns in der Nachbarschaft jemand an einem Melanom gestorben. Der Mann hatte einen ganz normalen Leberfleck, und sechs Monate später war er tot. Zufällig habe ich dann an meinem Bauch

auch einen Leberfleck gefunden. Ich weiß, dass das nichts Besonderes ist. Andere haben unzählige Leberflecken. Ich fand es auch ärgerlich, dass ich immer wieder daran denken musste. Wir haben zu Hause so ein Gesundheitslexikon. Was da drinstand, konnte mich auch nicht gerade beruhigen: Das Ozonloch, die UV-Strahlung und so, Sie wissen schon. Es ist schwer, Ihnen diese Angst zu beschreiben. Jetzt, wo ich davon rede, kommt es mir auch weit weg vor. Aber wenn ich allein bin, dann geht das Grübeln wieder los. Ganz sicher. Zum Beispiel mein Name, Melanie. Vielleicht bin ich zu dieser Krankheit vorherbestimmt? Wie wäre es, wenn ich jetzt bald nicht mehr leben würde? Was würden meine Eltern empfinden, was meine beste Freundin? – Es war sehr komisch. Irgendwie war ich mir nicht mehr sicher, ob dieser Fleck schon früher da gewesen war, ob er größer, dunkler, erhabener geworden war. Ich bin dann zum Hausarzt gegangen. Der hat mich zum Spezialisten geschickt. Das hat mich schon einmal stutzig gemacht: Also war doch etwas dran! Der Hautspezialist wollte mich beruhigen. Er hat aber nur mit einer Lupe draufgeguckt. Ich habe danach in einer Zeitschrift gelesen, wie viele Fehldiagnosen gestellt werden, wenn man keine Speziallampen und Mikroskope benutzt. Meine Mutter war schon ganz närrisch, weil ich von nichts anderem mehr reden konnte. Ich konnte mich nicht mehr auf die Schule konzentrieren. Meine Mutter war dann bereit, mit mir in die Hautklinik zu gehen. Dort hat man mir angeboten, den Leberfleck herauszuschneiden, wenn es mir keine Ruhe ließe. Also doch. An diesem Abend konnte ich nicht einschlafen. Ich war fast in Panik."

Mutter eines Elfjährigen: „Unser Sohn hatte neulich eine Grippe. Nach einer Woche haben wir ihn zurück in die Schule geschickt. Er kam bald darauf wieder nach Hause und sagte, ihm sei so schlecht. Noch mehrmals in dieser und den folgenden Wochen passierte das Gleiche. Zuhause konnten wir ihn nicht besonders krank finden. Wir mussten ihn überzeugen, dass es keinen besonders guten Eindruck macht, wenn er morgens die Schule verlässt und nachmittags draußen spielt. Zwischendurch bekam er auch zu Hause ‚Anfälle', wo er plötzlich jammerte, ihm sei so schlecht, was sei bloß los mit ihm, man nehme ihn nicht ernst. Es war dann immer gleich hoch dramatisch. Er wollte ins Bett und alles. Wir schwankten zwischen Besorgtheit und Verärgerung. Wie viel Rücksicht sollten wir nehmen? Als es uns zu bunt wurde, sind wir noch einmal zum Kinderarzt. Der stellte dann fest, dass Marco Pfeiffer'sches Drüsenfieber hatte. Es hieß, wir müssten uns auf eine langwierige milde Krankheit einstellen. Es war tatsächlich so. Wir haben nie den Punkt bestimmen können, wo er wieder richtig gesund war. Wir sind die ganze Zeit den Verdacht nicht losgeworden, dass er seine ‚Krankheit' ausnutzt, um irgendwelche Vorteile zu ergattern."

Kevin, zehn Jahre alt, schon zweimal am offenen Herzen operiert: „Na klar kann ich Fahrrad fahren. Ich fahre immer zu meinem Freund ins nächste Dorf. (Allein?) Ja klar."

Mutter von Kevin: „Wir haben es ausprobiert, sind im Auto nebenhergefahren. Es geht jetzt ganz gut. Die Strecke ist abschüssig. Auf dem Rückweg holen wir ihn im Auto ab. Der Anstieg würde ihn zu sehr anstrengen."

Thomas, sechs Jahre, Bluter, beim Spielen hingefallen, jetzt haben die Eltern Angst, dass es durch die Prellung im Gelenk bluten könnte. Sie kommen in die Klinikambulanz und verlangen nach Dr. K. Der ist gerade nicht da. Die Eltern sind enttäuscht. Ein anderer Arzt gibt dem Jungen eine Injektion mit Gerinnungsfaktoren. Vater: „Eigentlich wohnen wir schon ein Jahr lang nicht mehr hier. Wir sind extra hierher gefahren, zwei Stunden auf der Straße, weil Dr. K. uns immer so gut behandelt hat. Dr. K. hat uns damals einen Überweisungsbericht mitgegeben. Den haben wir immer noch zu Hause. Wir wissen einfach noch nicht, wie es in der Klinik in R. aussieht, ob man da auch hingehen kann. Praktischer wäre es ja und auch näher. Aber das Vertrauen fehlt noch."

Eine Angst vor Krankheit kann zum Selbstläufer werden. Krankheitssymptome können ganz fehlen. Wir sprechen dann von Hypochondrie. Hypochondrische Ängste suchen vor allem die Neun- bis Vierzehnjährigen heim, oft nur für kürzere Zeit. Dem Kind und den Eltern wird bald klar, dass die Sorge, krank zu sein, relativ abwegig ist. Das Kind merkt aber, dass es sich gegen die Angst mit Verstandeskräften und Selbstüberredung nicht wehren kann. Es sucht nach Signalen im eigenen Körper, inspiziert die Körperoberfläche misstrauisch und bedrängt die Eltern mit seinen Vermutungen. Hypochondrische Anfälle werden oft durch tatsächliche Erkrankungen im Verwandtenkreis oder in der Schulklasse ausgelöst. Die Eltern sind am Ende so entnervt, dass sie selbst ein körperliches Unbehagen verspüren. Die hypochondrische Angst ist gleichsam ansteckend.

Wider besseres Wissen hoffen die Eltern, der Arzt möge doch endlich etwas finden oder ein für allemal erklären, dass nichts zu finden sei. Weder ein positiver noch ein negativer Befund kann freilich die hypochondrische Angst beseitigen. Denn hinter der bewussten Angst stehen andere unbewusste

Ängste: im klassischen Fall Ängste vor verräterischen körperlichen Zeichen oder Gefühlen, die mit der erwachenden Sexualität zu tun haben. Das Kind ist hierüber alarmiert und reagiert mit Schuldgefühlen. Auf der Flucht vor dem eigenen Großwerden wünscht sich der oder die Pubertierende zurück in die Kindheit und will näher an die Eltern heranrücken. Mit Hilfe der hypochondrischen Befürchtungen zwingt das Kind die Eltern tatsächlich, sich ihm wieder emotional zu nähern. Hinter der Angst vor dem Großwerden und vor der Sexualität steht auch die Angst vor dem Alleinsein und dem Tod.

Manche wirklich vorhandenen und nicht nur befürchteten Krankheiten haben einen verzögerten Verlauf über Wochen und Monate, obwohl die Beschwerden nur gering sind. Die bloße Dauer der Krankheit, die lange Zeit, in der mit dem Kind irgendetwas nicht in Ordnung ist, bereitet dem Kind und seiner Familie hierbei Probleme. Das Kind kann zum Beispiel lange Zeit Appetitstörungen haben, leicht ermüdbar sein, unter Übelkeit leiden. Zwischendurch hat es Phasen, wo ihm wenig Beeinträchtigung anzumerken ist, dann wieder klagt das Kind. Die Familie ist verunsichert, wie krank ihr Kind denn nun wirklich ist. Wie viel Schonung verdient es? Wie sehr sollen sie auf seine Probleme eingehen? Ist es ratsam, die Klagen des Kindes einfach zu ignorieren? Der milde Krankheitszustand ist schwer greifbar. Auch dem älteren Kind fällt es noch schwer, sich darüber mitzuteilen. Das Kind befürchtet, es könnte von den Eltern für gesund gehalten, überfordert oder nicht ernst genommen werden. Aus diesem Grund neigen diese Kinder zur Wehleidigkeit. Die Umwelt soll nun einmal nicht vergessen, dass irgendetwas nicht in Ordnung ist.

Solche milden, sich dahinschleppenden Krankheiten sind zum Glück irgendwann vorbei. Dies ist anders bei den wirklich chronischen Erkrankungen. Diese sind oft ein lebenslanges Schicksal der Kinder und der Familien und erfordern eine grundlegende Anpassung und Änderung der Lebensweise. Viele chronische Krankheiten sind angeboren oder frühzeitig im Leben erworben, zum Beispiel Herzfehler, Asthma, Mukoviszidose, Muskelerkrankungen, Hämophilie (Bluterkrankheit), Epilepsie, verschiedene Stoffwechselerkrankungen, Nierenversagen. Je jünger das Kind bei Beginn des Leidens war, desto tiefer wird die Abhängigkeit des Kindes von der Mutter ausgeprägt sein. Es ist für die chronisch kranken Kinder sehr schwer, sich einen Lebensraum zu schaffen, der frei ist von den Wahrnehmungen, Ängsten und Gedanken der Mutter. Manche Forscher haben versucht, die einzelnen Krankheiten mit der Herausbildung bestimmter Charaktereigenschaften zu verknüpfen: Herz- und Atemwegserkrankungen sollen Lebensangst und Abhängigkeitsgefühle hervorrufen. Behinderungen des Bewegungsapparates sollen Versagensängste und Selbstwertprobleme begünstigen. Man wird kritisch einwenden müssen, dass neben der Krankheit viele andere Lebensumstände und Eigenschaften der Kinder auf deren seelische Entwicklung einwirken können.

Eine Eigenschaft der meisten chronisch kranken Kinder hat sich freilich als typisch erwiesen. Diese Kinder streben danach, so weit wie möglich am normalen Leben teilzunehmen. Sie wollen keine Sonderrechte beanspruchen. Sie machen keine Anstalten, ihren Zustand zu übertreiben. Sie behaupten von sich am liebsten, dass sie ein fast normales Leben führen. Dies ist zumindest ihr Anspruch an das Leben, so schwer ihnen dessen Erfüllung auch fällt und so wenig ihnen unsere Umwelt dabei auch leider hilft.

Familien mit chronisch kranken Kindern halten ihrem Arzt und ihrem Krankenhaus lange die Treue. Dahinter verbirgt sich, kritisch betrachtet, eine einseitige Abhängigkeit. Die Familien können sich kaum erlauben, ihre Frustrationen, ihren Groll und ihre Unzufriedenheit zu zeigen – aus Angst, für undankbar gehalten zu werden und die notwendige Unterstützung zu verlieren. Wenn die Familie wegziehen muss, unternimmt sie oft lange Fahrten, um ihren alten Arzt oder ihre Klinik weiter aufzusuchen. In Kliniken mit Spezialabteilungen für chronisch Kranke wird heute viel getan, um den besonderen Bedürfnissen der kranken Kinder und ihrer Angehörigen besser gerecht zu werden und um ihnen tatsächlich eine Art medizinische Heimat zu geben.

Bekanntlich verlaufen viele chronische Krankheiten in Schüben und mit Verschlimmerungen, etwa chronische Darmentzündungen. Bösartige Tumoren und Leukämien können geheilt werden oder aber zurückkehren, auch noch nach langer Zeit. Die Angst vor solchen Gefahren muss von allen Betroffenen bis zu einem gewissen Grade verdrängt werden. Ohne eine solche Verdrängung ist kein annähernd normales Leben möglich. Die Verdrängung ist unvollständig, die Angst ist jederzeit abrufbar. Kreative Kinder versuchen, ihre Angst in eine erträgliche Form zu bringen. Sie geben ihrem Leben vor dem Hintergrund der ständigen Ungewissheit und Bedrohung eine besondere Würde und innere Kostbarkeit. Die Angst vor dem Tod ist bei chronisch kranken Kindern, während sie gesund sind, kaum ein Thema, das dem nicht Eingeweihten besonders auffiele. Die Auseinandersetzung mit dem Tod ist zu abstrakt. Sie passt in die meisten Alltagssituationen, in denen sich das Kind aufhält, nicht hinein. Wohl aber bringen die Kinder ihre Angst vor einer erneuten Krankheit zum Ausdruck und erwarten hierzu eine Stellungnahme der Eltern. Sie fürchten sich vor erneuten Schmerzen und vor dem Verlust ihrer körperlichen Unversehrtheit. Auch haben die Kinder Angst, wiederum aus den vielfältigen Freuden des normalen Lebens unter Gleichaltrigen ausgeschlossen zu werden. Somit wird aus der Angst vor dem Tod eine Angst vor Trennung und Verlust. Möglicherweise wird die Angst vor dem Tod im Denken der Menschen zeitlebens vor allem von dieser Verlustangst beherrscht. Genau auf dieser Ebene liegen auch die Möglichkeiten der Eltern, im Gespräch mit den Kindern die Angst zu bearbeiten und dem Kind zu versichern, dass sie bei ihm bleiben werden, es nicht allein und nicht im Stich lassen werden.

## Die Eltern beim Arzt oder in der Klinik

Mutter von Robert, vier Jahre: „Erst die Nachbarn, dann unser Hausarzt, dann meine Mutter, und jetzt kommen auch noch Sie: Jeder sagt etwas anderes. Eigentlich wollen wir diese Behandlung nicht. Aber die Verantwortung, wenn etwas schief geht, möchten wir natürlich auch nicht übernehmen! Wir werden den Verdacht nicht los, dass hier niemand weiß, was richtig ist. Warum sollen wir ausgerechnet Ihnen glauben, dass er operiert werden muss?"

Arzt in einer Kinderklinik: „Wenn ich mit bestimmten, besonders ängstlichen Eltern zu tun habe, beschleicht mich eine böse Ahnung: ,Gleich steche ich daneben, wenn mir die Eltern dabei zuschauen', zum Beispiel bei einer Rückenmarkspunktion. Das fängt damit an, dass die ängstliche Mutter das Kind ängstlich macht und es dann nicht stillhält, geht damit weiter, dass die Mutter das Kind nicht entschlossen genug festhalten kann, und hört damit auf, dass ich selbst von der allgemeinen Nervosität angesteckt werde und mein Selbstvertrauen verliere. Lieber sage ich gleich vorweg: ,Bleiben Sie einen kurzen Augenblick draußen, nach dem Eingriff können Sie sofort wieder zu Ihrem Kind', oder so ähnlich …"

Ärztin in einer Kinderklinik: „Wenn ich selbst Mutter wäre, wollte ich unbedingt bei meinem Kind bleiben. Also lasse ich die Eltern dabei, wenn ich Rückenmarkspunktionen durchführe. Bei Blutentnahmen sowieso. Ich muss aber zugeben, dass es viel Mühe bedeuten kann, nicht nur auf das Kind, sondern auch noch auf die Eltern aufzupassen, damit sie keine Angst bekommen. Ich würde einmal schätzen, dass bestimmt die Hälfte aller Eltern bei solchen Eingriffen keine große Hilfe ist. Trotzdem bleibe ich bei meiner Methode."

Mutter des fünfjährigen Anton: „Unser Anton sollte die Gaumenmandeln herausbekommen. Es hieß, es sei keine große Sache, abends könnten wir ihn wieder nach Hause mitnehmen. Der Abschied war vor der großen Tür des Operationstraktes. Eigentlich sollte er vorher schon ein Medikament erhalten, was ihn müde macht. Das wurde wohl vergessen. Ich hätte es gerne jemandem gesagt aber man weiß ja überhaupt nicht, wie man sich in einem solchen Krankenhausbetrieb bemerkbar machen oder durchsetzen soll. Überall huschen Leute herum, alle schwer beschäftigt, immer wieder andere. An wen soll man sich wenden? Die Schwester, die ihn abholte, zuckte nur mit den Schultern, sie war sehr jung, sie wusste von nichts. – Das Geschrei von Anton bei unserem Abschied war groß, ich habe ihn noch eine Weile in der Ferne schreien gehört. Dann wurde es still und die Zeit verging. Zwei Stunden blieb Anton hinter dieser Tür verschwunden. Niemand hielt es für nötig, mir zu erklären, warum diese kurze Operation so lange dauerte und was dort drinnen geschah. Später hieß es, ein Notfall sei dazwischengekommen. Andere sagten, er wäre halt so lange im Aufwachraum gewesen. Ich lief auf dem Gang auf und ab, traute mich nicht weg und fühlte mich sehr, sehr schlecht, wütend, ängstlich und ohnmächtig. Muss so etwas eigentlich sein? Hat in einer solchen Klinik niemand genug Phantasie, um sich die Situation der Eltern vorzustellen und etwas daran zu ändern? Von meinem Kind will ich gar nicht sprechen. Ich nehme an, dass er die meiste Zeit nicht viel mitgekriegt hat. Ich weiß, dass es anders geht. Ich habe aber von verschiedenen Seiten ähnliche Geschichten gehört. Solche Pannen kommen scheinbar noch viel zu oft vor."

Oberschwester in einer Kinderklinik (50 Jahre alt): „Ich kann mich noch an meine ersten Berufsjahre auf einer Säuglingsstation erinnern. Die Mütter durften nur zu einer bestimmten Zeit am Nachmittag zu ihren Kindern. Auf diese Zeiten achteten wir streng. Wir waren nicht unfreundlich. Aber wir fühlten uns den Eltern irgendwie überlegen, wir dachten, dass wir mit unserer Routine die kleinen Patienten ‚besser‘ pflegen könnten, gerade jetzt, wo sie krank waren. Wir achteten auch damals darauf, dass eine bestimmte Schwester für ein bestimmtes Kind zuständig war. Das hatte freilich zur Folge, dass man mit einzelnen Müttern zu tun hatte und mit ihnen in eine Konkurrenzsituation geriet, wer besser wüsste, was das Kind bräuchte. Wenn die Besuchszeit um war, komplimentierten wir die Eltern hinaus. Die Säuglinge waren viel länger in der Klinik als jetzt. Es gab bestimmte Schemata, und daran hielten wir uns. Die Eltern trauten sich nicht, etwas dagegen zu sagen. Jetzt ist die Partnerschaft zwischen den Eltern und uns Schwestern viel besser geworden. Wir können die Anwesenheit der Eltern auch besser würdigen und sehen, dass die Kinder dadurch zufriedener sind. Ohne die Eltern wüssten wir manchmal gar nicht, wie das Personal reichen soll – bei den vielen Untersuchungen, die heute durchgeführt werden. Manchmal sehe ich allerdings, dass eine Mutter, die mehrere Tage und Nächte bei ihrem Kind geblieben ist, nervlich völlig am Ende ist. Ich empfehle ihr dann, sich wenigstens nachts vom Kind zurückzuziehen, wenn es eingeschlafen ist. Ob dies der Mutter gelingt, hängt natürlich auch vom Zustand des Kindes ab. Aber ich habe die Erfahrung gemacht, dass man die Mütter zum Weggehen ermutigen muss, weil sie sonst ein schlechtes Gewissen haben. In der Anfangszeit des Rooming-in hat man die Eltern noch ermutigen müssen, beim Kind zu bleiben, jetzt muss man sie vor Übertreibungen bewahren."

Allen Eltern mit einem kranken Kind ist zu wünschen, dass es ihnen gelingt, einem bestimmten Arzt ihr Vertrauen zu schenken. Wo dieses Vertrauen fehlt oder zerstört wird, steigern sich die Angst und Verwirrung bei den Eltern. Sie konsultieren dann mehrere Ärzte hintereinander und schwanken dazu noch zwischen dem so genannten „Laiensystem" und dem professionellen System. Das Laiensystem besteht aus den Ratschlägen der Verwandtschaft, Nachbarschaft und Freundschaft. Bei schweren, ungeklärten und langwierigen Krankheiten werden die Eltern nicht umhin kommen, sich neben dem Laiensystem verschiedener Ärzte, darunter auswärtige Spezialisten, zu bedienen. Umso wichtiger ist es, dass die Familie zusätzlich einem Hausarzt die Treue hält, bei dem alle Informationen zusammenlaufen, damit er sie noch einmal erläutern kann. Vertrauen bindet Angst.

Es ist schlimm, das eigene Kind leiden zu sehen. Zusammen mit dem Kind stehen auch die Eltern vor einer Prüfung ihrer Leidensfähigkeit. Die Rollen sind aber klar verteilt: Das Kind muss die Schmerzen aushalten, die Eltern müssen aushalten, dass ihr Kind die Schmerzen hat. Sie können ihm diese nicht abnehmen. Einem kranken Kind in dieser Form beizustehen, ist eine Aufgabe, welche die Eltern bewusst in Angriff nehmen müssen. Die Aufgabe erfordert also einen Entschluss. Es müssen Reserven freigesetzt werden. Der Tagesplan muss umgestellt, die Prioritäten müssen anders gesetzt werden. All dies ist notwendig, damit die Familie nicht jeden Tag, den die Krankheit länger andauert, aufs Neue von deren Problemen überrollt wird.

Die Kinder verhalten sich während ihrer Krankheit oft nicht mehr altersgemäß. Sie sind quengelig und stellen unmäßige Forderungen. Hiergegen dürfen sich die Eltern zur Wehr setzen. Ein Stück Normalität muss auch während der Krankheit verteidigt werden. Das Kind fühlt sich durch eine solche Haltung der Eltern beruhigt. Je weniger unnormal sich die Eltern verhalten, desto weniger schlimm steht es um das Kind. Dass ein krankes Kind in seiner besonderen Bedürftigkeit auch angenommen werden muss und verwöhnt werden darf, versteht sich von selbst!

Alle voraussehbaren und geplanten Behandlungsmaßnahmen sollten mit dem Kind vorher besprochen werden. Hierfür können Bilder und Bücher benutzt werden, die der Buchhandel reichlich anbietet. Die Informationen, Texte, Bilder, Gespräche, Rollenspiel, müssen dem Alter, den Kenntnissen und der Wissbegierde des Kindes angemessen sein. Sie müssen auch seinem gegenwärtigen eingeschränkten Zustand Rechnung tragen. Ein fieberndes Kind mit starken Bauchschmerzen will vor allem, dass die Ärzte es schnell von diesen Leidenszustand befreien. Die Detailinformationen über die Blinddarmoperation können warten, bis alles vorüber ist. Ein Kind, das wegen zu großer Rachen- und Gaumenmandeln zur Operation angemeldet ist, wird schon vorher wissbegieriger sein. Ungewissheit macht Angst. Auf Gefahren, die das Kind kennt, kann es sich besser einstellen. Es kann eigene psychische Energien in Richtung auf die Gefahr mobilisieren. Somit kann sich das Kind vor der Ohnmacht schützen, die ja der wichtigste Auslöser der Angst ist.

Bei einer Vorbereitung, die nicht unter Schmerzen und Zeitdruck steht, braucht das Kind mehrere Wiederholungen und eingeschobene Pausen. Das Kind will das Gesehene und Gehörte verarbeiten und selbst in seine Phantasiespiele einbauen. Einmalige Instruktionen sind gerade bei Kleinkindern wirkungslos. Eine übergenaue Darstellung von Einzelheiten sollte vermieden werden. Sie verrät nur die Unsicherheit und Angst der Eltern. Das Kind freut sich, wenn es eindrucksvoll sichtbare Merkmale der Klinik geschildert bekommt und später tatsächlich wiederentdeckt. Auch der allgemeine Rahmen und der grobe Ablauf des Klinikaufenthaltes sind ein wichtiges Thema. Sobald die Kinder im Kindergartenalter sind, ist es empfehlenswert, mit ihnen bei einer unbelasteten Gelegenheit eine Kinderklinik anzuschauen, zum Beispiel den Warte- und Anmeldebereich und das Spielzimmer.

Kinderkliniken haben seit jener Zeit, als die Eltern und Großeltern selbst Kinder waren, viel gelernt, wie sie den Eltern und Kindern den Aufenthalt erleichtern können. Die Räumlichkeiten sind freundlicher geworden. Die Eltern haben freien Zugang zu den Stationen erhalten und werden in die Pflege der Kinder zwangloser einbezogen. Alle diese Verbesserungen haben sich vor allem für Säuglinge und Kleinkinder positiv ausgewirkt. Ältere Kinder sind auf die Verfügbarkeit der Eltern nicht mehr in so hohem Maße angewiesen. Bisweilen tragen Kinderärzte und Pflegepersonal keine Kittel mehr. Das mag für Kleinkinder hilfreich sein, Säuglingen ist es egal. Fremd ist die Person allemal. Ab dem Schulalter wird das Kind eher misstrauisch sein, wenn eine medizinische Person keine Kittel trägt. Das Nicht-Tragen des Kittels wird als Täuschungsmanöver entlarvt. Das Kind weiß ja, was es von den Berufen, die in einer Klinik arbeiten, zu erwarten hat.

Die Entscheidung, ob ein Elternteil bei größeren oder kleineren Eingriffen anwesend sein oder ferngehalten werden sollte, muss Ermessenssache des einzelnen Arztes bzw. der einzelnen Ärztin sein. Er oder sie müssen entscheiden, wie sie den Eingriff optimal ausführen können. Es gibt auch Kliniken, in denen diesbezüglich eine bestimmte „Philosophie" vertreten wird. Auch die Eltern müssen sich, falls ihnen die Entscheidung überlassen wird, klar darüber werden, ob sie ihrem Kind durch emotionalen Abstand oder durch emotionale Nähe während des Eingriffes am besten helfen können. Sie müssen sich fragen, wie sie sich selbst während ihrer Anwesenheit fühlen und welche Gefühle sie auf das Kind übertragen werden.

Bei Operationen in Narkose werden die Eltern meist nicht dabei sein. Sie werden außerhalb des Operationsbereichs auf die Rückkehr ihres Kindes warten müssen. Bisweilen werden sie nicht einmal während der Einschlaf- und Aufwachphase, in der das Kind medizinisch betreut werden muss, Zugang zum Kind haben. Während dieser Zeit, die viele Stunden dauern kann, sind die Eltern innerlich verwundbar und voller offener oder versteckter Ängste und Misstrauen. Für die Eltern existiert in vielen Kliniken während dieser Zeit kein definierter Ort. Schlimmstenfalls ist es der Flur vor der Tür des Operationstraktes. Niemand ist für die Eltern in dieser Situation zuständig. Sie werden vergessen. Die Eltern sollten sich auf diese schwierige Situation innerlich vorbereiten. Sie sollten erreichen, dass sie über den Zeitplan der Operation, wenn sich diese lange hinzieht, auf dem Laufenden gehalten werden.

Die vollständige Mitaufnahme der Eltern in der Kinderklinik (Rooming-in) ist nur bei Kindern unter vier Jahren sinnvoll. Selbst während des Rooming-in sollte die Mutter aber erwägen, ob sie nicht nachts, sobald es dem Kind besser geht und es normal schlafen kann, der Klinik den Rücken kehrt, nachdem sie das Kind in den Schlaf gebracht hat. Dieses Vorgehen entspricht dem Normalfall beim Zubettgehen in der Familie. Sobald sich das Kind an einzelne Personen auf der Station gewöhnt hat, sollten sich Mutter oder Vater auch tagsüber stundenweise von der Station entfernen, auch wenn sie nichts Besonderes zu erledigen haben. Sie sollte sich nicht zum Ausharren am Bett des Kindes verpflichtet fühlen. Der Aufenthalt in der Klinik ist für die Begleitpersonen ungemein anstrengend. Dies erscheint verwunderlich, wenn man bedenkt, dass alle Dienstleistungen von der Station erledigt werden. Die Anstrengung dürfte daher rühren, dass sich die Bezugsperson an eine völlig fremde Situation anpassen muss und aus Angst um ihr Kind unter einer besonderen Anspannung steht. Wenn der Aufenthalt des Kindes über mehrere Tage anhält, sollten sich die Familienmitglieder beim Rooming-in abwechseln. Auch die Großeltern können sich in den Schichtdienst einteilen lassen. Für Schulkinder ist es ausreichend, wenn sie täglich Besuch erhalten. Ein ständiger Aufenthalt am Bett des älteren Kindes kann in Ausnahmen gerechtfertigt sein, wenn das Kind schwer krank ist. Jede Ausnahmesituation erfordert ein Ausnahmeverhalten. Die Eltern müssen aber einkalkulieren, dass ihr Kind aus ihrem Ausnahmeverhalten auch zurückschließt, dass es sich in einer entsprechend ernsten gesundheitlichen Lage befindet.

## Angst bei Krankheit – in aller Kürze

Wie entsteht Angst bei Krankheit?

- Aus dem Unverständnis und der Befremdung des Kindes über seinen Zustand.
- Aus der Wahrnehmung der elterlichen Angst über den Zustand des Kindes.
- Aus der magischen Vorstellung, dass die Krankheit als Strafe für die Bosheit des Kindes eingetreten ist.
- Aus magischen Vorstellungen, die den Schmerz begleiten: Der Körper wird zerstückelt oder löst sich auf. Etwas Bedrohliches dringt in ihn ein.

- Aus dem Gefühl der Hilflosigkeit und des Verlustes der Herrschaft über den Körper und die Umwelt.
- Aus Angst vor Trennung und Verlust (siehe dort).
- Als fixe Idee, hinter der sich Reifungs- und Ablösungsprobleme verbergen (Hypochondrie).
- Aus befremdlichen Erfahrungen bei Ärzten und in Krankenhäusern.

Welche Denkanstöße ergeben sich?

- Besonders schwere Krankheiten lösen nicht automatisch besonders schlimme Angst aus.
- Schleichende Krankheiten und chronische Beschwerden können Angst erzeugen, wenn der Patient und seine Angehörigen den veränderten Zustand nicht richtig einordnen können.
- Das Ausmaß der empfundenen Hilflosigkeit ist für die Angst entscheidender als zum Beispiel die Schmerzen.
- Chronisch Kranke suchen Vertrauensbeziehungen. Sie schweben freilich auch in der Gefahr, von ihren Ärzten und Kliniken allzu abhängig zu werden.
- Chronische Abhängigkeit von den Eltern ist bei chronisch kranken Kindern das wichtigste seelische Problem.
- Angst vor dem Tod äußert sich vor allem in Angst vor dem Alleinsein.
- Rooming-in, d.h., die Möglichkeit beim Kind im Krankenzimmer zu übernachten, ist kein unbedingtes Gebot zur Abwendung von Angst. Vor- und Nachteile sind im Einzelfall gegeneinander abzuwägen.
- Regelmäßige, organisierte Betreuung mit Erholungspausen und Unterbrechungen ist besser als intensive Einzelzuwendung bis zur Erschöpfung.

Was sollen Eltern tun?

- Die Kinder je nach ihrem Verständnis wiederholt über Krankheiten und die typischen Folgen aufklären und auf die entsprechenden Erfahrungen vorbereiten.

154

- Bei akuten Erkrankungen und Verletzungen dem Kind beistehen und jemand anderen losschicken, um Hilfe zu holen.
- Sich von hypochondrischen Ängsten nicht einfangen lassen.
- Einem einzelnen Arzt oder einer Klinik vertrauen. Wanderschaften von Arzt zu Arzt vermeiden.
- Sich tatkräftig auf die andersartige Familiensituation bei einem Krankheitsfall einstellen, aber zugleich ein Stück Normalität verteidigen und nicht überreagieren.

# Angst und Aggression

## Einführung

Mutter eines acht Monate alten Säuglings: „Letzte Woche hat er mich beim Stillen in die Brust gebissen. Es hat ordentlich wehgetan. Muss ich mir das eigentlich gefallen lassen? Ist das immer so, wenn die Babys Zähne bekommen? Soll ich darüber hinweggehen oder das Beißen als Angriff auf mich ernst nehmen? Ich glaube fast, die Zeit des Stillens geht für meinen Sohn und mich allmählich zu Ende."

Mutter eines zweijährigen Mädchens: „Je böser und trotziger sie tagsüber ist, desto ängstlicher ist sie bei Nacht."

Vater zweier Söhne: „In den Tagen des Golfkriegs waren meine beiden Jungen acht und zehn Jahre alt. Ich erinnere mich noch, wie betroffen wir Erwachsenen in der Nachbarschaft von diesem Krieg waren, davon, wie schnell ein solcher Krieg losbrechen kann und mit welchen lumpigen Begründungen. Die Kinder haben das natürlich mitgekriegt. Damals wurden alle Faschingsveranstaltungen in der Schule abgesagt. Wir haben es auch nicht mehr so gern gesehen, wenn die Kinder mit ihren Platzpatronen und Pistolen unterwegs waren. Das Erstaunliche war: Die Kinder haben alle Einschränkungen klaglos akzeptiert. Man kann sagen, sie haben sich auf die Betroffenheit und Pietät ihrer Umwelt geschickt eingestellt. – Aber in ihren Phantasiespielen gab es keinen Waffenstillstand. Zu dieser Zeit haben sie so aggressiv wie noch nie gespielt und ihre Legomänner gemetzelt, ihnen die Beine abgerissen, sie eingesperrt und abstürzen lassen. Als hätten sie sich in der Phantasie abreagieren müssen, weil es öffentlich nicht mehr erlaubt war. Oder sie wollten damit ihre Verunsicherung über das ‚neue' Verhalten der Erwachsenen bekämpfen. Interessant war, *wie* sie es taten."

Man braucht keine größeren tiefenpsychologischen Kenntnisse, um sich vorzustellen, dass die Kinder Angst vor ihren eigenen Aggressionen haben, die in ihnen schlummern. Diese Angst hört das ganze Leben nicht auf. Die Tiefenpsychologie verfolgt dieses Phänomen aber bis in die Säuglingszeit zurück. Schon der ältere Säugling, wenn er brüllend nach der Mutter verlangt, soll eine Ahnung davon haben, dass seine Wut gerade das zerstören könnte, wonach er am meisten verlangt und was er zum Leben am meisten braucht – die ihn versorgende Mutter.

Das verzweifelte Verlangen des Säuglings nach der Mutter ist demnach Ausdruck seiner erbarmungslosen Liebe, einer primitiven Form der „Liebe", die noch nicht deutlich zwischen der darin enthaltenen zerstörerischen Gewalt und dem schöpferischen Gefühl der reiferen Liebe unterscheiden kann.

Schließlich gelangt das Kleinkind so weit, dass es sich hütet, seine bösen Gefühle noch allzu freimütig zu offenbaren. Das Kind versucht nun, der Mutter möglichst oft „gute" Gefühle zu zeigen. Die „böse" Seite wird zurückgedrängt. Der Preis, den das Kind dafür zahlen muss – von Trotzanfällen abgesehen –, ist die Angst – Angst zum Beispiel davor, dass die Wut plötzlich hervorbrechen könnte und die Grundlage der Liebe zur Mutter zerstören könnte, oder Angst, dass die Mutter etwas Ähnliches tun könnte.

Je abhängiger sich das Kind noch von der Mutter fühlt, desto mehr Grund hat es, darüber in Wut zu geraten. Auch noch im späteren Leben, bei sehr elementaren aggressiven Ausbrüchen, stellt sich heraus, dass die Betreffenden mit Gefühlen tiefer, hoffnungsloser Abhängigkeit zu kämpfen hatten und sie nicht mehr ertragen konnten. Als Fazit können wir also festhalten: Menschen, die sich abhängig fühlen, haben besonders viel innere Wut zu verbergen und zeigen deshalb zeitweise besonders viel Angst.

Eltern, die ihre Kinder bei Trotzanfällen oder im Spiel beobachten, kann nicht entgehen, wie leidenschaftlich sie um ein Gleichgewicht zwischen ihrer Liebe und ihrem Hass kämpfen und sich in ihrem Spiel die Frage nach der eigenen Gefährlichkeit stellen, im Wechsel mit der ebenso wichtigen Frage, wie viel Gefahr ihnen von außen droht.

Diese Fragen versetzen Kleinkinder und auch noch Schulkinder während des Phantasiespiels in Spannung und Erregung. Im Spiel werden ständig Gefahren erfunden oder heraufbeschworen. Mädchen und Jungen sind gleichermaßen besessen von riskanten Spielideen, wo Puppen, Lego- und Playmobilpersonen zermalmt werden, von Mauern stürzen, ihre Glieder verlieren, in Hinterhalte gelockt werden, ertrinken, jämmerlich schreien und um ihr Leben winseln, bevor endlich die Guten herannahen und in letzter Sekunde doch noch den Sieg davontragen, woraufhin es den Bösen schlecht ergeht. Die Zeiten der Freude über einen Sieg oder eine Befreiung sind extrem kurz, gemessen an den langen Torturen davor und danach. Nach einem ähnlichen Muster verlaufen die Handlungen auf allen Theaterbühnen, in allen Märchen und Abenteuerbüchern. Überall werden Gefahren und Spannungen kunstvoll aufgebaut, bevor sich eine Lösung abzeichnet. Die Lösung der Spannung ist das eigentliche Ziel, der Wunsch nach einer Versöhnung ist auch das zentrale Motiv aller Spielideen der Kinder. Offenbar ist aber eine Versöhnung nur über einen vorausgegangenen Konflikt erreichbar. Schärfer formuliert: Eine Befreiung und Entspannung ist nur über eine vorherige Versklavung und Erregung zu haben.

## Medien und Angst

Protokoll aus einer Studie über Kinder und Familien in einer benachteiligten Wohngegend in einer Großstadt: „Wir haben Videoaufnahmen in den Wohnungen mit Einverständnis der Familien gemacht. In einem Film sieht man eine Mutter, wie sie ihren Säugling füttert. Der sitzt schief in seinem Hochstuhl. Die Mutter sitzt seitlich davon und lehnt sich gegen den Hochstuhl. Sie hält einen Teller mit Brei in der Hand. Der Löffel mit dem Brei wandert mit atemberaubender Geschwindigkeit immer wieder in den Mund des Babys. Das Baby schaut mit entgeistertem Blick geradeaus. Die Mutter schaut in die gleiche Richtung. In der Wohnung ist ein ohrenbetäubender Lärm. Der Fernseher ist an. Beide, Mutter und Baby, starren in diesen Fernseher, sie sind davon wie gebannt, als gäbe es dort für beide noch etwas mit den Augen zu essen. Sie schenken sich gegenseitig keinen Blick. Beide sprechen kein Wort."

Mutter eines Zehnjährigen: „Seit dem Umzug haben wir Kabelfernsehen. Das hat der Teufel erfunden. Jetzt ertappe ich meinen Sven dabei, wie er morgens vor der Schule schon Kindersendungen ansieht, wenn ich vor ihm aus dem Haus gehen muss. Wenn er aus der Schule zurückkommt und ich bin noch nicht gleich da, passiert dasselbe. Wenn ich ihn zurechtweisen will, wird er patzig und sagt, was er denn tun solle.

Es sei eben ‚langweilig'. Für Hausaufgaben würde es sich vor dem Essen nicht mehr lohnen. Außerdem habe er sich in der Schule ‚geärgert' und durch das Fernsehen könnte er sich ‚beruhigen'. Das ist doch pervers!"

Terminator I (Arnold Schwarzenegger), Kultfilm der Jugendlichen in den neunziger Jahren des 20. Jahrhunderts. Die Handlung: Eines Tages in unserer Zeit fallen in künstlichen Blitzgewittern zwei nackte menschliche Kreaturen auf die Erde, zwei Männer, der eine krümmt sich dabei vor Schmerz, als werde er geboren. Er gerät sofort in Gefahr und muss um sein Leben rennen. Der andere, an einem anderen Ort, steht unberührt, kühl, ruhig und gerade aufgerichtet und beginnt seinen Auftrag. Der Zweite ist ein metallischer Roboter – mit einem Überzug aus Fleisch und Blut – in perfekter Menschengestalt.

Beide Kreaturen sind aus der Zukunft in die Gegenwart gekommen, um hier eine Frau zu suchen, deren Sohn – er ist noch nicht einmal gezeugt – in Zukunft zum Führer und Hoffnungsträger in einer hoffnungslosen Welt werden wird. In dieser zukünftigen Welt kämpfen menschliche Rebellen gegen übermächtige Roboter. Rückblenden führen in diese Welt. Es ist eine apokalyptische dunkle Szenerie aus Schutt und Ruinen nach einer globalen Atomkatastrophe. Die überlebenden Menschen wohnen elend und verhungernd unter der Erde und werden von Maschinen verfolgt und ausgerottet.

Der Roboter „Terminator" kommt in perfekter fleischlicher Menschengestalt, um die ahnungslose Frau und zukünftige Mutter zu töten und damit die Existenz des Rebellenführers zu vernichten, bevor sie überhaupt begonnen hat. Der menschliche Held, Gefolgsmann des Rebellenführers, soll die Frau retten. Er opfert sich für die Reise in die Vergangenheit. Er hat ein Bild von der Frau gesehen und innerlich sehnsüchtig bewahrt. Er sucht die Frau, die ja die Mutter seines Führers ist bzw. sein wird, kämpft mit ihr gegen den Roboter und geht dabei selbst zugrunde. Zuvor kommt es noch zu einer sexuellen Vereinigung zwischen ihm und der Frau. Damit ist wohl der spätere Rebellenführer gezeugt worden. Die Frau ist es schließlich, die den Roboter unschädlich machen kann. Am Schluss begibt sie sich auf die Flucht vor der bevorstehenden atomaren Katastrophe. Durch die ihr auferlegten Prüfungen wirkt sie gereift. Sie wird von einer Aura heldenhafter Entschlossenheit umgeben. Schließlich wird sie die Mutter eines zukünftigen Führers sein.

Aber alles ist von Hoffnungslosigkeit überlagert. Wenn in diesem Film überhaupt jemand triumphiert, so ist es die am Anfang völlig ahnungslose Frau. Sie ist am Schluss die große Projektionsfläche für Schmerz und Angst, sexuelle Begierde, Inzucht, Geburt, Wiedergeburt und Größenphantasien. Letztlich bietet sie den einzigen Grund für die Zerstörung. Sie ist der Anfang und das Ende des ganzen Gemetzels. Der Film ist kompromisslos brutal. Alles ereignet sich und wird gerechtfertigt unter einem unentrinnbaren Verhängnis. Die Menschen sind einem Schicksal ausgeliefert, welches sie nicht ändern können. Dennoch kämpfen sie. Sie sind also Opfer, verstehen sich auch so, betätigen sich aber dennoch als aktive Kämpfer. Hinter dem Aktivismus ist der Wunsch nach Kindheit, Versorgung und Hingabe spürbar. Er wird nicht zugegeben, ist aber im ganzen Film gegenwärtig.

Vater einer dreizehnjährigen Tochter und eines elfjährigen Sohnes: „Wir waren neulich bei Nachbarn zum Abendessen. Dort gibt es zwei Jugendliche von siebzehn und neunzehn Jahren. Damit wir uns in Ruhe unterhalten können, wurden meine Kinder zum Videoschauen ins Kinderzimmer eingeladen. ‚Jugendfreie Filme‘, hieß es. Bald darauf kam mein Sohn blass um die Nase zurück, dann meine Tochter. ‚Wax House‘, hieße der Film. Nein, den könne er nicht sehen, der sei ihm zu grausam, davon werde er heute Nacht träumen. Dann ging er wieder weg, kam aber schnell zurück. Er hatte es noch mal versucht. Ich muss zugeben, dass ich noch ziemlich ahnungslos war. Ich bin dann selbst ins Kinderzimmer und habe ein Stück von dem Film gesehen. Gerade wurde jemandem die Fingerkuppe abgeschnitten. Ich war entsetzt. Die anwesenden Jugendlichen kannten den Film und schauten kaum hin. Sie waren mit Aufräumen beschäftigt. Sie schienen überhaupt kein Gespür zu haben, wie schrecklich dieser Film auf uns und vor allem auf die Kinder wirkte. Es muss lange Gewöhnung sein, dies nicht mehr zu merken. – Ich war im Grunde beruhigt, dass mein Sohn, der ja auch ziemlich bösartig sein kann und sich gerne aggressive Geschichten ausdenkt, vor solchen Filmen zurückschreckt und nicht etwa aus Ehrgefühl weitergucken will – dass er also weiß, wo seine Grenzen sind. Ich nehme einmal an, dass die Grenzen bei ihm dort liegen, wo sie auch bei mir liegen. Irgendwo hat er doch etwas von seinen Eltern übernommen, und die Erziehung ist nicht ganz umsonst gewesen. Er musste beim Gute-Nacht-Sagen mit mir über alles noch einmal sprechen, was er da gesehen hat, und äußerte seine Befürchtung, dass er davon träumen werde. Er hat sich immer wieder bei mir rückversichert, dass die Erinnerung an den Film hoffentlich mit ein oder zwei bösen Träumen überstanden wäre. – Er hat übrigens gar nicht davon geträumt, mir jedenfalls nichts mehr davon erzählt. – Meine Frau hat an diesem Abend mit meiner Tochter über dieselbe Sache geredet. Die hat den Vorfall weniger schwer genommen und konnte ihn als Absurdität abtun. Sie wirkte auf uns sehr viel unempfindlicher als ihr Bruder, was wir nicht unbedingt erwartet hätten. Das, was wir an diesem Abend erlebt haben, war natürlich alles andere als eine Absurdität. Es war der normale tägliche Wahnsinn in unseren Kinos und Videoshops."

Mutter zweier Kinder im Grundschulalter: „Meine Kinder schauen zu viel fern. Natürlich, wenn die Sonne scheint und der beste Freund vor der Tür steht und die absolut zündende Idee hat, dann machen sie den Fernseher aus und gehen raus. Aber an durchschnittlichen Tagen hat das Nachmittagsprogramm im Fernsehen immer die besseren Karten. Ich bin heilfroh, wenn die Kinder nachmittags in die Schule müssen oder Vereinstermine haben. Dann weiß ich wenigstens, dass sie beschäftigt sind und das Fernsehen kein Thema ist."

Typische Szene aus einer Serie im Vorabendprogramm eines beliebigen TV-Anbieters: Ein unbekannter Mann dringt durch die Haustür in die Wohnung der Mutter mit einem fünfjährigen Kind ein. Die Mutter versucht ihn noch zurückzuschieben. Es stellt sich heraus, dass er die Frau früher einmal gekannt und sexuell belästigt hat. Jetzt will er wieder etwas von ihr. Die Frau hat offensichtlich Angst. Der Mann grinst immer so und sagt, er wolle nur guten Tag sagen und mal ihr Kind sehen. Die Mutter schreit: „Rühr' das Kind nicht an." „Und wenn es nun meines ist?", höhnt der Mann. Die Mutter will das Kind zu den Nachbarn schicken. Der Mann sagt: „Das Kind bleibt hier." Die Mutter zieht das Kind zu sich heran, drückt es an sich und weint. Der Mann sagt betont süßlich: „Komm mal her, Kleiner, du brauchst vor mir keine Angst zu haben." „Raus", schreit die Frau plötzlich los, „ich lasse die Polizei kommen, du hast kein Recht, mich hier zu belästigen." Der Mann bewegt sich zur Haustür und dreht sich noch einmal um: „So leicht wirst du mich nicht los. Das wirst du noch zu spüren bekommen." Er geht. Sobald er draußen ist, gerät die Mutter in heftige, erregte Aktion. Sie reißt einen Koffer aus einem Wandschrank und wirft wahllos Sachen auf das Bett. „Wir können hier nicht länger bleiben." Das Kind sieht seine Mutter fragend an. „Das erkläre ich dir später einmal." Aus einer plötzlichen Gefühlsregung heraus reißt sie das Kind noch einmal an sich und schluchzt auf. (Es folgt der nächste Werbeblock.)

Spätestens in der Pubertät haben die aggressiven Phantasiespiele mit Legomännern ausgedient. Auch die perfekt auf diese Bedürfnisse abgestimmte Werbemaschinerie mit gesponserten Zeichentrickserien und passenden He- und Super- und Bat-Männern aus dem Spielwarensortiment verfängt nicht mehr. Diese Medienprodukte erregen keine unmittelbare Angst und dürften auch kaum zu aggressivem Handeln verführen. Sie verfolgen das Thema von Gefahr und Erlösung, Gut und Böse, Stärke und Schwäche in einer künstlich verfremdeten Welt. Diese Welt liegt zu weit von der Lebenswirklichkeit der Kinder entfernt, als dass sie mit ihr verwechselt werden könnte. Das Gleiche gilt für japanische Comic-Serien, die auf männ-

liche wie weibliche Konsumenten zielen und in denen glück-
selige oder entsagungsvolle, sich unsäglich anstrengende, laut
keuchende Heldinnen dargestellt sind, die für eine gute Sache
kämpfen.

Wir müssen freilich bedenken, dass bestimmte, ich-schwache
Kinder auch schon ohne den Druck der Medien Realität und
Phantasie schlecht unterscheiden können. Gerade diese Kinder,
die wenig Zeit mit ihren Freunden verbringen und kontaktge-
stört sind, verbringen lange Zeiten täglich vor dem Fernseher.
Das Erleben vor dem Bildschirm rückt in den Mittelpunkt ihres Tagesablaufs. Dieses Problem trifft, wie gesagt, nicht auf
alle Kinder zu. Nicht jedes Kind sieht tatenlos zu, wie die Bilder im Fernsehen die eigene Phantasie ersetzen. Die Reaktionsweise hängt vom Entwicklungsstand des Kindes ab.
Kleinkinder haben Angst vor Hexen und Geistern. Ab dem
Schulalter werden Angst erregende Phantasien stärker durch
die Darstellung körperlicher Verletzungen und Naturkatastrophen angestoßen. Wir brauchen uns die Gesamtheit der Kinder
nicht als formlose Masse vorzustellen, die von den Medien
überschwemmt und wehrlos gemacht wird. Kinder leben einzeln eingebunden in einer Umwelt und sind geprägt durch ihre
zwischenmenschlichen Bindungen. Sie verarbeiten ihre Me-
dienerlebnisse aktiv und bewusst. Gerade eine soziale Veranke-
rung der Kinder bietet den besten Schutz vor unkontrollierten
Angriffen der Medien auf die Seele der Kinder. Auch haben die
Kinder in den letzten Jahren gezeigt, dass sie mit der Fülle der
neuen Medienangebote, zum Beispiel mit der Werbung, spielerisch umgehen und mit den dort verwendeten Klischees jonglieren können. Sie werden es am Ende besser können als die
Erwachsenen, die bis heute aus dem Staunen über die neue
Welt der Medien nicht herausgekommen sind.

Dennoch sollen die Gefahren der modernen Medien nicht
verharmlost werden. Im Unterschied zu den verfremdeten Zei-
chentrickfilmen müssen schon die Vorabendsendungen, die so
genannten Seifenopern, durchaus kritischer beurteilt werden.
Durch diese Serien, die auf scheinbar so harmlose Weise direkt
aus dem Leben gegriffen sind, wird das Denken der Kinder

nachhaltig beeinflusst. Denn die Handlungen erwecken den Anschein, als lebten die Kinder und Jugendlichen wirklich so, wie es filmisch dargestellt wird und als blickte man durch den Bildschirm in ihr Alltagsleben hinein. Sogar viele Erwachsene betrachten die Ereignisse in den Serien wie ein Stück aus ihrem wirklichen Leben und diskutieren ernsthaft unter Nachbarn, wie sie sich selbst verhalten hätten und was sie den Serienhelden raten würden. Oder sie rufen die Sender an und beschweren sich. Die im Film vertretenen Meinungen sind „anschlussfähig", das heißt, sie hängen sich nahtlos an die Gefühle und Gedanken der Menschen an, ergänzen sie und verbiegen sie dabei. Es wird zum Beispiel vermittelt, dass Frauen wie von selbst oder selbstverschuldet in eine Opferrolle geraten. Die Bösewichte tauchen aus dem Nichts auf, ohne Lebensgeschichte und ohne Seele. Sie haben meist nur kurze Auftritte, werden als Personen nicht durchgezeichnet, empfinden weder Leid noch Angst und verschwinden, sobald sie erledigt sind, von der Bildfläche. Gefahren sind allgegenwärtig und haben die Eigenschaft, die Opfer unerwartet zu überrumpeln. Selbstverständlich muss man sich gegen solche Gefahren rüsten. Wer es nicht tut, ist dumm, so die Botschaft. Die Ordnungskräfte sind schwach oder erpressbar und gewaltbereit, genau wie die Bösen. Sie flößen kein Vertrauen ein. Wer Hilfe braucht, muss sich selbst helfen. Dies sind nur einige Beispiele für anschlussfähige Medienbotschaften.

Eine weitere Wirkung kommt hinzu, die kaum mit den Inhalten, umso mehr aber mit allgemeinen Merkmalen der neuen Fernsehprogramme zu tun hat: Der Konsum der Medien wirkt allgemein erregend und anregend. Wie beim kindlichen Aggressionsspiel wird über den Aufbau einer Erregung letztlich eine Entspannung und Lösung gesucht. Dieser Effekt wird mit immer gleichen, stereotypen Mustern erzielt. So werden zum Beispiel sexuelle und aggressive Eindrücke miteinander gekoppelt. Mit dieser Verbindung können besonders rasch hohe zentralnervöse Reize beim Zuschauer ausgelöst werden. Der Zuschauer soll in kurzer Folge immer wieder zu irgendwie gearteten Spannungen hingeführt werden, möglichst so rasch, dass er nicht mit der Fernbedienung weiter ‚zappt', sondern gefesselt bleibt. Dazu werden ganz bestimmte Stilmittel eingesetzt. Die Handlung hetzt von Mini-Höhepunkt zu Mini-Höhepunkt. Die Geschichten haben keinen roten Faden oder längeren Spannungsbogen, sie sind aus einzelnen Szenen zusammengeflickt. Sie bieten keine Angriffsfläche für eine vertiefte Auseinandersetzung. Nur in dieser Oberflächlichkeit ist der neue Medienkonsum für die Menschen überhaupt durchzuhalten, ohne dass sie dabei seelisch erschöpfen.

Ein Fernsehkonsum jedoch, der in dieser Weise auf einen körperlichen Erregungsprozess abzielt und eine vertiefte seelische Auseinandersetzung unterlaufen will, kann zu Recht mit einem Genussgift wie Alkohol und Nikotin verglichen werden und kann im schlimmsten Fall Sucht erregend sein. Beim Gebrauch von Video-, Computer- und Internetspielen ist suchtähnliches Verhalten eindeutig belegt worden. Wiederum sind Kinder, die nicht in festen Beziehungen und in einer funktionierenden sozialen Umwelt beheimatet sind, besonders gefährdet. Ähnlich wie beim Nikotin und Alkohol sollte die Bevölkerung auch hinsichtlich des Medienkonsums mit öffentlichen Werbekampagnen auf deren Gefährlichkeit für Kinder hingewiesen werden. Auf diese Weise sollte ein breiteres Bewusstsein von der Gefährlichkeit der Medien geweckt werden. Auch Verbote und Beschränkungen, so sehr sie voraussichtlich missachtet werden, könnten mithelfen, die Bevölkerung überhaupt erst einmal auf die Gefahr aufmerksam zu machen, die hier für Kinder droht, und die Konsumenten zu einer Auseinandersetzung mit dem Verbot zwingen. Im Vergleich zur heutigen Kritik- und Gedankenlosigkeit wäre dies schon ein Fortschritt.

In der Auseinandersetzung mit der eigenen Erregbarkeit, der Angst und der Aggression geht ein Teil der Jugend sogar noch einige Schritte weiter. Diese Jugendlichen, zum Teil sogar schon Kinder, konsumieren Action- und Horrorfilme, die das gleiche Thema nochmals abwandeln. Die Eltern der Jugendlichen werden gegen diese Filme Widerwillen empfinden. Dennoch führt ein Verständnis des Lebensgefühls dieser Kinder nur über ein Verständnis dieser Filme und der Art, wie sie konsumiert werden: Das Betrachten dieser Filme, speziell der besonders schrecklichen Szenen, hat den Charakter von Mutproben. Die Filme üben eine beträchtliche Anziehungskraft aus. Die Jugendlichen treffen sich und schauen die Filme gemeinsam an.

Es scheint, als ob beim Betrachten dieser Filme – vergleichbar den kindlichen Aggressionsspielen – eine Modellangst erzeugt werden soll. Die Modellangst soll ein Gegengewicht zur tatsächlich vorhandenen Angst erzeugen und diese betäuben. „Cool" zu werden ist das ultimative Ziel der Jugendlichen. Wer einen besonders unangenehmen Film so oft anschauen kann, bis er nichts mehr empfindet, ist „cool". Die Faszination des Terrors ist nur verständlich vor dem Hintergrund des Terrors, den die eigene innere Erregung ausübt. Es ist übrigens kein Zufall, dass in den beliebtesten Action-Filmen Frauen vorkommen, die einerseits gnaden- und grundlos verfolgt werden, andererseits aber selbst so mächtig sind, dass sie gefürchtet werden. Ihnen stehen Männer gegenüber, die sich von den Frauen abhängig fühlen oder die sie grenzenlos verehren. Gerade deshalb werden die Frauen bekämpft.

Nicht alle Angst erregenden Filme, von denen sich die jungen Leute angezogen fühlen, sind roh und primitiv. Einige sind kunstvoll gestaltet, freilich nicht weniger furchtbar in der Darstellung der Gewalt und für Eltern nicht weniger unerträglich anzuschauen. Die Gewalt in diesen Filmen bricht plötzlich und unerwartet hervor. Sie zerstört die Menschen in tiefstem Frieden und größter Arglosigkeit. Als negative und positive Helden werden in den Filmen immer wieder menschenähnliche Roboter gestaltet. Sie haben übermenschliche Kräfte, empfinden keine Schmerzen und zeigen keine Gefühle. Sie überstehen die schlimmsten Angriffe und Verstümmelungen. Es ist auch kein Zufall, dass die besseren dieser Filme mit einem nahezu religiösen Horizont ausgestattet sind: Sie erzählen vom Überleben in einer hoffnungslosen Welt, von Treue und Gefolgschaft und vom Glauben an einen Sinn mitten in der Sinnlosigkeit.

## Angst vor konkreter Gefahr

Vater einer zwölfjährigen Tochter: „Seit einiger Zeit wird unsere Tochter immer ängstlicher. Ich hoffe, es ist nur eine Phase in ihrer Entwicklung und hört wieder auf, denn sie macht sich und uns das Leben ziemlich schwer. Wenn es nur ihre Pingeligkeit beim Essen wäre, könnten wir es noch ertragen. Sie pickt irgendwelche dunklen Reiskörner heraus und geniert sich, wenn sie zugeben soll, dass sie diese für giftig hält. Sie geht nicht mehr hinten aus dem Gartentor, weil sie glaubt, jemand könnte ihr dort auflauern. Wenn sie vorne aus dem Haus geht, muss jemand an der geöffneten Tür stehen bleiben, bis sie außer Rufweite ist. Sie kommt sonst zurück und macht uns eine Szene, wenn man das nicht beachtet. Am ärgerlichsten ist aber das Theater, das sie macht, wenn wir abends weggehen wollen. Erst musste das Haus auf allen Etagen taghell beleuchtet sein, jetzt dürfen wir gar nicht mehr gehen. Es gab eine Einbruchsserie hier in der Gegend. Aber das kann nicht der alleinige Grund sein. Sie überlegt sich, was sie den Einbrechern alles antun würde. Arme Einbrecher! Einmal ging abends gegen 23.00 Uhr eine Tür im Haus durch den Wind hin und her und quiekte dabei. Ich habe später entdeckt, woran es lag. Vorher kam meine Tochter schreiend in unser Schlafzimmer gelaufen. Das mache sie nicht mehr mit. Sie weigerte sich, in ihr Zimmer zurückzugehen. Sie wurde in ihrer Panik richtig bösartig zu uns."

Die Alltagserfahrung, der Medienkonsum und das wachsende Verständnis der Kinder hinterlassen ihre Spuren: Schon das Schulkind kann sich gut vorstellen, was es anderen Kindern konkret antun könnte und was ihm selbst angetan werden könnte und welche Gefahren ihm selbst, der Familie, der Nachbarschaft, dem Land und der Welt drohen. Das Kind weiß inzwischen auch, welche Maßnahmen zu seinem Schutz getroffen worden sind: Es muss einen Fahrradhelm tragen, im Auto hinten sitzen, einen Sicherheitsgurt anlegen, zu Hause pünktlich erscheinen, bei Dunkelheit warten, bis es abgeholt wird, es muss Früchte waschen, bevor es sie isst, und ungiftige Filzstifte kaufen, auch wenn sie mehr kosten. All dies und noch viel mehr sei wichtig, erklärt man dem Kind, damit weder das Kind noch andere zu Schaden kommen. In der Familie gibt es vielleicht noch Regeln, durch welche die Aggression unter

Geschwistern eingedämmt werden soll. In manchen Familien ist das Thema „Gewalt" gänzlich tabuisiert.

Auch die Gesellschaft tabuisiert die Gewalt, falls sie sie nicht gerade verherrlicht. Sie kultiviert Bilder eines behüteten, gewaltfreien Lebens vor allem im Schoße der Familie, in der Natur, in der Werbung und bei öffentlichen Kulturveranstaltungen. Aber auch die Kinder unterwerfen sich nun Regeln zur Unterdrückung ihrer aggressiven Phantasien. Ab der Vorpubertät wissen die Kinder sehr genau, dass die Gesellschaft schwere Aggressionsdelikte, Raub, Totschlag, Mord unnachgiebig verfolgt und bestraft. Dieses Alter ist die klassische Zeit der neurotischen Ängste. Es handelt sich nunmehr um bewusste, gezielte und begründete Ängste. Typisch ist die in der Phantasie ausgestaltete Angst, ein Findelkind und von den Eltern ungeliebt zu sein, die Angst, vergiftet zu werden, die Angst, allein zurückgelassen zu werden, nachdem alle anderen umgekommen sind. Die Kinder fürchten sich vor dem Ausbruch von Feuer, vor Einbrechern, Dunkelheit, Gewittern, Hunden und Spinnen. Die Gefahr kommt durchweg von außen, nicht von innen. Zur äußeren Bedrohung gehören auch Polizei, Staat oder Gott. Diese Ausprägung der Ängste verrät, dass das Kind inzwischen über ein gut funktionierendes, strenges Gewissen verfügt. Dieses Gewissen sorgt dafür, dass die von dem Kind selbst ausgehende Aggressivität tabuisiert wird und alle Angst mit äußeren Gefahren begründet wird.

Aus den Ängsten ergeben sich hochvernünftige Diskussionen mit den Eltern, warum ein bestimmtes Fenster oder ein Balkon für Diebe gut geeignet ist, warum eine bestimmte Beleuchtung des Hauses abschreckend wirkt und warum bestimmte Tiere besonders Furcht erregend aussehen, auch wenn sie im Endeffekt harmlos sind. Die Eltern werden ärgerlich darauf eingeschworen, sich um die Sicherheit ihres Kindes zu kümmern und sich für alle möglichen Gefahren aufzurüsten. Sicherheit ist das zentrale Wort. Aber wie sicher kann die Familie sein, und wie sicher ist diese Welt?

Wie gut können die Eltern ihr Kind davon überzeugen, dass die meisten Menschen in dieser Welt im Grunde friedliebend

sind, wenn im Nachbardorf auf dem Acker einige Mittel-
streckenraketen eingebunkert liegen oder wenn im benachbar-
ten Urlaubsland Kroatien Massengräber ausgehoben werden?
Letztlich werden sich alle „vernünftigen" Diskussionen über
die Gefahren dieser Welt und ihre Kalkulierbarkeit im Kreise
drehen. Alles wird darauf ankommen, ob sich die Familie damit beruhigen kann, dass ihre eigene Aggressivität kalkulierbar
ist, jene des Kindes und jene der Eltern. Jede Angst vor äußerer
Bedrohung, so real diese immer sein mag, hat auch einen Bezug
zu Phantasien über die eigene Bedrohlichkeit!

## Angst und Aggression in der Familie

Mutter eines Vierjährigen, Leo: „Ich gebe zu, ich bin ein Nervenbün-
del. Mein Mann hat mich dazu gemacht. Ich könnte Ihnen Geschichten erzählen ... Aber sprechen wir jetzt von Leo. Der schlägt ganz
nach seinem Vater, obwohl er ihn nicht mehr kennt. Er bringt mich
zur Weißglut mit seinem Trotz. Leo müsste inzwischen wissen, wo
meine Geduld am Ende ist. Er geht immer einen Schritt zu weit. Er
kriegt dann auch von mir was hinten drauf. Ich weiß, das nützt auch
nichts, vielleicht sind Sie sogar dagegen, aber ich weiß mir nicht anders
zu helfen. Gerade, wenn er selbst so in Rage ist, scheinen ihm meine
Drohungen, dass er gleich was abbekommt, nichts auszumachen. Ich
weiß dann nicht mehr, wie ich ihm beikommen soll. – Neulich, im Urlaub, bei einem Strandspaziergang, war es einmal anders. Aber so anders, dass es mir auch nicht recht war. Wir hatten nämlich keinen
Streit. Es war nur so, dass Leo mich immer wieder mit Sand beworfen
und dabei albern gegackert hat. Als mir der Sand ins Auge flog, habe
ich die Hand erhoben. Nur zum Spaß habe ich ihm gedroht. Wirklich
zum Spaß. Das hätte jeder gemerkt. Da ist er ganz stark zusammenge-
zuckt und hat mich so merkwürdig entsetzt und voller Angst angeguckt und ist lange nicht mehr in meine Nähe gekommen. Das hat mir
einen Stich gegeben. Das hat mir wehgetan. Hat er inzwischen so viel
Angst vor mir? Liegt es wirklich an mir? Bin ich mit meinen Strafen so
unberechenbar für ihn? Versteht er so wenig, dass ich es gut meine?
Versteht er nicht, wann ich böse bin und wann nicht? Hat er möglicherweise irgendeine seelische Störung? Ist er im Kopf nicht ganz in
Ordnung? Hat er zu viel Streit zwischen mir und meinem Freund mitgekriegt? Ich wäre bereit, meinen Freund aufzugeben. Es läuft zwischen uns sowieso nicht besonders gut. Einen Freund, der meinen Leo
nicht akzeptiert, kann ich nicht gebrauchen. Ohne meinen Freund bin

ich vielleicht ausgeglichener. Aber wie kann Leo mich so missverstehen? – Und Sie sagen, er ärgert mich nur deshalb, damit er meine Launen besser voraussagen kann? Woher will er denn wissen, ob ich mich überhaupt aufgeregt hätte? Er macht doch alles noch viel schlimmer, wenn er mich absichtlich provoziert."

In diesem Kapitel kehren wir zu grundsätzlichen Fragen zurück, die wir am Anfang des Buches schon einmal erörtert haben. Sie berühren die Natur der Angst. Kinder ebenso wie deren Eltern setzen sich, während sie Angst empfinden, mit der ihnen entgegengebrachten und mit der eigenen Aggression auseinander, meist mit beidem zugleich. Sie versuchen Erregungen abzufangen, die sie aus dem seelischen Gleichgewicht bringen könnten. Weder die ängstlichen noch die aggressiven Regungen dürfen dabei zu stark werden.

Das Kind erhofft sich bei der Beherrschung seiner Ängste und Aggressionen Hilfe von den Eltern. Diese gelänge am besten, wenn die Eltern ihrerseits mit ihren Ängsten und Aggressionen im Reinen wären. Diesen idealen Gemütszustand der Eltern dürfen wir aber nicht erwarten. Mehr noch: Kinder erfahren eine aggressive Behandlung überwiegend innerhalb, nicht außerhalb ihrer Familien: durch ihre Eltern und Geschwister, obwohl oder gerade weil sie eng miteinander verbunden sind. Am Ende ist das Kind von guten Gründen für seine Angst förmlich umzingelt. Diese Gründe liegen sowohl in der Erwartung eigener aggressiver Ausbrüche wie in der Erwartung aggressiver Angriffe durch die Eltern.

In bestimmten Situation fällt es dem Kind besonders schwer zu durchschauen, wie viel Aggression, Gefahr oder Erregung von ihm selbst ausgeht und wie viel von den anderen. Dies ist zum Beispiel der Fall, wenn ein Kind heftige Wut auf seine Mutter hat und kurz darauf, d.h. bevor es sich mit ihr versöhnen konnte, erleben muss, wie die Mutter eine schweren Unfall erleidet oder wie die Eltern sich eine Prügelei liefern. In einem solchen Fall fühlt sich das Kind, vor allem das junge Kind, für die sichtbaren Folgen seiner Wut verantwortlich. Solche Erfahrungen werden dazu beitragen, dass ein Kind seine eigenen Affekte für gefährlich hält.

Die Angst der Kinder, angegriffen zu werden oder aggressiven Szenen hilflos ausgeliefert zu sein, kann jederzeit in wütende Erregung umkippen. Damit wird das Kind, das eben noch Opfer seiner Umwelt war, zum Mitakteur. In diesem Lichte wird die Angst des Kindes wiederum zur Angst vor sich selbst und vor seiner Wut. Der Kreis von Angst und Aggression hat sich somit geschlossen. Aus diesem Kreislauf gibt es kein Entkommen. Alles kommt darauf an, das Gleichgewicht zwischen den beiden Kräften zu wahren. Die Botschaft muss lauten, dass sich sowohl mit Ängsten als auch mit Aggressionen leben lässt und dass weder das eine noch das andere vollkommen unterdrückt oder verdrängt werden darf. Auch Familien, die sich etwas auf ihre Friedfertigkeit zugute halten, können dem Kreislauf von Angst und Aggression nicht entkommen. Wenn aggressive Regungen unterdrückt oder sogar tabuisiert werden, steigt der Pegel der Angst. Aggressionen werden dann als dunkel und dämonisch erlebt. Das Kind glaubt, dass aggressive Impulse, wenn sie sichtbar würden, nicht mehr beherrschbar wären („Die ich rief, die Geister, ‚werd' ich nun nicht los", Goethe, Zauberlehrling).

Jede Angst wartet auf ihre Befreiung und löst entsprechende Bemühungen aus. Jeder aggressive Ausbruch wartet darauf, eingedämmt zu werden, und ruft entsprechende Kräfte auf den Plan. Dieses Wechselspiel kann und darf nicht vollkommen unterdrückt werden. Nicht nur in Familien, sondern auch im sozialen Zusammenleben und im Gemeinwesen existieren Spielregeln, nach denen sich dieses Wechselspiel regulieren lässt. Die gesellschaftlichen Spielregeln, nach denen wir unsere Aggressionen ausleben oder unsere Ängste kontrollieren, lassen sich natürlich leicht anzweifeln und hinterfragen. Es wäre aber verhängnisvoll, wenn es jedem Einzelnen überlassen bliebe, zu entscheiden und zu bewerten, ob er mit seinen Aggressionen oder mit seinen Ängsten „richtig" liegt oder ob er auf dem Holzweg ist. Nur mit allgemein verbindlichen Normen und Übereinkünften können wir erreichen, dass die Gewalt in unserem Gemeinwesen nicht überbordet und die damit einhergehende Angst überschaubar bleibt.

## Das Kind als Opfer von Gewalt

Erzieherin in einer Tageseinrichtung über den achtjährigen Marco: „Wir haben einen Jungen, mit dem wir nicht zurechtkommen. Er hat es wohl zu Hause nicht leicht. Die ersten Jahre war er bei der Uroma. Die Eltern trinken beide, schlagen sich und vertragen sich. Die Mutter flüchtet manchmal spät abends mit ihm und seiner jüngeren Schwester zur Oma. Manchmal muss er sich vor die Mutter stellen, wenn der Vater betrunken nach Hause kommt. – Wir kommen an Marco nicht heran. Er ist vollkommen verschlossen. Erst allmählich entdecken wir seine Ängste. Er traut sich z.B. nicht allein auf die Toilette und macht lieber in die Hose, und er kann Dunkelheit und geschlossene Räume jeder Art nicht aushalten. Er schreit hysterisch herum, wenn wir ihm einen Vorwurf machen. Oder er reagiert vollkommen stur. Er behauptet, ohne rot zu werden, dass ihm irgendetwas gehört, und ist nicht davon abzubringen. Eigentlich ist niemand mit ihm bisher richtig warm geworden. Aber er macht einen unbeschreiblich wütend. Er hat wenig Mitgefühl mit den anderen, ist manchmal hinterhältig und kann sehr grausam zu Tieren sein. Das wundert einen umso mehr, als er selbst so viel Angst hat. Wenn Sie ihn sehen, werden Sie sich wundern wie klein, zart und unschuldig er aussieht, als könnte er niemandem etwas zuleide tun. Wehe, ihn fasst mal jemand etwas härter an. Sofort schreit er, dass man ihm wehgetan habe. Man soll das ja nicht noch einmal machen. Er droht dann unflätig. Wenn er etwas im Schilde führt und man sagt ihm, ‚tue das nicht, wehe, lass das …‘, dann macht er es gerade. Und er macht es immer wieder. Er provoziert gnadenlos. Er kann endlos stören, immer dieselben Grimassen ziehen, einen Klotz hundertmal gegen eine Wand werfen. Er ist rastlos und planlos, kann sich nicht mit Freude einem Spiel widmen oder bei etwas bleiben. Wir wissen, dass er zu Hause geschlagen wird und immer wieder mit dem Schlimmsten rechnen muss. Das Jugendamt überlegt sich, ob er aus der Familie herausgenommen werden muss. Er kommt uns ja auch wie ein verwundetes Tier vor. Zugleich ist er aber stur wie ein Elefant und macht es uns unmöglich, ihm Zuwendung oder Verständnis zu zeigen. Er lehnt das ab. Altmodisch ausgedrückt würde ich sagen, er ist ‚schwer erziehbar‘.“

Kinder, vor allem sehr junge Kinder, setzen Gewalt, die sie erleiden, zu ihrer eigenen, selbst empfundenen Wut in Beziehung. Das Kind sagt sich: „Es ist normal, dass ich geschlagen werde, denn ich bin ja selbst auch wütend und habe Schläge verdient. Wenn ich wütend bin, könnte ich auch selbst Schläge austeilen." Ein Kind, das sich so verhält, rüstet sich innerlich auf und steckt die Schläge, die es erhält, leichter weg. Insgeheim beginnt es sich auch in das Handeln des Peinigers hineinzuversetzen. Auf diese Weise versucht sich das Kind vor seelischen Verwundungen so weit wie möglich zu schützen. Es beruhigt sich damit, dass es seine eigene Erregung in der gegen es gerichteten Handlung wiederfinden kann. Wenn sich erst beide, also Täter und Opfer, wieder beruhigt haben, darf das Kind auf eine Versöhnung hoffen.

Kinder erleben besonders starke Angst, wenn sie Gewalt aus einer Situation vollkommener Ohnmacht heraus erleiden, einer Situation, die es ihnen nicht erlaubt, aktive aggressive Phantasien, wie beschrieben, als Gegengewicht aufzubauen. Ohnmacht empfinden Kinder auch, wenn sie Zeugen von Gewalt werden, ohne zu verstehen, was geschieht. Oft handelt es sich hierbei um elterliche Gewalt. Alle erregenden Ereignisse, die Kinder passiv erleiden müssen und nicht verstehen können, bleiben länger im Gedächtnis haften. Im günstigen Fall können sich Kinder anschließend vergewissern, dass die Täter versöhnungsbereit und ihnen dennoch zugetan sind. Auf diesem Wege gelingt es den Kindern, das beobachtete aggressive Geschehen und die eigene Beziehung zum Täter zu trennen. Bisweilen entwickeln die Kinder sogar gnädige Erklärungsmuster für das Verhalten der Täter: „Der Papa hatte sich über seine Arbeit geärgert, der Papa hatte nur aus Versehen zu viel getrunken, sonst hätte er es nicht getan, der Papa wollte es gar nicht tun, aber es ist ihm irgendwie passiert. Er hat sich bei der Mama entschuldigt." Aggressive Konflikte, auf die in der Wahrnehmung des Kindes keine Versöhnung folgt, bleiben dem Kind länger im Gedächtnis. Das Gedächtnis speichert auch körperliche Zeichen der eigenen Erregung, Bilder und Handlungsabläufe, Gerüche und Geräusche. Solche Erinnerungen können später plötzlich wieder ins Bewusstsein treten und Ängste auslösen. Unter Umständen lassen sich traumatische Erinnerungen aus der Kindheit ein Leben lang nicht mehr abschütteln.

Während ein Kind schwer traumatischen Situationen ausgeliefert wird – etwa Entführungen, Folterung und Hinrichtungen naher Angehöriger oder Missbrauchshandlungen –, reagiert es nicht etwa panisch und kopflos, sondern verhält sich still und gesammelt. Es verharrt in einer gespenstisch anmutenden Duldsamkeit. Es versucht „abzuschalten", nichts mehr zu hören, zu sehen oder zu spüren, um die Situation auf diese Weise psychisch zu überleben. Lange nach dem Ende der traumatischen Erfahrungen kann das Kind nicht aufhören, bestimmte Teile seines früheren Erlebens monoton im Spiel zu wiederholen und auf diese Weise unter Kontrolle zu bringen. Angst, Wut und Erregung können plötzlich und scheinbar ohne neue Auslöser aufbrechen. Beim älteren Kind und im Jugendalter kann es dazu kommen, dass ein traumatisiertes Kind aus der Rolle des Opfers ausbricht und selbst zur handelnden Person wird. Das Kind entwickelt Rachephantasien. Diese probiert es zum Beispiel an unbeteiligten Kindern aus.

## Mut und Angst als Instrumente der Erziehung

Beobachtung auf einem Bahnsteig der U-Bahn. Mutter zu ihrem etwa siebenjährigen Sohn: „Komm' sofort von der Bahnsteigkante weg!" Keine Reaktion. Die Mutter geht zu ihm hin und reißt ihn unbeherrscht zurück. „Du willst wohl unbedingt sterben. Ist dir klar, wie oft es passiert, dass jemand auf die Gleise fällt und vom Zug zerquetscht wird, nur weil er zufällig zu nahe da vorne steht? Willst du das? Hast du schon mal gesehen, wie man aussieht, wenn man da unten liegt? Glaub' ja nicht, dass der Zugfahrer dich noch rechtzeitig sehen würde oder bremsen könnte!" Missmutig bleibt der Junge in der Nähe der Mutter stehen, aber schaut in die andere Richtung, als ginge ihn die Mutter nichts an.

Angst ist ein ständig in der Erziehung offen oder verdeckt verhandelter Aspekt, sei es, dass eine Erziehung es darauf anlegt, dem Kind „Respekt", („Gottes"-)„Furcht" und notfalls auch Spuren von Angst einzuflößen, sei es, dass die Erziehung im Gegenteil danach trachtet, dem Kind jegliche Angst zu nehmen, sei es, dass sich die Erzieher selbst überhaupt nicht als Verursacher von Ängsten in Betracht ziehen.

Kaum der Erwähnung bedarf es, dass Erziehungsauffassungen, nach denen man Kinder durch das Einflößen von Angst zum Verzicht auf Aggressionen bewegen könne, veraltet sind.

Nur vorübergehend kann Angst die Aggressionsneigung hemmen. Auf längere Sicht werden durch eine Angst einflößende Erziehung erst recht Aggressionen geweckt. So geraten die betroffenen Kinder nämlich in die oben beschriebene Opferrolle und verwandeln sich später in Täter. Zu befürchten ist auch, dass Kinder, denen in der Erziehung häufig gedroht wurde, am Ende sowohl ängstlicher als auch aggressiver sein werden als der Durchschnitt. Jeder, der mit ängstlichen Menschen zusammenlebt, kann bestätigen, dass diese keineswegs frei von Aggressionen sind. Ängstliche Personen üben Druck auf ihre Umwelt aus. Dieser Druck erzeugt Unbehagen und Verärgerung.

Kein Erzieher wird also heute absichtlich seinen Zöglingen Angst einjagen. Aber wie soll es Eltern, die selbst unter Ängsten leiden, gelingen, ihr eigenes Erleben abzuschalten? Sie können es nicht und sollen es überhaupt nicht versuchen! Ängstliche Eltern sollten ihre Ängste offen eingestehen. Nur so kann sich das Kind ein Bild machen, woran es mit seinen Eltern ist, und kann bewusst darüber nachdenken, welche Position es zur Angst der Eltern einnehmen will.

Dabei werden die Eltern erstaunt bemerken, dass sich das Kind die Freiheit nimmt, nicht mehr automatisch vor denselben Dingen Angst zu haben wie diese. Unwillkürlich neigen ängstliche Eltern zunächst dazu, ihre Kinder so zu lenken, dass sie dieselben Bedenken tragen wie die Eltern. Paradoxerweise geben manche ängstliche Eltern sich selbst und ihrem Kind wagemutige Aufgaben, die weniger ängstliche Eltern aus Vernunft vermieden hätten. Hier kommt eine verblüffende Kehrseite ängstlicher Menschen zum Vorschein: Sie versuchen, durch Mutproben ihrer Angst die Stirn zu bieten. Wenn das Kind allerdings an solchen wagemutigen Aufgaben scheitert, haben ängstliche Eltern ein Argument mehr, ihr Kind zur Vorsicht zu ermahnen und es von weiteren „schlechten" Erfahrungen mit der gefährlichen Welt fernzuhalten. („Lass dir das eine Lehre sein!") Die Kralle der Angst packt nach solchen Mutproben nur noch fester zu.

Ängstliche Eltern müssen darauf achten, dass sie eine Angelegenheit, die sie persönlich für gefährlich halten und vor der sie persönlich Angst haben, nicht so darstellen, als handele es sich um eine öffentlich verbriefte Gefahrenlage. Diese Einschätzung kann eben auch die Privatangelegenheit der Eltern sein. Natürlich dürfen Eltern ihrem Kind verbieten, etwas zu tun, das ihnen persönlich und privat Angst bereitet. Das Kind wird hierzu entweder spontan bereit sein oder kann sich überlegen, ob es auf die Angst der Eltern Rücksicht nehmen will. Wichtig ist, dass es sich mit den Ängsten der Eltern bewusst auseinander setzen kann und nicht heimtückisch von diesen angesteckt wird. Auf der anderen Seite stehen viele Dinge, die nicht nur von ängstlichen Eltern, sondern auch von der großen Allgemeinheit für gefährlich gehalten werden. Nichts spricht wiederum dagegen, den Kindern die objektiv gefährlichen Aspekte der Welt, in der sie leben, zur Kenntnis zu bringen. Es geht ja nicht darum, die Kinder zur Waghalsigkeit zu erziehen. Die hier gemeinte Gefährlichkeit bezieht sich auf das, was in der Schule, bei den Nachbarn, in der Justiz oder vom gesunden Menschenverstand ebenso eingestuft wird.

Für einen ausgewogenen Umgang mit Ängsten in der Erziehung bewährt sich also wieder einmal der Rückbezug auf den Gemeinsinn oder Common Sense. Ängstliche Eltern sind bei ihren Entscheidungen darauf angewiesen, allgemeine und öffentliche Bewertungen zu Rate zu ziehen, und dürfen sich nicht allein auf ihre Gefühle verlassen. Schon gar nicht dürfen sie das Kind glauben machen, ihre Gefühle würden stets mit der allgemeinen gesellschaftlichen Bewertung übereinstimmen. Hiermit würden sich die Eltern allzu bald unglaubwürdig machen. Sie würden schließlich als Ratgeber nicht mehr ernst genommen, auch dann nicht, wenn man es den Kindern zu ihrem Besten einmal wünschte.

Nichts ist Angst erregender für ein Kind, als wenn ein Erzieher – aus Angst vor dem eigenen Kontrollverlust – Drohungen gegen das Kind ausstößt und damit seine eigenen Gefühle im Zaum zu halten versucht. „Wenn du das noch einmal tust, dann ..." Das Kind wird auf diese Weise eingezwängt in ein Korsett des Wohlverhaltens. Je nachdem wie es sich verhält, könnte der Erzieher ausrasten – oder auch nicht. Die Situation wird unkalkulierbar. Das Kind kann nicht mehr voraussehen, wann die Drohung vollstreckt wird, ob dies überhaupt je geschieht oder ob die Drohung ‚nur‘ bei jedem Anlass weiter verschärft wird. Damit steigt die Spannung ins Unerträgliche. Wenn Kinder diese Ungewissheit nicht mehr ertragen, sorgen sie aktiv dafür, dass der Zusammenbruch des Erziehers endlich eintritt, in der Hoffnung, dass wenigstens dies zu einer gewissen Entspannung führt. Somit provozieren die Kinder gerade jene Krise, vor der sie gewarnt worden sind. Es versteht sich von selbst, dass häufige Erfahrungen dieser Art die Persönlichkeit des Kindes prägen und eine aggressive Reaktionsbereitschaft fördern können.

Die Erziehung sollte also darauf bedacht sein, im Kind keinen durch Drohungen provozierten, lang dauernden Zustand von ängstlicher Anspannung zu erzeugen. Ein gemeinschaftliches Leben, in der bei Kindern und Eltern keine Aggression vorkommt, gibt es hingegen nicht. Alle Kinder geraten mit ihren Erziehern in erregte, aggressive Auseinandersetzungen. Die Aggression ist hierbei wie ein Fehdehandschuh, der – einmal hingeworfen – aufgenommen werden muss. Eltern müssen ihre eigenen aggressiven Anteile anerkennen und beherrschen lernen. Streitkultur ist gefragt. Ein Streit muss hinterher bedauert werden und mit einer Versöhnung enden können. Wer seiner aggressiven Seiten vollkommen entsagt, strahlt Ohnmacht aus und weckt in seinen Schutzbefohlenen Irritation, Orientierungslosigkeit und Wut, letztlich sogar wieder Angst. Die Erregung des Kindes geht in solchen Fällen gleichsam ins Leere. Nur wenn die Eltern der gelegentlichen Aggressivität des Kindes auch etwas Gleichartiges mit Bedacht entgegenzusetzen haben, können sie unbedachte Wutausbrüche und katastrophale Entladungen von Gewalt bei sich und bei ihren Kindern verhindern.

Wenn Erzieher denken, sie müssten ihre eigene Aggression oder jene der Kinder ein für alle Male unterdrücken, indem sie ein Klima der lähmenden Angst erzeugen, haben sie nichts gewonnen. Gerade diese Erziehung erzeugt ein hohes Erregungspotential, das sich später Bahn brechen wird. Der beste Weg liegt, wie so oft, in der Mitte. Es gibt allerdings keine einmal erreichte perfekte Balance. Meist ist entweder zu viel Angst oder zu viel Aggression im Spiel. Wir müssen dann gegensteuern und uns um einen Ausgleich und um Versöhnung bemühen. Diese Aufgabe hört nie auf.

## Angst und Aggression in aller Kürze

In welchem Verhältnis stehen Angst und Aggression zueinander?

- Mit Angst werden die eigenen aggressiven Wünsche in Schach gehalten.
- (Nicht nur) Kinder bringen gemeinsam mit ihrer Angst auch Wut zum Ausdruck: Die Wut enthält den Vorwurf, dass ihnen niemand hilft.
- Bei Babys vermischen sich Angst und Wut, wenn sie nach der Mutter schreien.
- Kinder beschwören in ihren Spielen künstliche Gefahren herauf. Sie machen sich selber Angst, um sich dann davon zu befreien. Sie entlasten sich auf diese Weise von ihren inneren (aggressiven) Spannungen.
- Angst und Aggression sind Ausdruck derselben inneren Erregung. Sie können stets ineinander übergehen. Das eine kann aus dem anderen hervorgehen:
- Angst kann Aggression auslösen.
- Aggression kann Angst auslösen.

Welche konkreten Gewalterfahrungen können zur Angst beitragen?

- Es handelt sich in der überwiegenden Zahl nicht um Erfahrungen mit Fremden.
- Es handelt sich in den meisten Fällen auch nicht um Naturkatastrophen.
- Die meisten Erfahrungen liegen im engsten vertrauten Lebenskreis des Kindes.
- Besonders Angst erregend sind Situationen, bei denen das Kind in eine wehrlose Lage versetzt wird und in dieser Lage etwas Schmerzhaftes, Unverständliches erleiden muss.

- Besonders folgenreich sind nicht kurze akute Schreckerlebnisse, sondern andauernde oder wiederholte Erlebnisse, auch dann, wenn sie verdeckt ablaufen oder nur angedroht werden.
- Gewohnheitsmäßiges Androhen von Gewalt versetzt das Kind in hohe innere Spannung. Oft wird die Drohung noch gesteigert, weil sich das Kind aktiv gegen die ohnmächtige Situation zu wehren versucht.
- Gewohnheitsmäßiges Androhen von Gefahren und die Dramatisierung von Risiken, wenn das Kind ein bestimmtes Verhalten nicht unterlässt, beschwören sowohl Trotz als auch Angst herauf.
- Kinder reagieren mit Angst, wenn sie oft erleben müssen, dass lustvolle Situationen aus der Kontrolle geraten und gefährlich enden.

Welchen Beitrag zur Verstärkung der Angst leisten die Medien?

- Fernsehkonsum mündet nicht automatisch in aggressives Handeln.
- Fernsehkonsum macht nicht automatisch Angst.
- Fernsehkonsum raubt den Kindern nicht ohne weiteres ihre Phantasie.
- Das Fernsehen ist freilich geeignet, vorhandene Eigenschaften und Schwächen des Kindes zu verstärken.
- Das Fernsehen wirkt umso schädlicher, je labiler und unselbständiger ein Kind ist.
- Das Fernsehen wirkt umso schädlicher, je weniger zwischenmenschliche Bindungen ein Kind besitzt.
- Das Fernsehen wirkt umso schädlicher, je länger die Zeit ist, die ein Kind täglich davor verbringt.
- Das Fernsehen wirkt „bildend". Es wird vom Lebensstil des Kindes und der Familie abhängen, welche anderen Bildungseinflüsse in Konkurrenz zum Einfluss des Fernsehens noch wirksam bleiben.
- Viele Fernsehsendungen vermitteln ein einseitiges, verzerrtes Bild vom Verhalten der Menschen und vom Zustand der Welt.

- Besonders gefährlich sind Sendungen, in welchen den Kindern der Eindruck vermittelt wird, dass ihr eigener Alltag täuschend echt abgebildet wird.
- Das Fernsehen bietet Rechtfertigungen für aggressives Handeln, wenn das Kind ohnehin hierzu neigt.
- Das Fernsehen bietet Vorlagen für Angst, wenn das Kind ohnehin hierzu neigt.
- Die größte Gefahr des modernen Fernsehens liegt in seiner Eigenschaft als Genussmittel!
- Fernsehgenuss wird zur allgemeinen Anregung und Beruhigung gebraucht – unabhängig von einer inhaltlichen Auseinandersetzung mit dem Gesehenen.
- Fernsehgenuss kann suchtähnliches Verhalten auslösen.

Welche Denkanstöße ergeben sich?

- Das Ausmaß der Angst bezieht sich auf das Ausmaß der Vorstellungen, die sich jemand von der Gefährlichkeit der Welt macht.
- Das Ausmaß der Angst hat auch damit zu tun, für wie gefährlich man sich selbst hält!
- Aus eigener Kraft können die Eltern ihr Kind nicht vor seinen Ängsten schützen.
- Zum Schutz vor Angst muss sich jeder an allgemein akzeptierten Meinungen, öffentlichen Einschätzungen und am gesunden Menschenverstand zu orientieren versuchen.
- Leider gibt es „wirkliche" Gefahren (z. B. Atomkraft), deren Ausmaß die Vorstellungskraft sprengt. Dadurch werden sie „unwirklich".
- Auch im Umgang mit diesen schwer greifbaren Gefahren können Eltern nichts anderes tun, als sich einer öffentlichen Meinungsbildung anzuschließen und die Angst nicht zu ihrer Privatsache zu machen.
- Kinder, die mit der Angst ihrer Eltern belastet werden, reagieren nicht selten trotzig und aggressiv. Dies erscheint unsinnig, weil sie sich damit noch mehr in Gefahr bringen. Kinder haben aber vor nichts mehr Angst als davor, wehrlos zu werden.

- Bezüglich des Fernsehens darf gehofft werden, dass die Kinder Anpassungsprozesse leisten, die sich die Eltern noch nicht vorstellen können, da sie als Erwachsene von der Medienentwicklung überrascht worden sind.
- Verbote, Normierungen und Beschränkungen sind ein unverzichtbares Element in der Auseinandersetzung mit den neuen Medien. Diese Auseinandersetzung muss geführt werden – vor allem wegen der problematischen Wirkung der Medien als „Genussmittel".

## Was sollen Eltern tun?

- Sich um eine realistische Gefahreneinschätzung bemühen.
- Hierzu den gesunden Menschenverstand und die allgemeine öffentliche Meinung nutzen.
- Die Kinder nicht mit der eigenen Angst unter Druck setzen.
- Die eigene Angst bekennen und von der Angst der Kinder abgrenzen.
- Den Kindern attraktive soziale Betätigungen vor der Haustür, in Schule und Verein bieten.
- Sich selbst als Eltern sozial entfalten und betätigen. Das vorleben, was von den Kindern erwartet wird.
- Bedenken, dass die Gefahr, Angst zu erleben und chronisch angstbereit zu werden, innerhalb der Familie weitaus größer ist als draußen im „feindlichen Leben". (Gilt für die hiesigen Lebensbedingungen.)
- Fernsehen reglementieren, nicht verbieten. Fernsehzeiten und Sendungen bestimmen. Immer neu darüber verhandeln.
- Zusammen mit den Kindern Sendungen anschauen. Fernsehen als Gemeinschaftserlebnis anbieten.
- Bei passender Gelegenheit auf gemeinsam gesehene Sendungen zurückkommen. Damit zeigen, dass es beim Fernsehen etwas inhaltlich zu verarbeiten gibt.
- Meinungen zu bestimmten Sendungen äußern.
- Wirklichkeit und Unwirklichkeit eines Films aufklären helfen. Beschreiben, wie er entsteht.

# Therapie der Angst

## Einführung:

Mutter eines achtjährigen Jungen, Jörg, zu ihrer besten Freundin: „Seit Stefan sich über seinen Rechtsanwalt gemeldet hat, ist unsere Ruhe dahin. Weißt du zufällig einen guten Kinderpsychiater oder Psychologen, der sich mit Scheidungssachen auskennt? Ich weiß, dass du mich immer vor Psychiatern, Psychologen, Psychotherapeuten, oder wie sie heißen, gewarnt hast, weil bei dir alles schief gegangen ist. Aber bei mir muss es jetzt sein. Ich brauche wenigstens eine Untersuchung für Jörg. Was, meinst du, ist besser für Jörg und mich, ein Mann oder eine Frau? Ich kann mir schon denken, dass der oder die mich dann ausfragt. Aber ich brauche einfach jemanden, der sich unseren Fall einmal ansieht. Jörg hat sich so verändert, ich kenne ihn nicht mehr wieder. Stefan will Jörg unbedingt sehen. Seit er von der Lehrerin gehört hat, was in der Schule los ist, will er ihn erst recht sehen. Jörg soll mitten im Unterricht zu weinen anfangen, wenn er einen Fehler macht. Er soll oft abwesend wirken. Ich kann es mir vorstellen. Zu Hause isst er kaum noch was. Er will morgens nicht in die Schule. Gestern hat er sich absichtlich in den Finger geschnitten. Dann hat er gesagt, jetzt will er sterben. Dass ein kleines Kind so etwas sagen kann, hat mich tief getroffen. Nachts ruft er mich und fragt, was ich mache, ob ich da bin. Er will nicht mehr in sein eigenes Bett.

Stefan hat beim letzten Anruf verlangt, er will Jörg jetzt endlich sehen. Er sagt, er hätte ein Recht dazu, du weißt schon, „Umgangsrecht". Stefan meint, Jörg vermisse ihn. Ich habe ihm geschrieben, ganz diplomatisch, Stefan soll Geduld haben, nach allem, was passiert ist, Jörg brauche Zeit. Stefan hat mir über seinen Anwalt eine Antwort zukommen lassen: Er könne nicht glauben, dass Jörg Angst hat. Ich würde ihn festhalten. Ich würde spinnen. Ich wäre nicht normal. Das ist schon ein starkes Stück. Als ob Jörg nicht lange genug die Hölle bei uns zu Hause mitgekriegt hätte. Wie oft hat Jörg mir gesagt, dass er seinen Vater nicht sehen will, dass er Angst vor ihm hat.

Stefan hat jetzt gedroht, dass er einen psychiatrischen Gutachter einschalten will. Das hat gerade noch gefehlt. Ich komme mir richtig verfolgt vor. Was Stefan kann, das kann ich schon lange. Ich werde nicht zulassen, dass Jörg verrückt gemacht wird. Sonst werde ich auch noch verrückt.

Ist es dir damals auch so gegangen, dass du gedacht hast, du bist selber nicht mehr normal, als du zu diesem Psychotherapeuten gegangen

bist? Was hat er dich gefragt? Was meinst du, wie oft man dort hingehen muss? Was werden die Leute denken? Für meine Eltern ist es
schlimm genug, dass ich durch die Scheidung Schande über die Familie
bringe. Meine Mutter würde die Hände über dem Kopf zusammen-
schlagen, wenn sie von dem Psychiater wüsste.

Ich will aber auf jeden Fall, dass Jörg Hilfe bekommt. Ich weiß auch,
dass ich selbst keine Kraft mehr habe, ihn zu beruhigen. Ich weiß nicht
mehr weiter, ich habe selbst den Kopf so voll mit Sachen, die sich immer
im Kreis herumdrehen, Tag und Nacht. Ich muss eine Schlaftablette nehmen, um einmal abzuschalten. Mir ist schon klar, dass Jörg mein Zustand
nicht gut tut und dass er das mitkriegt. Dafür brauche ich keinen Fachmann. Das braucht mir niemand vorzuhalten, danke schön. Aber dieser
Psychiater wird sich auch einige Geschichten aus meiner Ehe mit Stefan
anhören müssen. Er ist doch zum Stillschweigen verpflichtet, oder? Er
wird dann schon verstehen, warum jemand wie Stefan alles noch viel
schlimmer machen würde, wenn er sich Jörg zu Besuchen holen würde."

Was unternehmen Eltern mit einem erregten oder ängstlichen
Kind, einem Kind, das bestimmte Handlungen zwanghaft aus-
führt, andere angstvoll vermeidet oder verweigert? Was sollen
Eltern tun, wenn ihr Kind sie fassungslos macht oder in Angst
versetzt. Was sollen sie tun, wenn sie befürchten, durch ihr
Verhalten die Angst des Kindes zu verschlimmern, was, wenn
sie ihrem Kind eine Aufgabe, die ihm bevorsteht, nicht zutrauen, weil es mehrmals schon in Panik geraten ist. Der Weg,
den die Eltern gehen müssen, bis sie eine für sie akzeptable und
wirksame Hilfe gefunden haben, kann mühsam sein. Der Weg
verläuft oft über mehrere Stationen. Es ist selbstverständlich,
dass die Eltern erst einmal in der eigenen Familie, im Freundeskreis und in der Nachbarschaft Rat suchen. Hier geraten sie
wenigstens nicht unter Druck, wenn sie die erbetenen Ratschläge nicht befolgen. Sie kosten auch nichts. Die Eltern und
das Kind behalten die Situation im Griff.

Ab wann versagt dieses Laiensystem? Es ist unmöglich,
diese Frage allgemein zu beantworten. Man kann jedoch festhalten, dass professionelle Hilfe umso notwendiger wird, je
länger die Angst beim Kind andauert und je öfter sie auftritt.
Hilfe von außen wird umso notwendiger, je schlimmer die
Betroffenen wirklich leiden. Mit „Leiden" sind seelischer
Schmerz, Verwirrung, Ratlosigkeit und sozialer Druck ge-

meint. Die Schule oder Nachbarschaft, im Extremfall sogar Ämter können darauf drängen, dass es „so" nicht weitergehen kann. Das Kind kann Ablehnung und Isolation erleiden, die Eltern auch. Alle genannten Umstände versetzen die Betroffenen unter Zugzwang.

Kurzum, wenn Hilfe bei einer Fachfrau oder einem Fachmann gesucht wird, hat dies meist eine längere Vorgeschichte. Angst und Ängstlichkeit sind seelische Schwierigkeiten im Unterschied zu körperlichen Krankheiten. Ein seelisches Problem öffentlich vorzutragen, erfordert vom Kind und von den Angehörigen größeren Mut. Sie plagen sich mit der Frage, ob sie nicht „normal" und nicht „richtig im Kopf" seien. Mit diesem volkstümlichen Urteil wäre eine gesellschaftliche Ächtung verbunden. Vielleicht wollen die Eltern deshalb auch nicht jedem erzählen, was sie vorhaben und an wen sie sich wenden. Es könnte zu peinlichen Rückfragen kommen.

Wenn sich die Eltern erstmals an eine Fachperson wenden, ist es zunächst noch völlig offen, ob sich daraus eine Psychotherapie ergeben wird und wie diese aussehen könnte. Die Erwartungen an die Fachperson sind oft unerfüllbar hoch, so hoch wie die Sehnsucht nach erlösender Hilfe. Zugleich herrscht große Angst, dass man in eine Abhängigkeit geraten könnte. Zum Schutz vor dieser Abhängigkeit hat man daher „nur ein paar Fragen" und will einige wenige Dinge „klären". In der Tat sind Klärungen und Ratschläge, und nichts weiter als das, der erste vernünftige Schritt. Alles dieses ist noch weit von einer Psychotherapie oder gar von einer Abhängigkeit entfernt.

Psychotherapie wird gewiss vereitelt, wenn gegenüber dem allgemeinen Wunsch nach Hilfe ein gezieltes Anliegen zu früh in den Vordergrund rückt: eine Schulbefreiung, ein Wohnungs- oder Arbeitsgesuch, ein Platz für das Kind in einer bestimmten Einrichtung, ein Attest für eine Beschwerde oder eine gerichtliche Klage, der Beweis der eigenen Erziehungstauglichkeit oder der Untauglichkeit eines anderen. Natürlich kann sich hinter einem solchen Versuch, sich einen Vorteil zu verschaffen, eine seelische Notlage der Eltern verbergen. Ein Psychotherapeut wird sich aber erst engagieren, wenn er sicher geworden ist, dass es diese seelische Notlage wirklich gibt und dass der Betreffende auch Hilfe wünscht.

Viele Psychotherapeuten hegen zu Recht Zweifel, ob es sinnvoll ist, die psychotherapeutische Behandlung eines Kindes zu übernehmen und zugleich auf die tatsächlichen Lebensumstände Einfluss zu nehmen oder zur Spielfigur im Leben der Angehörigen zu werden. Ein typisches Beispiel ist die Schulbefreiung von schulphobischen Kindern. Der Therapeut entlastet Kind und Eltern zunächst, indem er die Schulunfähigkeit attestiert. Er macht sich aber nun selbst zum Richter über die Schulpflicht, ihren Sinn oder Unsinn. Er wird früher oder später den Schulbesuch selbst wieder wünschen und selbst am Sinn einer weiteren Befreiung zweifeln. Er wird nun zum Gewissen des Kindes und der Eltern, zur Amtsperson, zum Kameltreiber, zum Beschwichtiger und so weiter. Seine besondere therapeutische Rolle wird dadurch verschlissen.

Auch wenn es darum geht, Kindern getrennt lebender Eltern Atteste auszustellen, in denen begründet werden soll, warum ein Kind den anderen Elternteil lieber nicht besuchen sollte, gerät der Psychotherapeut in eine heikle Situation mit rechtlichen Folgen. Sie wird noch heikler, wenn das Attest Vermutungen enthalten soll, dass dem Kind durch Vater oder Mutter Unbill geschehen sein könnte. Es ist keine Frage, dass eine Mutter oder ein Vater in einer derart schwierigen Zeit Helfer benötigen, die sich eindeutig auf ihre Seite begeben und sich für sie einsetzen. Das Dilemma ist nur, dass sich jede Partei um solche Mitstreiter bemühen und „psychotherapeutische" Argumente sammeln wird. Der Begriff der „Psychotherapie" wird hier wohl doch überstrapaziert. Ein Psychotherapeut, der in dieser Form Partei ergriffen hat, wird als Zeuge vor Gericht rasch wertlos. Im englischen Rechtssystem würde die Gegenseite einen zweiten Sachverständigen aufbieten. Im deutschen Familiengericht würde ihm die Ablehnung wegen Befangenheit drohen und das Gericht würde einen unabhängigen Sachverständigen vorziehen.

Natürlich ist mit jeder Psychotherapie eine Parteinahme verbunden, denn jeder Psychotherapeut muss eine enge, ein-

fühlsame Beziehung zum Patienten herstellen. Die beste Parteinahme ist aber in strittigen Fällen dieser Art immer die Parteinahme für das Kind selbst. Diese Parteinahme beinhaltet, dass
sich der Therapeut nicht auf die Seite eines Elternteils und gegen den anderen Elternteil stellen darf. Eine derartige Einseitig-
keit würde den Interessen des Kindes zuwiderlaufen. Ich bin
daher überzeugt, dass derjenige, der eine Psychotherapie des
Kindes übernimmt, Atteste der oben beschriebenen Art nach
Möglichkeit nicht ausstellen sollte.

Die erste Anlaufstation für Eltern mit einem ängstlichen
Kind sind die Kinderärztin, beziehungsweise der Kinderarzt,
vor allem, wenn das Kind noch klein ist. Kinderärzte genießen
das meiste Vertrauen bei den Eltern. Dank ihrer Berufser-
fahrung, insbesondere wenn sie eine spezielle Ausbildung
besitzen, können sie den Eltern eine erste Einschätzung und
ersten Rat geben oder sie an eine kinderpsychiatrische Praxis
oder Ambulanz überweisen. Schulkinder gelangen schon häufiger auf direktem Weg zum Kinderpsychiater und Kindertherapeuten.

Andere Eltern ziehen es je nach den örtlichen Gegebenhei-
ten vor, in die Sprechstunden von Selbsthilfeorganisationen
und Beratungsstellen zu gehen. Hier sind überwiegend nicht-
ärztliche Psychotherapeuten tätig. Der Zugang ist informeller,
und vielleicht fühlt man sich weniger krank, wenn man diesen
Weg wählt. Wie auch Eltern sich entscheiden: Es geht zunächst
um eine Beratung, eine Sondierung des Problems, nicht sofort
um einen Therapievertrag.

Folgende Fragen stehen am Anfang jeder Beratung und vor
jeder Vereinbarung über das weitere Vorgehen: Welche Möglichkeiten haben die Eltern schon ausgeschöpft? Welche Vorstellungen haben sie von einer Behandlung? Erwarten sie lediglich einige wenige Ratschläge? Wie schätzen sie ihre eigenen
Möglichkeiten und die Aussichten auf Besserung ein? Sind sie
zu optimistisch oder zu pessimistisch? Müssen die Eltern aufgeklärt werden, dass eine Hilfe langfristig angelegt werden sollte? Oder müssen sie eher informiert werden, dass eine langfristige Hilfe nicht nötig ist? Welche Arten von Psychotherapie

werden vor Ort in erreichbarer Nähe angeboten? Welche der betroffenen Personen, Kind und Eltern eingeschlossen, würde sich am ehesten auf welche Art von Hilfe einlassen, wer ist am stärksten dem Leidensdruck ausgesetzt? Wer ist am stärksten an einer Veränderung interessiert? Wer wünscht am stärksten, dass ihm geholfen werde? Sind alle Personen anwesend, die in die Hilfe einbezogen werden sollten? Bei Schulproblemen ist es zum Beispiel mitunter notwendig, den/die betroffene/n Lehrer/in die Hilfe einzubeziehen, vor allem, wenn diese/r auf die Vorstellung gedrängt hatte.

Es gibt Eltern, die kurz vor der Erkenntnis stehen, dass das Problem der Ängstlichkeit nicht nur bei ihrem Kind, sondern auch bei ihnen liegen könnte, oder dass es zumindest auf sie abfärbt und von ihnen auf das Kind zurückwirkt. Solchen Eltern kann man eine Familientherapie vorschlagen. Manche Eltern haben Gutes davon gehört und suchen ausdrücklich eine solche Möglichkeit. Man wird ihnen die familientherapeutische Arbeitsweise noch einmal skizzieren und prüfen, ob keine allzu großen Missverständnisse vorliegen. Das gilt auch für Eltern, die Verhaltenstherapie oder ein tiefenpsychologisches Verfahren bevorzugen oder andere Therapien, von denen sie gehört haben, die in der Regel einem der genannten Grundverfahren zugeordnet werden können oder eine Kombination aus mehreren sind. Alle Eltern brauchen eine grobe Orientierung im Dschungel der „Psychoszene". Vor allem muss gewährleistet sein, dass die geplante Therapie die Interessen der Kinder wahrt und zugleich die Erwartungen und Bedürfnisse der Eltern mit berücksichtigt.

Die drei wichtigsten psychotherapeutischen Grundverfahren, die hier vorgestellt werden, sind: Verhaltenstherapie, Tiefenpsychologie und Familientherapie. In letzter Zeit haben sich die Theoretiker darüber verständigt, dass die Unterschiede zwischen diesen drei Ansätzen geringer sind, als gemeinhin angenommen wird. Diese Entdeckung kann nicht verwundern, wenn man bedenkt, dass sich die verschiedenen Therapien um die Behandlung derselben seelischen Probleme bemühen. Aus der Forschung ist bekannt, dass ein und dieselbe seelische Erscheinung, hier also die kindliche Angst, aus mehreren Quellen gespeist wird. Verschiedene Erklärungen und Ursachen einer Angst können also gleichzeitig und nebeneinander richtig sein und alle zur Grundlage einer Therapie gemacht werden. Jeder kann sich dem Problem der Angst von einer anderen Richtung nähern und dabei wichtige Veränderungen bewirken.

Die Unterschiede der therapeutischen Zirkel und Schulen sind in der Vergangenheit durch deren Isoliertheit und deren gegenseitige Abkapselung, Profilierungs- und Abgrenzungsbestrebungen überzeichnet worden. Leider sind es nach wie vor diese Unterschiede und nicht die Gemeinsamkeiten, welche sich aufdrängen, wenn man die therapeutischen Schulen in der Praxis anschaut. Im Zuge der Anerkennung der Psychotherapie als Heilberuf sind die beiden Hauptrichtungen, psychodynamische Psychotherapie und Verhaltenstherapie, genötigt worden, ihr je eigenes Profil nochmals zu schärfen. Diese Profile wurden der staatlichen Anerkennung zugrunde gelegt. Auf der anderen Seite ist in der Praxis der Kliniken längst anerkannt, dass es am besten ist, unterschiedliche Therapieverfahren zu kombinieren. Die Unterschiede in den therapeutischen Schulen spiegeln die Vielfalt menschlichen Lebens. Jede Schule strebt nach ihrem unverwechselbaren Profil und bildet ihren Stil aus. Sie verleiht sich damit ihre je eigene Überzeugungskraft. Es ist unverkennbar, dass die Therapieformen damit unterschiedliche menschliche Naturen ansprechen und in ihrer Art die einen anziehen, die anderen abstoßen. Alles dieses hat mit der Wirksamkeit und der Qualität der verschiedenen Therapieformen noch nichts zu tun.

Unter den Therapeuten jeglicher Herkunft gibt es Menschen, die mehr, und solche, die weniger zu überzeugen vermögen. Die wirksamsten Therapeuten sind diejenigen, die sich die Freiheit nehmen, von der Rechtgläubigkeit ihrer Schule abzuweichen und einen eigenen zu ihrer Person passenden Stil zu finden. Psychotherapie basiert auf wissenschaftlichen Erkenntnissen und will gelernt sein. In ihrer praktischen Ausübung ist sie jedoch keine Wissenschaft, sondern gleicht am ehesten einer handwerklichen Kunst, welche stark durch die Person geprägt wird, die sie ausübt. Mancher begnadete Therapeut hat sich aus seinem persönlichen Erfolg heraus berufen gefühlt, wieder eine Schule zu gründen. In seiner Nachfolge ist dann eine weitere Generation von Therapeuten herangewachsen, von denen die besten wieder ihre eigenen Wege gehen (aber hoffentlich nicht alle wieder eine Schule gründen!). So entsteht die kaum noch überschaubare Vielfalt der Angebote.

Die im Gesundheitswesen geforderte Qualitätskontrolle, d. h. die Aufstellung überprüfbarer Standards der Behandlung, macht auch vor der Psychotherapie nicht Halt. Nirgends ist sie so schwer zu verwirklichen wie hier. Sie mag, wo sie funktioniert, die Patienten davor schützen, an Therapeuten zu geraten, die keine anerkannte Ausbildung absolviert haben, sich nicht regelmäßig beraten lassen und weiterbilden oder sich nicht genug Zeit für den Rat- und Hilfesuchenden nehmen. Diese Mindestanforderungen garantieren jedoch keineswegs eine besonders gute therapeutische Wirkung. Es bleibt zu hoffen, dass die „Qualitätskontrolle" den Blick für die wahren Qualitäten einer Psychotherapie nicht verstellt, nämlich deren Kunstfertigkeit und die persönliche Ausstrahlung eines Therapeuten.

## Verhaltenstherapie

Eine Mutter berichtet über ihre zweieinhalbjährige Tochter: „Es fing an, nachdem wir umgezogen waren, aber nicht sofort, sondern mit einer Verzögerung von zwei Monaten. Daher war es uns erst nicht so klar. Direkter Auslöser war, dass sich Verena ihr Händchen im Hamsterkäfig eingeklemmt hatte, während ich ohne sie kurz einkaufen war. Danach ließ sie mich nicht mehr aus den Augen. Sie machte ein Heidenspektakel, wenn ich ihr nur den Rücken kehrte oder in der Nähe der Haustür stand. Ich musste alles mit ihr zusammen machen, ich durfte nicht einmal die Klotür zumachen. Sie wollte mitkommen, wenn ich den Mülleimer rausbrachte. Sie schrie und tobte, wenn ich nicht auf ihre Forderungen einging.

Unser neuer Kinderarzt kannte einen Therapeuten. Der hat sich erzählen lassen, wie alles anfing, ganz genau, wie sich Verena verhält und wie ich mich verhalte. Es war nicht einfach, weil Verena immer an meiner Seite war und mich abgelenkt hat. Beim nächsten Mal sollte

mein Mann mitkommen, damit wir etwas ungestörter sprechen können. Er hat dabei ausprobiert, wie Verena reagiert, wenn ich aus dem
Zimmer gehe, während mein Mann mit Verena spielt, und umgekehrt,
wie es ist, wenn mein Mann aus dem Zimmer geht. Er hat auch probiert, wie sie reagiert, wenn er Verena fragt, ob er oder die Mama einmal kurz aus dem Zimmer gehen dürfen, oder wenn er ihr den Plan
schmackhaft macht, indem er ihr verspricht, dass ich ein Eis kaufen
gehe. Verena war in der Praxis des Therapeuten erstaunlich ruhig, aber
was meine Anwesenheit betrifft, da blieb sie hart. Wir haben dann den
Papa losgeschickt, um ein Eis zu kaufen. Es war mit Verena ausgehandelt, dass ich zwar im Zimmer bei ihr bleiben würde, aber hinter einem Raumteiler, Verena konnte mich nicht sehen, konnte aber mit mir
sprechen und mich hören. Das hat sie natürlich nicht lange ausgehalten.
Sie kriegte ihr Eis erst, als sie dem Papa noch einmal vorgemacht hatte,
wie sie hinter der Wand stand und die Mama nicht sehen konnte.
   Der Therapeut hat uns dann einen Stufenplan vorgeschlagen, den
wir Schritt für Schritt abarbeiten sollten. Erfolge und Misserfolge
wurden protokolliert. Dementsprechend wurden die Schritte abgeän-
dert. Da gab es zum Beispiel folgende Inszenierungen: Der Papa ist
mit ihr im Zimmer, ich gehe kurz raus und komme wieder, bringe aber
etwas Schönes mit, was Verena besonderen Spaß macht. Ich bleibe etwas länger weg. Wir gehen zur Oma, die sie gut kennt, mein Mann ist
nicht dabei. Ich spreche davon, dass ich kurz rausgehe, dass ich eine
Belohnung mitbringe, aber nur, wenn sie nicht mitgeht. Wir machen
Spiele mit Zuhalten oder Schließen der Augen. Wir stellen fest, wer
alles noch da oder weg ist. Wir rufen. Derjenige kommt. Wir spielen
nicht nur Rufen und Antworten, sondern auch Rufen und Nicht-Ant-
worten.
   Die Zeiten, in denen ich mich von Verena entfernte, wurden langsam gesteigert. Dann fingen wir an, das gleiche Programm zusammen
mit den Nachbarn durchzuführen. Verena spielt gern mit dem Nach-
barskind. Ich ging dann eine Zeitlang in meine Wohnung und kam
zurück. Schließlich konnte die Nachbarin Verena zurückbringen. Sie
musste es nach einer gewissen kurzen Zeit tun, auch wenn Verena
noch dableiben wollte. Verena sollte während dieser Besuche mit mir
telefonieren. Sie wollte das bald nicht mehr. Am Anfang war Verena
sehr abweisend und misstrauisch bei diesen Unternehmungen. Irgendwann wurde ihr das Programm fast zu viel. Es gab einen Ruck in
ihr. Wir haben den Plan gar nicht bis zum Ende durchgehalten. Die
Angst ist jetzt wie weggeblasen. Verena hat ihr Vertrauen wiederge-
wonnen.«

Die Mutter eines siebenjährigen Jungen berichtet: »Unser Manuel
hatte schon seit längerem Angst vor Spinnen. Jetzt kam die Angst vor
dem Hund des Nachbarn hinzu. Das wurde richtig schlimm. Manuel

ging nicht mehr zur normalen Haustür hinein, sondern kam hinten durch den Garten. Vor unserer Haustür war der Hund gegen ihn gesprungen und hatte ihn umgeworfen. Sonst war zum Glück nicht viel passiert.

Unsere Therapeutin fanden wir ganz einfach in den gelben Seiten. Wir hatten ein Vorgespräch und mussten dann noch drei Monate warten, bis wir mit der Therapie endlich anfangen konnten. Wir bekamen am Anfang viele Fragen gestellt. Manuel musste genau erzählen, wie die Ängste ausgelöst werden, die genauen Umstände, zu Hause und auswärts. Ich sollte genau aufschreiben, was ich beobachte, bei Manuel und bei mir selbst. Ich sollte prüfen, ob ich selbst Angst vor Hunden oder Spinnen habe und wie ich reagiere, wenn so ein Tier auftaucht. Es kam heraus, dass ich selbst einen großen Bogen um Hunde mache, auch wenn mir direkt keine Angst bewusst ist. Wir haben dann einen Kalender bekommen, wo für jeden Tag etwas vorgesehen war. Wir sollten mit Manuel über Hunde sprechen und mit ihm Gedankenspiele anstellen, dass wir einen Hund kaufen könnten, wir sollten beraten, wann wir ein Hundebuch kaufen, einen Stoffhund kaufen, wo wir ihn aufstellen, wann und wie wir Tonbandaufnahmen von Hundegebell machen und wann wir es abspielen. Wir haben die Angst so dosiert, dass sie immer gerade noch unterdrückt werden konnte.

Das Gleiche galt für die Behandlung der Spinnenangst. Es gibt doch so grässliche Spinnen aus Gummi als Scherzartikel. Wir haben so ein Ding gekauft und damit gespielt, bis Manuel sie anfassen konnte. Er hat sie sich schließlich in seinem Zimmer an die Wand hängen können. Dann haben wir uns im Museum Spinnen in Schaukästen angesehen, riesige Exemplare. Manuel sollte ganz bewusst seine Gedanken auf Spinnen hinlenken und sich damit beschäftigen, bis es ihm zu viel würde und er keine Angst mehr dabei empfände. Das haben wir auch geschafft. Ich bin eine Expertin in der Angstbehandlung geworden und habe auch viel über mich selbst gelernt. Manuel ist seine Spinnen- und Hundeangst ganz gut losgeworden. Wir haben ein Stück Freiheit zurückgewonnen. Aber ich werde das Gefühl nicht los, dass wir beide, Manuel und ich, einfach ängstliche Menschen geblieben sind und immer bleiben werden."

Die Verhaltenstherapie geht von der Grundannahme aus, dass die abnormen Erlebnisse und Verhaltensmuster, in unserem Fall die Angstreaktion, „gelernt" werden. Die Angst steht am Ende einer Kette von Reaktionen, welche auf die Angst hinführen. Eine Gewöhnung lässt die Reaktionskette immer gleichartig ablaufen. Die Verhaltenstherapie strebt an, diese Reaktionskette aufzulösen und neue Reaktionsmuster einzuüben, die am Ende keine Angst mehr auslösen. Die Verhaltenstheorie nimmt weiter an, dass der Leidensdruck der Betroffenen tatsächlich aus dem Erleben der Angst stammt und dass dieser Leidensdruck entscheidend abgebaut werden kann, wenn die Angstreaktion verschwindet oder nur noch schwach ausgeprägt ist. Es ist dabei gleichgültig, in welchem lebensgeschichtlichen Zusammenhang die Angstreaktion ursprünglich entstanden ist. Wichtig sind nur Zustände, die dem Kind gegenwärtig bewusst sind oder aus der Erinnerung immer wieder ins Bewusstsein vordringen.

Zum „Abgewöhnen" der Angst werden verschiedene Techniken eingesetzt, deren Wirksamkeit, dies ist typisch für die Verhaltenstherapie, in Experimenten zuvor wissenschaftlich erprobt worden ist. Natürlich müssen diese Techniken nun in der Praxis mit Einfühlungsvermögen und Geschick auf jeden Einzelfall angewendet werden. Das Verhalten eines Kindes, so weit es die Angst vorbereitet, wird in kleine Schritte zerlegt. Jeder Schritt wird daraufhin untersucht, wie er ausgelöst wird und wie er den nächsten Schritt bedingt. In der modernen Verhaltenstherapie werden diese Schritt auf möglichst vielen Ebenen analysiert: Nicht nur das Verhalten der Personen, auch ihre Stimmungen, Neigungen, Sinneswahrnehmungen und körperlichen Signale werden beachtet. Dem Auslösereiz für Angst soll gegengesteuert werden. Manche Therapien nutzen die besondere Fähigkeit des Nervensystems aus, seine Funktionen zu hemmen, wenn frühzeitig ein Warnreiz eintrifft, in unserem Fall eine Rückmeldung über die beginnende Angst, die dem Betroffenen vielleicht noch gar nicht voll bewusst ist. Die Übungsschritte müssen so bemessen werden, dass sie unterhalb der Schwelle bleiben, wo bereits eine stärkere Angst ausgelöst wird. Offensichtlich erfordert diese Methode ein hohes Maß an bewusster eigener Mitarbeit und ein klares Verständnis der Lebensschwierigkeiten, die sich als Folge der Angst ergeben haben. Die therapeutischen Schritte sind stark vorbedacht und ausgetüftelt. Die Anordnungen müssen befolgt werden. Bei ängstlichen Kindern werden die Eltern nicht selten zu Hause als Co-Therapeuten oder sogar als die entscheidenden Therapeuten eingesetzt. Sie müssen die Übungsprogramme nach Anleitung weiterführen. Verhaltenstherapie ist stark erfolgsorientiert. Sie setzt sich klare Ziele, hält an ihnen fest und versucht sie zu erreichen. Weil viele Alltagserscheinungen angesprochen und aufgegriffen werden und den kleinen Details des Erlebens viel Aufmerksamkeit geschenkt wird, fühlen sich die Kinder und Eltern gut verstanden. Kennzeichnend für die verhaltenstherapeutischen Schulen ist, dass sie auf die Überprüfung der Wirksamkeit ihrer Verfahren großen Wert legen. Weitere Ziele der Verhaltenstherapie sind Alltagstauglichkeit, Allgemeinverständlichkeit, Lern- und Lehrbarkeit für jedermann. Die Mehrzahl der Ratgeber-Bücher für Ängste sind von Vertretern dieser Schulrichtung verfasst. Sie stellen dort ihre Programme vor.

Wie jede Therapiemethode hat auch die Verhaltenstherapie ihre Grenzen. Sie ist nicht für alle Formen der Angst gleich gut geeignet. Manchen Kindern und Eltern liegt sie nicht. Ihr wird vorgeworfen, sie verniedliche die mit schweren Angstzuständen zusammenhängenden Lebensprobleme oder greife sie gar nicht auf, sie wähle einen zu engen Blickwinkel, bleibe zu sehr an der Oberfläche. Bei den Verfahren, die das Üben stark betonen, wird befürchtet, dass – entgegen der erklärten Absicht – ein Kind noch stärker unter Leistungsdruck geraten könnte, statt davon entlastet zu werden, und dass sich die Eltern in ihrer Co-Therapeuten Rolle mit dem Kind verbeißen könnten.

Für die Frage, warum zum Beispiel eine Mutter immer wieder unwillkürlich Spannungs- und Angstgefühle ihrem Kind gegenüber aufbaut, fühlt sich die Verhaltenstherapie nicht zuständig. Genauer: Die Nachforschungen nach dem „Warum" enden an dem Punkt, wo geklärt ist, dass die Mutter oder eine andere Bezugsperson unmittelbar vor dem Konflikt mit ihrem Kind ein bestimmtes auslösendes Verhalten zeigt. Falls einer Mutter diese Erklärung nicht genügt und sie tiefere Gründe für die Motive ihres Handelns sucht, wird sich der Verhaltenstherapeut auf diese Art zu fragen nur in begrenztem Umfang einlassen. Eltern, die stets nach dem Warum fragen, eignen sich für die tiefenpsychologische Methode. In der Verhaltensherapie wird von den Angehörigen erwartet, dass sie aufgrund der erhaltenen Anweisungen und Übungen ihr Problemverhalten zu vermeiden lernen und dadurch schließlich so entlastet sind, dass sich weitere quälende und unbeantwortbare Fragen nach dem Warum erübrigen. Falls eine psychische Entlastung der Eltern nach mehreren Anläufen nicht gelungen ist, wird der Knoten mit dieser Therapieform nicht zu lösen sein.

Nicht nur eine Verhaltenstherapie, sondern jegliche Psychotherapie ist dann unangebracht, ja wäre geradezu zynisch, wenn ein Kind seine Ängste als Reaktion auf unmittelbare äußere Belastungen entwickelt, zum Beispiel als Folge seelischer und körperlicher Misshandlungen und Drohungen oder als Folge grober Fehleinschätzungen des Leistungsvermögens und dadurch bedingter schulischer Überforderungen. Hier muss es vorrangig um eine Verbesserung der konkreten Lebensbedingungen gehen. Falls die Eltern diese Bedingungen nicht durchschauen, muss hieran mit den Eltern gearbeitet werden. Natürlich sollte auch das Kind in therapeutischen Gesprächen seelisch entlastet werden, aber nicht mit dem Ziel, dass es sich die Angst abgewöhnen soll. Erst nach längerem Abstand von traumatischen Erfahrungen in einer entlasteten Situation stellt sich die Frage erneut, wie eine noch vorhandene Angst therapeutisch gebessert werden kann. Auch Verhaltenstherapie kommt dann wieder in Frage.

Die Verhaltenstherapie gerät ebenfalls an Grenzen, wenn die Ängste des Kindes sehr unscharf und flächenhaft in vielen Lebensbereichen ausgebreitet sind und sich in einer Fülle von Problemen äußern, die sich kaum in eine Rangordnung nach ihrer Wichtigkeit bringen lassen. In diesen Fällen ist nicht zu hoffen, dass man die Gesamtsituation des Kindes verbessert, wenn man ein einzelnes Symptom bessert, da neben der Angst weitere Schwierigkeiten existieren: Erregungszustände und Wutanfälle bei Meinungsverschiedenheiten unter Kindern, allgemeine Scheu und Kontaktschwäche, Stottern, Tics, Schulversagen durch Teilleistungsschwächen, Mutlosigkeit, Schlafstörungen, Nägelbeißen, Bettnässen. Einzeln wären diese Probleme zweifellos verhaltenstherapeutisch angehbar. Selbstbewusstsein und angepasstes Sozialverhalten lassen sich „trainieren". Nägelbeißen hat eindeutig den Charakter einer „Angewohnheit" und lässt sich mit geeigneten Mitteln „abgewöhnen". Bettnässen kann mit Übungsprogrammen sehr wirksam bekämpft werden. Stottern ist ein ideales Gebiet für Übungsprogramme. Es gibt Hunderte dieser Programme, viele mit guten Erfolgsquoten. Tics können verhaltenstherapeutisch gut gebessert werden. Eine Teilleistungsschwäche kann durch gezielte Förderung abgemildert werden.

Ein Kind jedoch, das im Verlaufe weniger Lebensjahre gleich mehrere der genannten Störungen zeigt, steht offensichtlich unter starkem innerem Druck, der gleichsam überall aus den Ritzen kriecht. Es wäre wenig sinnvoll, auf die einzelnen Erscheinungen zu starren und zu versuchen, diese mit Hilfe der Verhaltenstherapie zu beseitigen. Von einem Therapie-Marathon, also jahrelangen Therapieversuchen bei unterschiedlichen Spezialisten, ist dringend abzuraten. Jede dieser Therapien wird natürlich mit den besten Absichten eingeleitet, weil die Eltern etwas für das Kind tun wollen. Zu wissen, dass das eigene Kind große seelische Probleme hat und nichts zu tun, führt bei den meisten Eltern zu nicht geringen Schuldgefühlen. Passives Verhalten andererseits ist keine Alternative. Eltern, deren Kind über viele Jahre psychisch anfällig und ängstlich ist, bedürfen daher einer behutsamen Beratung, was sie tun und was sie lieber unterlassen sollten, um ihrem Kind zu helfen.

## Tiefenpsychologie

Erfahrungsbericht eines analytischen Spieltherapeuten, adressiert an die Mitarbeiter eines Heims, in welchem die zehnjährige Sandra seit einem Jahr lebt, nachdem sich herausgestellt hatte, dass sie vom Lebensgefährten der Mutter und mindestens einer weiteren unbekannten Person sexuell missbraucht worden war. Sandra zeigte im Heim theatralisches sexualisiertes Verhalten, in das die anderen Kinder hineingezogen wurden. Nachts litt sie unter immer gleichen Angstträumen, dass ein Mann zu ihr käme und sie mit einem Messer bedrohe:
„Die Behandlung findet seit zehn Monaten wöchentlich einmal in meiner Praxis statt. Sandra wird von ihrer Bezugsbetreuerin gebracht

und abgeholt. Am Anfang war Sandra sehr ausschweifend und zudringlich. Sie wütete in meinen Spielsachen herum und machte vieles kaputt. Immer wieder schmiegte sie sich ohne erkennbaren Anlass an mich, war sehr unruhig, rastlos, auch erregbar. Sie spielte lautstark mit den Puppen des Kasperltheaters. Die Personen verführten und betrogen sich gegenseitig. Es gab Szenen voll Neid und Eifersucht. Es wurde gefüttert und gehungert. Einer nahm dem anderen das Essen weg. ,Du musst sagen, du kriegst nichts', war ein typischer Ausspruch. Essen wurde ausgekotzt, Essen wurde hineingestopft. Die Situation mit Sandra in meinem Zimmer war für mich eng und bedrängend. Das Spiel von Sandra verlief intensiv und chaotisch. Es war sehr schwierig, steuernd einzugreifen. Ich beschloss, die Tür zum Spielzimmer offen zu lassen, damit ich von meiner Sprechstundenhilfe gehört und gesehen werden konnte. Mir war bewusst, dass ich in Sandras Vorstellung ein potentieller Missbraucher war und dass meine männliche Rolle durchaus heikel für sie war. In Fachgesprächen mit meinem Supervisor musste ich diese Schwierigkeit selbst immer wieder reflektieren. Meine Gefühlsbeteiligung ging so weit, dass mir bei einigen ,Spielen' von Sandra übel wurde.

Erst nach etwa drei Monaten begann Sandras Spiel etwas freier und variantenreicher zu werden. Ich merkte es daran, dass ich den Spielablauf mitgestalten durfte. Ich konnte zum Beispiel die Würde, die Gesundheit oder die Intimsphäre einer Spielfigur verteidigen. Es bildeten sich bei Sandra Lieblingsspiele heraus, mit denen sie unausgesprochen bestimmte Fragen stellte: Wie kann man Schutz finden? Muss man dazu wieder zum Baby werden, also noch einmal ganz von vorne anfangen? Wie fühlt es sich an, wenn man eine erwachsene Frau ist, schön, gefährlich, verführerisch? Wie schlimm ist der Wunsch nach Zerstörung? Kann etwas Schlimmes je wieder gut werden? Was kann der Mensch aushalten, was kann er überleben? Was bedeutet männlich oder weiblich? Was ist eine Schwangerschaft und eine Geburt? Was ist Wirklichkeit und was ist Phantasie?

In letzter Zeit kann sich Sandra sogar an frühere Therapiestunden erinnern und kann vergleichen. Ich hoffe, dass auch die Erinnerung an ihre wirklichen Erfahrungen des Missbrauchs im Spiel noch greifbarer werden. Zur Zeit versucht sie sich im Spiel davon zu überzeugen, dass eine gefährliche Sache überhaupt gut ausgehen kann. ,Die Prinzessin beschließt, das Krokodil freizulassen.' Sie erntet dafür von der Polizei heftige Vorwürfe. Das Krokodil benimmt sich anständig. Bemerkenswert, dass die Prinzessin das Krokodil nicht mehr ständig umarmt und begrapscht. Ich habe der Prinzessin in der letzten Stunde einen Orden für ,menschliche Tierhaltung' verliehen.

Die Tür zum Therapieraum ist inzwischen während der Stunden geschlossen. Sandra erlebt den Raum als Schutz und Sicherheit, möchte wohl dort auch ihre Phantasien einsperren. Ich kann es mit ihr im

Zimmer gut aushalten. Sie merkt inzwischen, wann ich gern und wann ich widerwillig mitspiele. Sie behandelt mich besonders freundlich, wenn sie meint, dass sie mich zuvor geärgert hat. Sie kann mich als Person mit eigenen Gedanken und Gefühlen anerkennen. Ich bin nicht mehr nur die Zielscheibe ihrer eigenen Gefühle. Sie hat das Bedürfnis nach Wiedergutmachung. Sie hat mich gefragt, warum die Tür früher offen geblieben war und ob ich meiner Sekretärin erzähle, was sie hier drinnen spielt. Sie kann ihr Innenleben und ihre Außenwelt besser voneinander unterscheiden.

Sandra hat also den Ansatz einer Beziehung zu mir hergestellt. Ich empfehle dringend, die Therapie fortzusetzen. Erst im Zusammenhang mit einer längeren vertrauensvollen Beziehung wird es für Sandra möglich sein, ihre Erinnerungen an die Missbrauchserfahrungen aus der Verdrängung zu holen und neu zu verarbeiten. Erst dann wird sich möglicherweise ihr äußeres Verhalten auch in der Gruppe verändern.«

Tagebuch eines Vaters über eine tiefenpsychologische Erziehungsberatung: Der zweijährige Jan hat andauernde nächtliche Schlafstörungen und Ängste und hält damit das ganze Familienleben „im Würgegriff", wie es der Vater ausdrückt. Die Eltern sind zerstritten und verzweifelt.

30. Dezember: Corinna hat vorgeschlagen, zu der Erziehungsberatungsstelle zu gehen, eine Nachbarin hat ihr davon erzählt. Ich weiß nicht, was ich davon halten soll. Es kommt mir wie eine Bankrotterklärung vor. Nach erst zwei Ehejahren! Jan macht uns beide unbeschreiblich wütend. Jeden Abend dieses Gezeter, und das alles nach der Arbeit, wo ich sowieso völlig erledigt bin. Diese Schreierei. Diese endlosen Verhandlungen, wovor er wieder Angst hat und was wir zu tun haben, damit er schlafen kann. Und dann steht er wieder vor der Schlafzimmertür. Und dann sitzen wir mit ihm bis spät in die Nacht im Bett. Oder Corinna schläft neben ihm auf dem Boden. Ich habe neulich gedroht auszuziehen. Corinna hat gesagt, sie geht auch ohne mich zu der Erziehungsberatung. Das kommt aber gar nicht in Frage, ich gehe mit.

9. Januar: Die Frau in der Erziehungsberatungsstelle hat nur zugehört, fast gar nichts gesagt. Ich habe vielleicht etwas zu viel geredet, wenn man bedenkt, dass eigentlich Corinna und nicht ich dahin gehen wollte. Ich habe der Beraterin gesagt, sie soll uns gefälligst ein paar gute, handfeste Ratschläge geben, wozu seien wir sonst gekommen. Sie hat gesagt, es sei wohl zu Hause viel Ärger in der Luft. Sie hat den Ärger gar nicht auf sich bezogen. Das war imposant.

16. Januar: Frau K., die Beraterin, hat sich nach Corinnas und meiner Beziehung erkundigt: wie wir uns kennen gelernt haben, woher wir stammen, wie wir mit unseren Eltern auskommen, unter welchen Umständen Jan entstanden ist, wie wir mit ihm leben, was wir arbei-

ten. Corinna hat vom Tod ihres Vaters vor drei Jahren erzählt und geweint. Frau K. hat gemeint, der tote Schwiegervater steht vielleicht noch zwischen uns. Ich habe gesagt: „Nein, wenn einer zwischen uns steht, dann ist es Jan, wegen dem sind wir schließlich da und nicht wegen dem Schwiegervater." Da hat die Frau nur gesagt: „Ja, wenn Sie es so erleben, dann ist es für Sie so." Das ist ein typischer Satz, so reden diese Berater nämlich.

23. Januar: Corinna hat diesmal am meisten geredet: darüber, wie abgöttisch die Oma den Jan liebt. Darüber, dass Jan den ganzen Tag wegen unserer Berufe bei der Oma ist, was die Oma mit Jan alles „nicht so ganz in unserem Sinne" macht. Darüber, wie gemischt Corinnas Gefühle sind, dass sie aber nichts dagegen machen könne. Immerhin könnte Corinna nicht arbeiten, wenn die Oma nicht wäre. Vorher hatte Frau K. gefragt, ob Corinna sagen wolle, dass die Oma wie eine Mutter zu Jan wäre. Da hat sie einen wunden Punkt berührt. Es fällt mir schon lange auf, wie sehr sich Corinna mit ihrer Mutter über Jan streitet. Jede weiß es besser, jede will die Mutter sein. Ich kriege da keinen Fuß dazwischen, wenn die beiden sich streiten. Ich will das heute erzählen, komme aber nicht zu Wort. Vielleicht will Frau K. nicht, dass ich noch Öl ins Feuer gieße bei diesem heiklen Thema.

Warum spricht Frau K. nicht einfach aus, dass Corinna und ihre Mutter Rivalen um die Mutterrolle sind. So viel Psychologie verstehe ich auch noch. Die Beraterin kommt mir heute etwas umständlich vor. Sie fragt Corinna nach ihrem früheren Verhältnis zu ihrer Mutter: wie sie sich als Kind behandelt gefühlt habe. Sie fragt dann: „Denken Sie, dass es Ihre Mutter mit Jan jetzt so schlecht macht, wie früher mit Ihnen?" Corinna sitzt grimmig da und sagt, sie habe sich eine bessere Mutter gewünscht. Frau K. fragt: „Haben Sie Ihrer Mutter dafür eigentlich schon verziehen?" Corinna wehrt ab: „Das ist alles längst vorbei." Frau K. hält dagegen, dass man sich bis ins hohe Alter als Kind fühlen könnte, die Kindheit sei nie vorbei. Ich denke, Corinna ist heute etwas konsterniert. Am Schluss meinte Frau K. noch zu mir, ich wäre wohl aus dem Gespräch etwas ausgeschlossen gewesen. Kein Wunder.

30. Januar: Corinna findet die Therapeutin nicht mehr so gut. Diese merkt es. Sie sagt, sie sei wohl zu etwas Ähnlichem wie die Großmutter geworden. Die genieße ja auch kein Vertrauen. Heute fragt Frau K. mich, wie ich zu dem verstorbenen Großvater stand. Sie kann sich denken, dass ich mich mit diesem Mann nicht verstanden habe. Der wollte nicht, dass ich „seine" Corinna heirate. Der hat mich fertig gemacht. Es war ein großes Theater. Ich befürchte, wenn er nicht plötzlich gestorben wäre, wären wir jetzt immer noch nicht zusammen. Als ich das in der Stunde so erzähle, wird Corinna ganz wild und fährt mich an: „Jetzt fängst du auch noch damit an! Ihr wollt mich alle fertig machen. Natürlich haben wir geheiratet, weil Jan unterwegs war. Was ist schon dabei!"

7. Februar: Corinna war gestern allein bei der Therapeutin. Sie sagt, sie hätten sich über Jan unterhalten und über ihr schlechtes Gewissen, keine gute Mutter zu sein. Sie hat wohl gesagt, sie wüsste manchmal nicht, ob sie das Kind überhaupt gewollt habe, gerade wegen ihres Streits mit der Mutter. Frau K. und Corinna haben wohl noch mehr über Corinnas Familie gesprochen, über den Vater, denke ich mir, und über mich. Damit rückt Corinna aber nicht heraus. Sie ist in sich gekehrt. Sie will auch von Jan in letzter Zeit nicht viel wissen. Der findet sich erstaunlich gut damit ab und hält sich stattdessen an mir fest und lässt die Mama in Ruhe. Er hat längst nicht mehr so viel Angst, wenn er ins Bett soll.

20. Februar: Es gab noch einen Termin mit Corinna und Frau K. Heute bin ich wieder mit dabei und bringe vor, dass ich schon gerne wüsste, ob ich mich auf die Ehe verlassen könne oder ob sie nur auf zwei dummen Zufällen beruhe: der Schwangerschaft und Corinnas Wunsch nach Trennung von ihrer Mutter. Die Beraterin stellt sich heute ganz auf die Seite von Jan. Sie sagt, Jan würde sich freuen, wenn die Eltern zusammenblieben. Außerdem wäre Jan erleichtert, wenn die Mama ihm erlauben würde, die Oma zu lieben. Die Oma wäre eine wichtige Sicherheit für ihn.

Auf dem Heimweg sagt Corinna zu mir, sie habe immer geglaubt, dass Jan nur zu ihr, aber nicht zur Oma wolle, und dass es grausam von ihr sei, ihn zur Oma zu schicken. Das habe ihr ein schlechtes Gewissen gemacht, weil sie doch so wenig Zeit habe und weil sie nicht einmal sicher sei, ob sie jemals eine „gute Mutter" für Jan werden könne und ihm genug geben könne. Sie fühle sich entlastet, wenn es wirklich stimme, dass Jan gerne zur Oma geht. Ich sage ihr noch, dass ich auch finde, dass Jan gern zur Oma geht und dass er sich dort sehr wohl fühlt. Corinna sagt: „Eigentlich muss es mir recht sein, weil ich so mehr Freiheit habe. Aber ich muss mich immer wieder wundern, wie Jan mit ihr zurechtkommt." Ich sage: „Jan ist eben anders als du. Vielleicht hat er es von mir." Tatsächlich muss man weiterhin feststellen, dass es Jan besser geht. Er hat weniger Angst und drängelt weniger. Er interessiert sich stärker als früher für mich. Corinna ist nicht mehr so übertrieben um ihn bemüht und nimmt sich auch mal Zeit für mich. Sie geht selbstverständlicher mit Jan um. Die Beraterin hat ihr offenbar mehr Selbstvertrauen gegeben.

Corinna und ich verstehen inzwischen beide etwas besser, wie die Geschichte unseres Kindes und die Geschichte unserer Ehe mit unserer eigenen Kindheit und mit unseren Eltern zusammenhängt und mit allem, was wir daran noch nicht verdaut haben.


Die Grundannahmen der Tiefenpsychologie bilden einen Kontrast zur Verhaltenspsychologie. Dies trifft auf alle Formen der tiefenpsychologischen Behandlungen zu, die auch (psycho-) dynamisch, (psycho-)analytisch oder verstehend genannt werden. Als Psychoanalyse werden besonders umfassende, gründliche und langwierige Behandlungen dieser Art bezeichnet. Sie fußt auf der ältesten Tradition und geht auf den Nervenarzt Sigmund Freud zurück. Diese Form der Behandlung ist jedoch bei Kindern nicht anwendbar und hat viele Abwandlungen erfahren. Die Vielfalt der Richtungen in der Tiefenpsychologie ist noch unüberschaubarer als im Bereich der Verhaltenstherapie. Dies dürfte an ihrer längeren Geschichte liegen. Die Verhaltenstherapie entstand in der Mitte des 20. Jahrhunderts, die Tiefenpsychologie am Ende des 19. Jahrhunderts.

Die Tiefenpsychologie geht davon aus, dass die Angst ihren Ursprung in Erlebnissen, Spannungen und Widersprüchen hat, die weit zurückliegen und nicht offen erinnerbar sind. Die Angst tritt aufgrund neuer Belastungen zutage, die Voraussetzungen existieren schon lange vorher. Die Tiefenpsychologie macht sich auf die Spurensuche. Sie vermutet, dass sich die Veranlagung zu Angst schon in anderen seelischen Erscheinungen verraten hat. In jeder tiefenpsychologischen Behandlung steckt also die Neugier nach dem Ursprung des Problems, selbst dann, wenn klar ist, dass sich daran nichts mehr therapeutisch ändern lässt. Der Tiefenpsychologe wird auf den Einwand der Unabänderlichkeit erwidern, der Ursprung der Angst müsse neu verstanden und neu verarbeitet werden. Die Ursache der Angst wird nicht eindeutig in einem Fehlverhalten der Eltern oder einer Störung der natürlichen Anlagen gesehen, sondern in einem frühzeitigen Zusammenspiel von beidem.

In jedem Fall liegt für den Tiefenpsychologen das entscheidende Moment der Angst hinter den Kulissen – im Unbewussten oder Vorbewussten. Ziel seiner Behandlung ist daher die Wiederherstellung der Erinnerung und die Bewältigung der Vergangenheit. Das, was hinter den Kulissen liegt, soll zwar nicht grell angeleuchtet werden, soll aber zumindest geklärt, verstanden, bearbeitet und vom Betroffenen nicht mehr als unerträglich empfunden werden. Nur so kann sich nach dieser

Auffassung langfristig etwas verändern, ohne dass sich das Problem nur verlagert und an anderer Stelle als neues seelisches Leiden auftritt.

Das zugrunde liegende Problem wird in einem Konflikt gesehen. Im Konflikt prallen widerstrebende Wünsche, Gefühle und Erinnerungen aufeinander oder Wünsche und innere Verbote. Ein Teil der Gefühle wirkt aus dem Unbewussten in den Konflikt hinein. Damit wird der Konflikt nicht mehr durchschaubar. Wenn das Kind sich an die Mutter klammert, durchschaut diese vielleicht nicht mehr, dass das Kind von ihr gleichzeitig loskommen will und sich nur festhält, weil es die Rache der Mutter für diesen „bösen" Wunsch fürchtet. Wenn das Kind sagt, es habe Angst vor dem Vater, durchschaut es in diesem Augenblick nicht, dass es sich zu ihm hingezogen fühlt und seine Sehnsucht bremsen muss, um der Mutter nicht wehzutun, weil es ja weiß, dass die Mutter täglich unter dem Vater zu leiden hat. Wenn das Kind sagt, es habe Angst vor dem Lehrer, ist ihm in diesem Augenblick nicht bewusst, dass es viel größere Angst vor der Trennung von der Mutter hat und dass diese Angst die entscheidende ist, die den Schulbesuch verhindert. Wenn die Mutter das schreiende Kind festhält, um es zu trösten, und ihr dies nicht gelingt, verdrängt sie und durchschaut nicht, dass sie eigentlich wütend ist und das Kind ebenso umbringen könnte. Es wäre in diesem Augenblick ein absolut schrecklicher Gedanke, den sie tabuisiert.

Das Symptom „Angst" wird in tiefenpsychologischen Behandlungen als letzter Anstoß zur Behandlung und als Hilferuf betrachtet. Die Angst wird als Grund für ein „Therapiebündnis" begrüßt. Aber die Behandlung will oft nicht bei der Angst stehen bleiben. Der typische Behandlungsverlauf will das Kind und seine Eltern zu Streifzügen in die Vergangenheit, ins Reich der Phantasien, spontanen Einfälle und Träume einladen, egal, wohin die Reise dabei geht. Die gesamte Lebensgeschichte des Kindes und die Geschichte der Eltern dürfen ins Blickfeld kommen. Alles wird für wichtig gehalten. Der Therapeut erlebt, dass das Kind zu ihm eine therapeutische Beziehung herstellt. Diese verläuft in mancher Hinsicht nach ähnlichem Muster wie andere wichtige Beziehungen des Kindes. Anhand dieser so genannten „Übertragung" erhält der Tiefenpsychologe Zugang und Zugriff auf vielfältige Probleme des Kindes. Durch diesen breiten Ansatz kann es geschehen, dass im Verlauf der Therapie ein anderes Ziel vor Augen rückt, das noch wichtiger erscheint als die Beseitigung der Angst. Die Richtung der Therapie wird aber auch vom Kind oder seinen Eltern mitbestimmt. Der Therapeut nimmt sich immer wieder zurück und versucht, durch sein Verhalten lediglich eine seelische Verfassung zu begünstigen, in der die Betroffenen sich besser verstehen und weiterentwickeln können. Die Zurückhaltung geht freilich nicht so weit, dass sich die Therapeuten ganz um Ratschläge drücken. Sie glauben nur, dass es nicht sinnvoll wäre, eine Klarheit vorzutäuschen, die von der Natur des Problems her noch nicht möglich ist. Sie fordern die Eltern auf, die Unklarheit der Situation, solange sie vorherrscht, mit ihnen gemeinsam zu erdulden. Sie muten den Eltern und dem Kind zu, selbst Antworten zu finden, und vertrauen darauf, dass diese die besten Antworten sind, die den Betroffenen wirklich etwas bedeuten und nützen.

Manche Eltern empfinden tiefenpsychologische Behandlungen als zu weit reichend, eindringend und anspruchsvoll. Der zeitliche Aufwand kann tatsächlich hoch sein. Es gibt aber tiefenpsychologische Behandlungsformen, die nur auf eine kurze Dauer ausgelegt sind und sich auf eine vertiefte Beratung beschränken. In einigen Formen der analytischen Kinderbehandlung werden die Eltern nur am Rande beteiligt. Bei anderen Formen stehen sie durchaus im Mittelpunkt. Ein innerer Bereich der Arbeit zwischen Therapeut und Kind soll meist geschützt bleiben. Aus diesem Bereich können sich die Eltern ausgeschlossen fühlen.

Welche Fälle sind für die Tiefenpsychologie weniger geeignet? Ältere Kinder, die nicht mehr im Spielalter sind, die andererseits wenig Neigung haben, sich mit einem Therapeuten menschlich auseinander zu setzen oder sich zum Zwecke einer Therapie an ihn zu binden. Kinder, die weder sprachlich noch durch Phantasieentfaltung gut in sich hineinblicken lassen.

Kinder und Eltern, die auf eine rasche Besserung ihrer Probleme drängen, sogar eine Medikation in Kauf nehmen würden, sichtbare eindrucksvolle Aktivitäten im Sinne eines Problem-Managements erwarten, sich selbst unter Erfolgsdruck setzen und somit ein begrenztes Ziel verfolgen: eine Prüfung trotz einer Angst zu bestehen, eine Reise trotz einer Angst anzutreten. Im Übrigen sind für die Verwendung der Tiefenpsychologie bei kindlicher Angst keine deutlichen Grenzen aufzuzeigen. Ängstliche introvertierte Kinder sind in der Regel recht gern bereit, sich auf die Rahmenbedingungen einer tiefenpsychologischen Behandlung einzulassen. Sie suchen geradezu eine geborgene zwischenmenschliche Beziehung, während sich die aktiven, provozierenden Kinder hierdurch eingeengt fühlen.

## Familientherapie

Herr Dr. R., Assistenzarzt in einer kinderpsychiatrischen Ambulanz, berichtet: „Ich war als Ausbildungskandidat unserer Familientherapeutin, Frau Diplompsychologin D., zugeteilt. Wir hatten eine Familie annonciert bekommen, in der es ein zwölfjähriges Mädchen mit nächtlichen Ängsten und Schlafwandeln geben sollte. Wie immer bei solchen Familienprojekten hatten wir vor dem ersten Termin schriftlich von den Angehörigen einige Informationen eingeholt: zur Klärung, worum es in der Familie geht, und zur Klärung, was die Leute von uns erwarten. Die Familie soll sich auf uns und wir uns auf sie einstellen können. Falsche Erwartungen sollen abgebaut, Missverständnisse vermieden werden. Manche Familien sind ja irritiert, wenn sie aufgefordert werden, alle zusammen zu kommen, obwohl nur ein einzelnes Mitglied krank ist.

Wir haben vorher ein Konzept ausgearbeitet und Ziele formuliert: Das ängstliche Kind sollte nicht zum alleinigen Problem erklärt werden, niemand sollte das Gespräch an sich reißen dürfen. Wir wollten den Angehörigen das Gefühl vermitteln, dass die Angst des Kindes alle betrifft und alle einen Anteil daran haben. Niemand sollte sich von der Mitverantwortung ausschließen. Wir wollten für niemanden Partei ergreifen, auch nicht bei angeblich schreiendem Unrecht für die eine oder andere Seite. Die Angst des Kindes sollte am Ende nicht mehr als die private krankhafte Angelegenheit des Kindes dastehen, sondern als die sinnvolle öffentliche Angelegenheit aller. Sie sollte zu einer Art Verhandlungsgegenstand werden.

Es war dann gleich am Anfang des ersten Familiengesprächs recht schwierig. Es kamen Vater, Mutter und die ältere Schwester. Die Mutter war eine äußerst lebhafte, klagsame Frau. Sie riss das Gespräch an sich und stellte sich als die alleinige Leidtragende der Angst ihrer Tochter dar. Das Kind tauche nachts schlafwandelnd bei ihr auf. Sie müsse aufstehen, keiner kümmere sich darum, alles bleibe an ihr hängen. Sie könne anschließend nicht mehr einschlafen. Ohne sie, die Mutter, wäre die ganze Untersuchung nicht zustande gekommen. Dann gäbe es noch schwerwiegende Auseinandersetzungen mit den Nachbarn. Zunächst konnte ich den Zusammenhang mit der Angst des Mädchens nicht verstehen. Es ging darum, dass die Nachbarn äußerst unangenehme Zeitgenossen seien, nahezu asozial. Wenn es nach der Mutter ginge, wären sie schon längst aus der Gegend weggezogen. Manuela habe Angst vor den Hänseleien der Kinder dieser Leute. Andererseits liege es an Manuela, dass sie noch dort wohnten. Manuela habe nämlich Angst vor einem Umzug. Auch ihr Mann, der Vater von Manuela, habe mit einem Umzug nicht viel im Sinn. Aber der sei ja meist weg und bekomme die Schwierigkeiten nicht so mit.

Ich hätte längst bei der Frage der Nachbarn oder des Umzugs oder der Haltung des Vaters eingehakt oder mich endlich näher nach den Angstzuständen von Manuela erkundigt. Frau D. hielt sich jedoch bedeckt und argumentierte in gegensätzliche Richtungen: Sie sagte sinngemäß, dass man den Nachbarn wohl tatsächlich schwerwiegende Mängel nachweisen könne. Sie würde persönlich diesen Umständen große Bedeutung beimessen. Sie müsse aber dazu sagen, dass die gleiche Problematik von einem ihr bekannten Kollegen entschieden anders beurteilt würde: Der wäre der Meinung, dass ein solcher Streitfall mit der Angst eines Kindes absolut nichts zu tun hätte. Dann wandte sie sich von der Mutter ab und der Schwester zu und wollte von dieser wissen, ob sie auch dächte, was die Mutter dächte, dass nämlich die Mutter die einzige Leidtragende sei, oder ob es noch andere Personen in der Familie gebe, die mit litten, wenn Manuela nachts so ängstlich sei. Sie solle einmal nachdenken, wie die Familie leben würde, wenn diese Angst nicht existieren würde, was dann anders wäre. Angenommen, morgen Abend wäre die Angst bei Manuela wie durch einen Zauber verschwunden … Es folgten weitere Fragen, was sie dächte, was die Mutter dächte und ob sie die Spannungen zwischen Manuela und der Mutter ähnlich beurteilen würde wie die Mutter. Die Schwester meinte schließlich, um sich aus allen diesen Fragen zu befreien: ‚Also irgendwie ist mir Manuelas Angst rätselhaft, sie ist früher kein ängstliches Kind gewesen.‘

Hier hakte Frau D. nun ein. Sie wollte vor allem wissen, wer in der Familie gut darin sei, Rätsel zu lösen. Vom Vater wollte sie wissen, ob er die Sache mit den Rätseln in der Familie so ähnlich sehe und ob er noch irgendwelche Einfälle hätte. Der Vater war durch die typische

‚zirkuläre' Frageweise von Frau D. am meisten verunsichert. Er verstand nicht, worauf sie hinauswollte. Als Frau D. sagte, sie wolle auf gar nichts Bestimmtes hinaus, sondern wolle die Probleme nur einkreisen und das Denken in alle möglichen Richtungen anregen, wurde er noch ratloser und rutschte unruhig auf seinem Stuhl hin und her. Ich hatte fast den Eindruck, der Vater hätte irgendetwas zu verbergen.

In dieser Phase des Gesprächs geriet die Mutter vollkommen in den Hintergrund. Dabei tat sie etwas Merkwürdiges, was in dieser Situation ziemlich ‚daneben' schien. Sie holte sich eine Zeitung aus ihrer Tasche und begann zu lesen, nur kurz, aber immerhin. Klarer konnte sie ihre Missbilligung darüber nicht kundtun, dass sie als die Hauptleidtragende, als diejenige mit dem einzigen berechtigten Anliegen, vernachlässigt wurde.

Frau D. wandte sich nun Manuela zu: ‚Denkst du auch, was deine Schwester denkt, nämlich dass deine Angst rätselhaft ist? Das würde ja heißen, dass du der Familie ein Rätsel zu knacken gibst.' Dies war nicht alles, was sie fragte: ‚Was wäre, wenn niemand von deinen Ängsten wüsste, wenn es also wirklich ein Geheimnis in diesem Sinne wäre?' Dann fragte sie: ‚Willst du uns allen helfen, dass uns deine Angst ein wenig vorstellbarer und weniger geheimnisvoll wird?' Manuela zuckte mit den Schultern, ließ sich aber auf ein Quizspiel ein, bei dem wir zu dem Ergebnis kamen, dass die Angst eine männliche Person sei, die wir auf Manuelas Vorschlag ‚Zottel' nannten, und dass ‚Zottel' ein alter Bekannter sei. Er wurde folgendermaßen charakterisiert: Er sei eher klein als groß, er mache, was er wolle, er sei unbeherrscht, er tauche überraschend auf. Man könne ihn nicht einfach wegschicken, weil er dann beleidigt sei, und dann wisse man nicht, was er als Nächstes tue. Er dränge sich auf. – Manuela und auch ihre Schwester waren am Ende dieses Quiz fast erleichtert. Die Mutter blieb beleidigt, der Vater war peinlich berührt.

Wir kündigten am Ende dieses Termins an, dass Manuela einen Brief von uns erhalten würde. In unserer eigenen Abschlussbesprechung vermuteten wir, dass es in dieser Familie mehr Rätsel als nur Manuelas Angst geben könnte. Frau D. schlug vor, es der Familie zu überlassen, welche Geheimnisse sie öffentlich machen wolle und in welcher Form. Wir beschlossen, den Eltern Gelegenheit zu geben, sich miteinander und mit uns auszusprechen. Anlass war die Bemerkung des Vaters, dass man schließlich nicht über alles in Gegenwart der Kinder sprechen könnte. Im Termin mit den Eltern kam nun heraus, dass der Vater längere Zeit ein Verhältnis mit der deutlich jüngeren Schwester der Mutter gehabt hatte. Frau D. vermied jeden anklagenden oder entschuldigenden Kommentar. Sie wollte stattdessen wissen, was in der Familie die ganzen Jahre anders gewesen wäre, wenn es dieses Verhältnis nicht gegeben hätte, und was passiert wäre, wenn der Vater die Töchter frühzeitig über dieses Verhältnis aufgeklärt hätte.

Sie richtete auch Fragen an die Mutter, aber nicht etwa, was sie selbst über dieses Verhältnis dächte, sondern was sie glaubte, wie die Töchter auf eine Offenbarung reagieren würden. Frau D. erklärte dann, sie hielte es für eine hohe Leistung des Zusammenhalts und für den Ausdruck eines starken Wunsches nach Versöhnung, dass die Familie unter dieser Belastung der ehelichen Untreue nicht zusammengebrochen sei. Ich hatte übrigens den Eindruck, dass in der Familie ohnehin jeder von dem Ehebruch des Vaters wusste. Er war aber möglicherweise noch nie so ‚öffentlich‘ geworden wie jetzt bei uns.

Von dem nächsten Termin weiß ich nicht mehr viel. Er fand erst vier Wochen später statt. Inzwischen hatte Manuela unseren Brief mit den Verschreibungen erhalten. Manuela sollte sich genau jeden zweiten Abend ab 22 Uhr so verhalten, wie sie es immer getan habe, wenn die Angst beziehungsweise ‚Zottel‘ gekommen sei. Sie sollte es auch dann tun, wenn sie aus irgendwelchen Gründen momentan keine Angst vor ‚Zottel‘ empfinden könne. Sie sollte es auch umgekehrt versuchen: Wenn eine wirkliche Angst käme, dann sollte sie einmal versuchen, diese vor den anderen zu verstecken, und abwarten, was passiere. In dem Termin sprachen wir alle mehr oder weniger ungeniert von ‚Zottel‘. Frau D. unterstützte diese Redeweise, aber auch Manuela hielt kräftig mit. Frau D. kam noch einmal auf den Brief zurück. Sie fragte Manuela, ob sie – nur als Gedankenspiel – für eine Belohnung bereit wäre, sich häufiger als nötig mit ‚Zottel‘ abzugeben. Manuela kam, glaube ich, bei diesen absichtlichen Sinnverdrehungen nicht mehr ganz mit. Aber es war offensichtlich, dass Manuela, seit wir sie zuletzt gesehen hatten, weniger Angst erlebt hatte.

Den folgenden Termin sagte die Familie ab. Wegen der eingetretenen Besserung waren wir darüber nicht beunruhigt. Ich hatte den Einwand, dass es doch viele ungelöste Fragen gäbe, zum Beispiel in Bezug auf die Rolle des Vaters und wegen der möglicherweise sexuellen Färbung der Ängste bei Manuela. Frau D. meinte, es sei nicht Sache der Familientherapie, solchen Fragen auf den Grund zu gehen. Jeder Grund habe wieder einen Grund und so weiter. Solche Erklärungen hätten nur begrenzten Wert oder seien irreführend. Wichtig sei, dass die Familie sich mit unserer Hilfe aus dem Zwang übertriebener Geheimhaltung befreit habe und nun wieder Spielraum habe, sich selbst zu helfen und neue Wege zu gehen."

Die Familientherapie ist im Vergleich mit den beiden anderen Therapieformen die jüngste. Sie hat sich seit den 70er Jahren rasch ausgebreitet. Sie verlangt von ihren Benutzern ein Umdenken und eine neue Sichtweise abseits der eingefahrenen Bahnen des Denkens und Erlebens im Alltag, auch abseits des Denkens in den beiden anderen Therapieformen. Es wird erwartet, dass zum Beispiel eine Familie mit einem ängstlichen Kind dessen Angst unter neuem ungewohnten Blickwinkel anschaut und zur Bewältigung des Problems neue Wege geht. Drei zentrale Annahmen schälen sich heraus: 1. Die Angst oder Erregbarkeit des Kindes steht mit dem Verhalten der anderen Familienmitglieder in Wechselbeziehung. Das Kind sollte am besten gar nicht als Patient bezeichnet werden, damit der Blick auf diese Tatsache nicht verstellt wird. Man könnte allenfalls die gesamte Familie als Patienten betrachten. 2. Die Angst des Kindes greift in das Beziehungsgefüge der Familie ein, in das „System" der Familie. 3. In den Familienbeziehungen steckt die Kraft zur Veränderung, was letztlich auch dem ängstlichen Kind zugute kommt, obwohl es vor solchen Veränderungen Angst hat und sie zu verhindern versucht.

In der Familientherapie können zwei Strömungen unterschieden werden, eine, die ihre Herkunft aus der Tiefenpsychologie (analytische Familientherapie) erkennen lässt, und eine, die ihre Wurzeln in Traditionen der Sozialforschung hat (systemische Therapie). Viele Therapeuten in Kliniken, Erziehungsberatungsstellen und in freier Praxis sind von dem Gedankengut der Systemiker in den letzten 20 Jahren befruchtet und angeregt worden oder haben Ausbildungen in dieser Richtung absolviert.

Wenn ein Elternteil sich wegen psychischer Probleme des Kindes zu einer familientherapeutischen Maßnahme entschließt, kann diese nur mit dem Einverständnis aller anderen in der Familie gelingen. Personen, die zusammenleben und miteinander in Beziehung stehen, bilden ein System. Es gibt übrigens nicht nur Familiensysteme und Untersysteme, sondern auch Systeme am Arbeitsplatz, in der Schule des Kindes, in dessen Freundeskreis, zwischen Ärzten und Ämtern, mit denen die Familie verhandelt oder innerhalb einer Klinik, in der das Kind behandelt wird. Gerade in Kliniken wird deutlich, wie verschiedene Berufe in unterschiedlichen Rollen auf recht komplizierte Weise mit- oder gegeneinander arbeiten: Schwester, Erzieherin und Stationsarzt/ärztin, Oberärztin/arzt, Klinikpsychologe/in, Klinikpfarrer/in, überweisender Arzt, hinzugezogene weitere Fachärzte und so weiter.

Was bleibt von der systemischen Methode übrig, wenn nur wenige aus der Familie oder sogar nur ein/e Betroffene/r zur Verfügung stehen? Übrig bleiben eine bestimmte Art des Nachdenkens und des Stellungnehmens zu den Problemen und ein bestimmter Stil, in dem die therapeutischen Ratschläge formuliert werden. Familientherapeuten stellen viele Fragen, nicht solche, die als Neugier ausgelegt werden könnten, sondern solche, die die Gefragten herausfordern sollen, über sich und ihre Situation auf neue, ungewohnte Weise nachzudenken, andere Standpunkte einzunehmen und sich außerhalb der eigenen Gewohnheiten und Zwangsläufigkeiten zu stellen und gleichsam von außen zu betrachten, um aus der unmittelbaren Betroffenheit freizukommen. Dazu wird ein scheinbar selbstverständlicher Sinn umgedreht und das scheinbar Normale in Frage gestellt. Es werden Widersinnigkeiten in den Raum gestellt. Das Beantworten der Fragen soll dem Gefragten neuen Spielraum verschaffen und ihm Möglichkeiten zeigen, die er bisher noch nicht ausgeschöpft hat. Er soll stutzen und innehalten. Er soll alte Reflexe des Denkens vermeiden.

Die Urteile über die Familientherapie reichen von Faszination bis zu Irritation. Was an der Familientherapie oder systemischen Therapie kann als irritierend erlebt werden? Irritation löst vor allem die Tatsache aus, dass sich die systemische Therapie vom Grundgedanken her weigert, das Kind mit seinen seelischen Problemen allein anzusehen und dem Kind in dieser gesonderten Rolle, als Einzelperson, Aufmerksamkeit zu schenken. Diese Haltung wird bisweilen als Verweigerung einer Hilfe für das Kind missverstanden. Bei einigen Ratsuchenden stellt sich der Verdacht ein, dass statt dessen nun die Familie als wirklicher Urheber der Krankheit des Kindes an den Pranger gestellt werden soll.

Wie ist dieser Verdacht zu erklären? Schuldgefühle der Eltern und Schuldvorwürfe der Umwelt sind das offene oder verdeckte Thema jeder seelischen Behandlung, unabhängig von der gewählten Methode. Tatsache ist, dass die systemische Therapie so eindeutig wie keine andere Therapieform jeglichen Vorwürfen gegen die Familie und überhaupt jeglichen Schuldvorwürfen gegen irgendeine Seite abgeschworen hat und sich etwas darauf zugute hält, dass sie diese Vorwürfe durch die Art ihres Denkens aus der Welt geschafft hat. Die systemische Theorie wendet sich gegen geradlinige Beziehungen zwischen Ursachen und Wirkungen. Sie erklärt, dass menschliche Verhaltensweisen in komplizierten Wechselbeziehungen zueinander stehen, die „kreisförmig" (zirkulär) genannt werden. Alles wirkt auf jedes ein. Die Angst eines Familienmitglieds kann zugleich Ursache von etwas anderem sein und Auswirkungen auf noch etwas Drittes haben, das wieder auf die Angst zurückwirkt. Nur als Gesamtbild, eben als „Struktur", ergeben diese Wirkungen einen Sinn.

Die offene Frage bleibt freilich, ob es überhaupt möglich ist, Schuldvorwürfe und Schuldgefühle, von denen alle Eltern mit seelisch belasteten Kindern geplagt werden, mit einer bestechenden Theorie in relativ kurzer Frist wegzufegen oder umzudefinieren, wenn sie im Gefühl aller nun einmal „da" sind. Vielleicht ist eine Entlastung von der Schuld eben doch nur in mühsamer Annäherung und in langwierigen kleinen Schritten zu erzielen. In der Tat wird von vielen Therapieschulen bezweifelt, dass durchgreifende Verbesserungen einer seelischen Störung in kurzer Zeit erreicht werden können. Familientherapeuten sind überzeugt davon. Sie zeichnen sich generell durch Optimismus und Fortschrittsglauben aus. Andere Therapeuten hören es ungern, wenn ein Kind, das er ein ganzes Jahr wegen seiner Ängste erfolglos behandelt hat, plötzlich nach wenigen familientherapeutischen Sitzungen einen Fortschritt erreicht.

Eine weitere Irritation im Umgang mit der Familientherapie ergibt sich aus ihrer anekdotischen Vorgehensweise. Der Schritt vom Anhören der konkreten Betroffenheit des Einzelnen zum Erklären von typischen Mustern und zum Erteilen von Anweisungen wird relativ schnell vollzogen, also der Schritt vom Speziellen zur allgemeinen Formel, vom Konkreten zum Abstrakten, von der Ausführlichkeit zur Abkürzung. Die Familientherapeuten mischen sich punktuell ein, vermeiden aber bewusst eine weitere Vertiefung des Kontakts. Sie gehen mit den Problemen der Familie scheinbar spielerisch um und wenden sie hin und her. Irritation kann entstehen, wenn sich die Eltern fragen, ob der Therapeut überhaupt begriffen hat, wie schlecht es ihnen oder ihrem Kind geht, wenn sie also den Optimismus des Therapeuten als Taktlosigkeit empfinden. Wie in den anderen Behandlungen wird ein Therapeut auch in der Familientherapie also nur Erfolg haben, wenn er menschlich ankommt und das nötige Einfühlungsvermögen zeigt.

Familientherapie wird nicht erfolgreich sein oder gar nicht zustande kommen, wenn eine Familie nur ein geringes Zusammengehörigkeitsgefühl besitzt und wenn sich niemand dem anderen verpflichtet fühlt. Die Therapie kann auch daran scheitern, dass sich ein Familienmitglied, etwa das Kind, strikt weigert, bei den Sitzungen mitzumachen, und wenn sich daraufhin auch die anderen zurückziehen. Eltern mit starken Schuldgefühlen werden mitunter die Familientherapie meiden, weil sie irrtümlich Vorwürfe erwarten. Jedenfalls werden sie besonders nachdrücklich eine eigene Hilfe für das ängstliche Kind fordern. Je drängender und akuter die Angst des Kindes in Erscheinung tritt, desto seltener wird die Wahl auf die Familientherapie fallen, da diese eine längere Anlaufzeit benötigt, selten stattfindet und voraussetzt, dass die Betroffenen in den großen Pausen allein zurechtkommen. Es muss ihnen so gut gehen, dass sie Veränderungen in eigener Regie ausprobieren können.


## Therapeutische Zugangswege

Alle bisher dargestellten Therapieformen für Kinderängste bedienen sich ähnlicher Hilfsmittel und Methoden: Es wird mit Eltern und Kind *gesprochen*, d.h., eine sprachliche Verständigung und Aufklärung steht im Mittelpunkt der meisten Therapien. Es wird *gespielt*, d.h., die menschliche Fähigkeit zur Entfaltung der Phantasie und zur Selbstdarstellung wird ausgenutzt. Es werden *Ratschläge* erteilt. Und die Sprache des *Körpers* wird beachtet, angeregt und zum vertieften Verständnis herangezogen. Schließlich kommt keine Therapie ohne *Vereinbarungen* und Rahmenbedingungen aus. Hierüber ist

bei den einzelnen Therapieformen schon genügend ausgeführt
worden.

Gespräche:

In jeder Therapie werden Gespräche geführt. In der Verhaltenstherapie dienen die Gespräche dazu, dem Kind und den Angehörigen die Technik der Therapie zu erläutern. Es wird vorausgesetzt, dass die Anweisungen bewusst nachvollzogen werden können. Dies muss mit Genauigkeit erfolgen. In manchen
Verhaltenstherapien werden Checklisten eingesetzt. Bestimmte
Details müssen geklärt, bestimmte Fragen beantwortet werden.
Mit Hilfe von gezieltem Spracheinsatz sollen jedoch auch Vorstellungen geweckt werden, Angst erregende (in unterschwelli-
ger Dosis) oder beruhigende, die von der Angst ablenken.

In der tiefenpsychologischen Technik hat das Gespräch einen freieren Charakter. Es kann einer Entdeckungsreise ins
Unbekannte gleichkommen. Das geduldige Zuhören besitzt
hohe Priorität beim Therapeuten. Die älteren Kinder, oder in
der Erziehungsberatung die Eltern, werden eingeladen, ihre
Gedanken fließen zu lassen („freies Assoziieren"). Es darf ge-
schwiegen werden, jeder darf seinen Gedanken nachhängen,
wenn es nicht unangenehm ist. Durch das Gespräch soll eine
Bindung und Gefühlsübertragung zustande kommen. Das Gespräch kann, vor allem in Beratungssituationen, aber auch sehr
alltäglich sein, mit Fragen und Antworten, Erklärungen und
Rückfragen. Die „Bedürfnisse" der Rat suchenden Eltern spielen für die Richtung des Gesprächs eine wichtige Rolle.

Typische Vorkommnisse in einem klassischen tiefenpsychologischen Gespräch wären, dass der Therapeut seine Gefühle
oder seinen Eindruck von der Gesamtsituation oder vom Verhalten des Patienten „kommentiert", dass er „konfrontiert",
also ausprobiert, was passiert, wenn er etwas vermutlich Unangenehmes sagt, oder dass er „deutet", d. h. eine Vermutung
über den Zusammenhang des Verhaltens mit etwas Unbe-
wusstem ausspricht. In der Familientherapie ist die Gesprächs-
führung – ähnlich wie in der Verhaltenstherapie – stärker

reglementiert. Eine Person, die das Gespräch ohne aktive Teilnahme verfolgt, kann von außen hinzutreten und in die „Regie" eingreifen.

Ratschläge:

In der Tiefenpsychologie sind Ratschläge eigentlich verpönt. Die Behandlung von Kindern und Jugendlichen und deren Eltern ist aber schon immer andere Wege gegangen. Kein Kindertherapeut kann es sich im Umgang mit Eltern leisten, auf Ratschläge zu verzichten. Therapie und Erziehung sind kaum zu trennen. Natürlich ist es tückisch, erzieherische Diskussionen zu führen, solange die Eltern noch resigniert sind und guten Rat für teuer halten. Ratschläge können besserwisserisch klingen und die Eltern mit unerfüllbaren Forderungen verärgern.

Die Verhaltenstherapie wagt sich mit Ratschlägen weiter vor, freilich erst dann, wenn die genaue Beschaffenheit der Probleme ausreichend geklärt ist. Diese Klärung wird Punkt für Punkt vorangebracht. Am Ende wirbt die Verhaltenstherapie mit Entschiedenheit für eine bestimmte Vorgehensweise.

In Erziehungsberatungsstellen, die nach tiefenpsychologischen Grundsätzen arbeiten, setzen sich die Berater lange mit den Eltern auseinander, bevor sie ihnen Ratschläge erteilen. Die Lösungen werden immer wieder in Frage gestellt, zurückgenommen, angepasst und möglichst allgemein gehalten.

Die Familientherapie hat bekanntlich eine besonders durchdachte Methode des Erteilens von Ratschlägen, die von ihr „Verschreibungen" genannt werden. Mit der Befolgung der Verschreibungen ist es nicht getan. Hierdurch soll ein Prozess des Nachdenkens angestoßen werden. Im Idealfall soll die Familie erkennen, wo die eigene Lösung des Problems liegt. Die Verschreibung muss schließlich wieder verworfen werden. Sie soll nur als Auslöser des Veränderungsprozesses dienen.

Elternarbeit:

Auf der einen Seite des Spektrums steht eine stark abgetrennte Arbeit mit dem Kind, wobei die Eltern abseits stehen und sich nur gelegentlich mit dem Therapeuten außerhalb der Kindertherapie treffen. Auf der anderen Seite stehen Behandlungen, an denen zum Beispiel eine Mutter mit ihrem Kind grundsätzlich gemeinsam teilnimmt, vor allem bei der Behandlung von Säuglingen. Es gibt sogar Formen der Beratung, die nur von den Eltern wahrgenommen werden, z.B. Selbsthilfegruppen von Eltern oder einzelne Beratungsgespräche bei einem Experten, wenn das Kind die Teilnahme verweigert. In manchen Therapieformen erhalten Mutter und Kind je einen eigenen Therapeuten. Die Verhaltenstherapie sieht oft vor, dass die Eltern zu Hause selbständig Übungen mit ihrem Kind durchführen. Eine besonders konsequente Form des Zusammenwirkens von Eltern und Kind im Rahmen einer Therapie wird, wie oben beschrieben, von der Familientherapie vertreten.

Spiel:

Elemente eines spielerischen Umganges mit der Angst sind in den Therapieangeboten weit verbreitet. Nur Kinder bis etwa 10 bis 11 Jahren können sich in das Spiel als eine aus dem übrigen Erleben herausgelöste Nebenrealität versenken. Aber auch die Eltern können, wenn sie in die Behandlung einbezogen werden, zu ihren Schwierigkeiten mit dem Kind über Stegreifspiele und Rollenspiel (zum Beispiel im „Psychodrama") oder über das „Familienstellen" neuen Zugang gewinnen und neue Lösungen entdecken. Diese darstellerischen Möglichkeiten sind für alle Therapieverfahren nutzbar, für die Familientherapie ebenso wie für die Verhaltenstherapie oder Tiefenpsychologie.

Die Befähigung und die natürliche Neigung des Kindes zum Phantasiespiel öffnen große therapeutische Chancen. Es gibt verhaltenstherapeutische und tiefenpsychologische Spieltherapie. Die Letztere hat eine besonders lange, eigenständige Tradition. Das „Spiel" wird hier ähnlich wie das Träumen bei den Erwachsenen als „Königsweg" zum Unbewussten des Kindes angesehen. Das Spiel soll heilende Kräfte entfalten. Die Kinder können im Spiel ein Bedürfnis ausleben oder nachholen, das ihnen sonst versagt wird. Dies geht tatsächlich im Rahmen einer Therapiestunde wesentlich besser als im häuslichen Kinderzimmer. Die Kinder fühlen sich in der Therapie nach einiger Zeit der Gewöhnung sicherer. Sie haben weniger Angst, dass durch ihr Spiel etwas Schlimmes passieren könnte. Der Therapeut wird es zu verhindern wissen. Er wird zum Hüter der Phantasie des Kindes. Während der Spielzeit versetzen sich viele Kinder in eine kleinkindliche Verfassung, die sie sich bewusst gar nicht mehr zugestehen. Der Rahmen des Spiels kann ein speziell eingerichtetes Spielzimmer oder ein gewöhnliches Sprechzimmer des Therapeuten sein. Ein Kasperltheaterspiel kann den Rahmen darstellen. Manche Spieltherapeuten verwenden bestimmte Materialien und fordern das Kind auf, seine Phantasie in bestimmte Richtungen zu lenken, so beim Spiel mit dem Szeno-Kasten, beim Sandkastenspiel und beim Spielen mit anderen Materialsammlungen. Andere Therapeuten bevorzugen das freie Spiel. Es gibt auch Kinder, die aus freien Stücken bestimmte Spielmaterialien in die Sitzungen mitbringen.

Typisch für das therapeutische Spiel ist die Wiederholung bestimmter Spielzüge. Das Kind kann im Spiel seine Konflikte darstellen und wagt es schließlich, die Darstellung abzuwandeln, so dass neue Lösungsmöglichkeiten erkennbar werden. Das Kind gelangt zu neuen Einsichten über sich und lernt, darauf zu vertrauen, dass auch die Umwelt anders reagieren könnte als bisher. Das kindliche Spiel hat aber auch einen Bezug zur Welt der Märchen und urtümlichen Menschheitsbilder (Mythen). Dieser Gesichtspunkt wird von einigen Kindertherapeuten herausgestellt. Sie stellen sich vor, dass bestimmte Spieleinfälle die alten Menschheitsbilder immer wieder sichtbar werden lassen und dass diese Bilder von Generation zu Generation weitergegeben werden („Archetypen"). Kinder, die unbewusst gefährliche Wünsche haben und infolgedessen Angst erleben, können beides, die Gefahr und die Angst, auf die mythischen Vorstellungen übertragen und sich darin aufgehoben fühlen. Andere Therapeuten lassen Kinder ihre gefährlichen Wünsche auf mitspielende Personen oder Puppen übertragen. Später erfindet das Kind rettende Szenen: Die Gefahr wird gebannt.

Nun kann sich das Kind klar darüber werden, dass es selbst Urheber dieser Gefahren und Urheber böser Gedanken und verbotener Wünsche ist. Es kann sich innerhalb des Spieles nun mit seiner eigenen Bosheit versöhnen und sich vergewissern, dass alles ein gutes Ende nehmen wird.

Ein Teil der Spieltherapeuten „deutet" das Spiel, d.h., der/die Therapeut/in sagt dem Kind während oder nach dem Spiel, welche Gefühle es zum Ausdruck gebracht haben könnte und welchen Bezug diese zu seinem Leben haben könnten. Der andere Teil der Therapeuten meint, dass in den Bildern des Spiels bereits Deutungen, also Verständnismuster, enthalten sind, und dass ein Kind mit den Mitteln des Spiels selbst seine Konflikte verstehen und lösen kann. Selbstverständlich kann auch ein nicht deutender Therapeut in das Spiel eingreifen und durch seine Handlungen zeigen, was er denkt, ohne die Ebene des Spiels zu verlassen.

## Körpererleben, sinnliches Erleben und Gestalten

In anderen Therapieangeboten spielt die Vermittlung von Körpererfahrungen eine wichtige Rolle. Gerade bei der Behandlung der Angst ist unverkennbar, dass zusammen mit dieser ein körperliches Ereignis, eine vegetative Krise, ausgelöst wird. Der körperliche Zustand wird stellvertretend für die Angst durchlebt und durchlitten. Die Angst verstärkt sich dadurch, dass der veränderte Zustand des Körpers wahrgenommen wird. Die „Körpertherapien" versuchen, das Erleben des Körpers, das Erleben seiner räumlichen Ausdehnung, seiner angespannten oder entspannten Zustände und weiterer Funktionen zu verstärken und bewusst erfahrbar zu machen. Das Kind soll vermittelt über das Körpererleben neues Zutrauen zu sich selbst fassen. Erreicht wird dies durch bestimmte Körperhaltungen, durch Berührungen und Bewegungsabläufe, allein oder in Gruppen, mit oder ohne Musik. Es gibt auch meditative Übungen bei körperlicher Entspannung. Mit Hilfe des körperlichen Erlebens kann das Kind besseren Aufschluss über sein seelisches Erleben gewinnen. Möglichkeiten der körperlichen Entspannung sollen zur Angstbewältigung genutzt werden. Mit dem „autogenen Training", das für jedermann leicht erlernbar ist, existiert eine Methode, mit der schon Kinder im Grundschulalter erstaunlich gut umgehen können. Bei der Reittherapie wirkt neben der Bewegungserfahrung auch die intensive Berührung mit dem großen Körper des Pferdes und der Umgang mit ihm, was gerade bei Kindern einen tiefen Eindruck hinterlässt und ihnen neue Hoffnung auf Sicherheit und Selbstverfügbarkeit gibt.

Andere Therapieformen, zum Beispiel die „Konzentrative Bewegungstherapie", erfordern eine gezielte inhaltliche Auseinandersetzung mit dem eigenen Erleben und eine Bereitschaft, dieses in der „Sprache" des Körpers wiederzuentdecken. Hierbei werden auch tiefenpsychologische Konzepte einbezogen. Allen Körpertherapien ist gemeinsam, dass sie schon vorsprachlich, also auf der Ebene der Wahrnehmungen, am Körper ein vertieftes Verständnis seelischer Prozesse möglich machen. Auf dem Markt der Psychotherapien werden zahlreiche Körpertherapien angeboten, die sich nicht ohne weiteres den Grundmodellen Familientherapie, Tiefenpsychologie oder Verhaltenstherapie zuordnen lassen. Sie stammen zum Teil aus den Überlieferungen der asiatischen Weltreligionen. Tanz, aus unterschiedlichen Überlieferungen stammend, ist ein weiteres Medium, das dem körperlichen Erleben einen bedeutenden Rahmen verleiht und Zugang zu sinnlichen Erfahrungen und zugleich Halt und Orientierung bietet. In allen künstlerischen Therapieformen soll die Reichhaltigkeit des psychischen Erlebens sinnlich ausgelebt und zugleich gestaltet werden. Der Eigenart von Kindern kommen die künstlerischen Verfahren entgegen. Kinder finden auf diesem Wege eine wirksame Entlastung von ihren Angstvorstellungen und Erregungen. Sie können beim Musizieren, Malen und Plastizieren ihrem Erleben Ausdruck verleihen, ohne sich sprachlich äußern zu müssen.

# Anbieter von Hilfen bei Kinderängsten

Berufsbezeichnung:

## 1. Ärzte

| | Legitimation | Angebot | Abrechnung |
|---|---|---|---|
| Fachärzte für Kinder- und Jugendpsychiatrie und Psychotherapie | Hochschulstudium Facharztausbildung, welche die psychotherapeutische Weiterbildung einschließt | Für alle Formen der Angst. Untersuchung, Erstberatung, beratende Gespräche, kürzere und längere Therapie. Tiefenpsychologisch oder verhaltenstherapeutisch oder familientherapeutisch. Überweisung zu anderen Therapeuten, ggf. weitere Therapeuten in der eigenen Praxis | Über Krankenschein. Keine Kostenbeteiligung, bei Richtlinienpsychotherapie allerdings Begrenzung der Stundenzahl |
| Fachärzte für Kinderheilkunde und Jugendmedizin | Hochschulstudium Facharztausbildung, gelegentlich psychotherapeutische Weiterbildung | Nicht für alle Formen der Angst (vor allem Säuglinge und Kleinkinder). Erstberatung. Oft: beratende Gespräche. Überweisung zu anderen Therapeuten (ggf. Psychologe in der eigenen Praxis). Überweisung zu Kinderpsychiatern | Über Krankenschein. Keine Kostenbeteiligung |

## 2. Nicht-Ärzte

| | Legitimation | Angebot | Abrechnung |
|---|---|---|---|
| Kinder- und Jugendlichen-Psychothera-peuten (appro-biert und mit Kassen-zulassung) | Hochschul- oder Fachhochschul-studium für Psy-chologie oder So-zialpädagogik – psychotherapeu-tische Weiterbil-dung in einem anerkannten The-rapieinstitut | Verhaltens-therapeuti-sche oder tiefenpsycho-logische Behandlung 1–2-mal pro Woche – so genannte Richtlinien-psychothera-pie | Über Kranken-schein, keine Kostenbeteili-gung, allerdings Begrenzung der Stundenzahl |
| andere akade-mische Psycho-therapeuten mit Approbation, aber ohne Kassen-zulassung | Siehe oben | Siehe oben | Nur über Privatkassen oder auf eigene Kosten |
| andere akade-mische Psycho-therapeuten ohne Approba-tion | Hochschul- oder Fachhochschul-studium in Psy-chologie oder Pä-dagogik – psycho-therapeutische Weiterbildung in einer Therapie-methode, die nicht als „Richt-linienpsychothe-rapie" nach dem Psychotherapeu-tengesetz aner-kannt wurde | Familienthe-rapie, syste-mische The-rapie, Fami-lienstellen, Transaktions-analyse, katathymes Bilderleben, Psychodrama, neurolinguis-tisches Pro-grammieren (NLP), Hypnothera-pie, Sandspiel und vieles andere | Kassenleistung nur bei analyti-scher Kinder-psychotherapie, sonst siehe oben |

| | Legitimation | Angebot | Abrechnung |
|---|---|---|---|
| Krankengymnasten, Sportpädagogen, Ergotherapeuten | Fachschulstudium und psychotherapeutische Weiterbildung in einer Therapiemethode, die nicht als „Richtlinienpsychotherapie" anerkannt wurde | Therapieformen, die der ursprünglichen Qualifikation nahe stehen und diese ergänzen, z.B. Formen der Körpertherapie wie Konzentrative Bewegungstherapie (KBT), Bioenergetik, autogenes Training, Feldenkrais-Therapie und vieles andere | Erstattung oder Teilerstattung für begrenzte Zeit je nach Kasse und Region, sonst privat. Ärztliches Rezept bei Erstattungswunsch erforderlich |
| Erzieher, Lehrer, Musiker, Künstler | Fachschul- oder Hochschulausbildung mit zusätzlicher therapeutischer Weiterbildung | Therapieformen, die der ursprünglichen Qualifikation nahe stehen und diese ergänzen, z.B. Kunsttherapie, Musiktherapie, Reittherapie u.a. | Siehe oben |
| Logopäden | Fachschule und zusätzliche, psychotherapeutische Weiterbildung | Spezielle Therapien und Übungsprogramme für Stotterer | Siehe oben |

## 3. Institutionen

| | Legitimation | Angebot | Abrechnung |
|---|---|---|---|
| Sozialpädiatrische Zentren | Verschiedene dort kooperierende Berufsgruppen, Pädiater (Kinderpsychiater), Psychologen, Krankengymnasten, Logopäden | Meist nicht für alle Formen der Angst, Erstberatung, Untersuchung, Folgeberatungen, Therapien speziell für Säuglinge und junge Kinder, Therapie für Kinder mit Entwicklungsstörungen | Über Krankenschein |
| Beratungsstellen für Familie, Jugend, Erziehung o. ä. | Verschiedene dort kooperierende Berufsgruppen, Psychologen, Kinderpsychiater (Sozialpädagogen), Lehrer | Erstberatung, Folgeberatungen, Therapien je nach der Ausbildung der Mitarbeiter | Auf Kosten der Kommune, Selbstbeteiligung |
| Gesundheitsämter | Kinder- und Jugendpsychiater (wenn vorhanden) | Erstberatung, Spezialsprechstunden je nach örtlichen Gegebenheiten | Auf Kosten der Kommune |
| Selbsthilfeorganisationen | Psychologen, Sozialpädagogen, Ärzte | Erstberatung, Gruppentreffen, Psychotherapie je nach Ausbildung der Mitarbeiter | Auf Kosten der Kommune, Selbstbeteiligung möglich, andere Formen der Kostenübernahme bei Therapie je nach Ausbildung der Mitarbeiter |

| | Legitimation | Angebot | Abrechnung |
|---|---|---|---|
| Kinderklinikambulanzen | Pädiater, Psychologen | Notversorgung bei Angstzuständen im Säuglings- und Kleinkindesalter, evtl. Therapievereinbarung bei im Haus tätigen Psychologen | Mit Krankenschein, bei Psychotherapie durch im Haus tätige Psychologen, siehe unter „Psychologen" |
| Kinderpsychiatrische Klinikambulanz | Kinderpsychiater, Psychologen, andere Psychotherapeuten | Notversorgung bei allen Formen der Angst, Erstberatung, Folgeberatungen, Therapieverfahren je nach Ausbildung der Mitarbeiter und Orientierung des Hauses und je nach Kapazität. Weiterüberweisung an frei praktizierende Therapeuten | Mit Krankenschein |
| Heilpädagogische Heime | Erzieher, Sozialpädagogen | Bewegungstherapien und künstlerische Therapien, in der Regel nur für Kinder, die im Heim wohnen | Im Rahmen des Pflegesatzes, manchmal auf Krankenschein, wenn der Therapeut einen Kassensitz hat |

## Psychopharmaka gegen Angst

Die Pharmaindustrie schätzt sich glücklich, dass es Medikamente gibt, die gegen die Angst, auch schon bei Kindern, wirksam sind. Die Fortschritte, die in diesem Bereich erzielt werden konnten, sind enorm. Sie sind so groß, dass manche schon davon träumen, dass in nicht allzu ferner Zukunft viele komplizierte menschliche Probleme zu den Akten gelegt werden können, weil es dann noch gezielter wirksame und besser bekömmliche Substanzen gegen psychisches Leid geben wird. Vor diesem Fortschrittsglauben meinen andere warnen zu müssen: Jeder Fortschritt werde mit einem Verlust an Menschlichkeit erkauft. Wir müssten bedenken, dass menschliches Leid, wenn es an einer Ecke erleichtert wird, an einer anderen Ecke neu erzeugt werde. Bei einer Betrachtung, die das Wohl der gesamten Menschheit in den Blick nimmt, ist diese Warnung sicher berechtigt. Im Einzelfall wird es durch neue Medikamente tatsächlich neue Möglichkeiten geben, das Leiden einzelner Menschen zu lindern, in unserem Fall das Leiden von Kindern und Jugendlichen, die von akuten Angstzuständen gequält werden.

Aber wie schwer muss ein Kind unter Angst leiden, und wie sicher können wir dieses Leiden abschätzen, bevor sich Eltern und/oder ein Arzt dazu entschließen, ein Medikament einzusetzen? – Die Fronten, ob und wann ein Medikament gegen Angst bei Kindern sinnvoll oder erlaubt ist, verlaufen unübersichtlich. Es gehen über die Medien immer wieder Meldungen ein, dass schon jungen Kindern in viel zu großem Umfang Psychopharmaka verabreicht werden. Kinderärzte und Kinderpsychiater lassen über ihre Berufsverbände beteuern, dass die genannten Zahlen durch ihre Verschreibungspraxis nicht erklärbar seien. Die Kinderpsychiater versichern, dass bei Kindern nur in Ausnahmen und mit größter Zurückhaltung Psychopharmaka angezeigt seien. In der Regel folgt sodann der Fingerzeig auf die Verhältnisse in den USA, wo den Kindern im Vergleich zu Europa nachweislich die mehrfachen Mengen von Psychopharmaka verabreicht würden.

Als Nächstes müssen wir uns den Konsumgewohnheiten der Bevölkerung zuwenden. Auch hier bleibt vieles im Ungewissen. Es heißt, dass Eltern von ihren Ärzten unnötigerweise Medikamente einfordern, weil sie sich sonst von ihnen abgewiesen oder nicht ernst genommen fühlen. Durch die Einnahme von Medikamenten sucht der Mensch Entlastung. In unseren Industriegesellschaften scheint die Duldsamkeit für innere Spannungen und Ängste gering geworden zu sein. Ein unangenehmes Gefühl, eine Angst oder eine Schlafstörung sollen rasch verschwinden. Jemand merkt, dass er mit seinem Kind am Ende ist. Jemand fühlt sich hoffnungslos und unfähig. Alle diese Missgefühle sollen rasch aufhören. Ein Medikament soll dafür sorgen. Das Medikament kann, wenn es hilft, weitere Zweifel, Fragen oder Auseinandersetzungen ersparen. In der skizzierten Einstellung liegt die Gefahr der Sucht. Es geht zunächst nicht um die Sucht, die ein Medikament in körperlicher Hinsicht hervorruft, sondern um eine suchtartige Grundhaltung beim Gebrauch der Medikamente. Nur ganz bestimmte Medikamente rufen aufgrund ihrer chemischen Eigenschaften eine Gewöhnung hervor. Das eigentliche Problem der psychischen Abhängigkeit reicht jedoch sehr viel weiter, als die überschaubare Zahl dieser Medikamente vermuten lässt.

Ausgerechnet die am besten gegen die Angst wirksame Stoffgruppe, die Benzodiazepine (Valium®, Librium®, Tranxilium® , Tavor® und viele andere), zählen, wie sich herausgestellt hat, zu jenen, welche die Entwicklung einer Sucht begünstigen: Die Angst lösende Wirkung stellt sich auf angenehme und wohlige Art ein. Unerwünscht ist lediglich, dass diese Medikamente etwas müde machen und die Tatkraft herabsetzen. Sie beeinträchtigen auch das Gleichgewicht und das Reaktionsvermögen. Alle diese Nebenwirkungen sind aber deutlich milder als die erwünschte Wirkung gegen die Angst. Dieser Umstand bringt den „kleinen Tranquilizern" aus medizinischer Sicht durchaus Pluspunkte ein. Die Wahrscheinlichkeit von Nebenwirkungen ist bei allen übrigen Psychopharmaka (abgesehen von den Stimulanzien, die ja auch ein Suchtpotential haben) höher.

Die kleinen Tranquilizer sind gegen nahezu alle Erscheinungsformen der Angst gut bis sehr gut wirksam. Sie dämpfen sowohl den körperlichen Erregungszustand als auch das seelische Angstgefühl. Sie wirken gegen psychosomatische Störungen, hinter denen sich eine Angst verbirgt, die den Patienten gar nicht mehr bewusst ist, etwa Herzstiche, ein Kloßgefühl im Hals und eine zugeschnürte Kehle, nervöse Bauchschmerzen oder Hyperventilation (vertiefte Angstatmung) mit ihren Folgen auf das Bewusstsein und die Blutgase. Diese Medikamente helfen weiterhin gegen Prüfungsangst, Lampenfieber und Flugangst. Ja, sie sind auch wirksam gegen die ängstliche Anspannung einer Mutter, die mit ihrem schreienden Kind die Geduld verliert oder keine Nerven für seine Trotzanfälle hat. Alles in allem sind die Anwendungsmöglichkeiten für diese Stoffgruppe so zahlreich, dass jedermann jeden Tag einen Anlass finden könnte, um ein Benzodiazepin einzunehmen. Die Gründe für die Einnahme dieses Medikaments entsprechen schlimmstenfalls den Gründen, aus denen andere Menschen Alkohol konsumieren oder andere Drogen einnehmen. Die Benzodiazepine waren vor einiger Zeit auf dem besten Wege, zu einer Zivilisationsdroge zu werden. Erst allmählich begann sich ihre Gefährlichkeit bei den verschreibenden Ärzten herumzusprechen, eine Gefährlichkeit, die sich ja nicht aus ihrer segensreichen Wirkung im Einzelfall ergibt, sondern erst aus ihrer breiten Anwendung.

Die Wirkung der Benzodiazepine lässt bei längerer Einnahme nach. Dies macht eine Steigerung der Dosis erforderlich. Jemand, der diese Medikamente nach mehrmonatiger Einnahme abzusetzen versucht, kann schwere Entzugserscheinungen erleiden, die mit hartnäckigen psychischen Veränderungen einhergehen. Aus dem Gesagten ergibt sich, welche Empfehlung man für die Anwendung dieser Substanz bei Kindern aussprechen würde. Ihre Anwendung ist stark eingeschränkt, am besten wird auf ihren Gebrauch vollkommen verzichtet. Natürlich bleiben die Benzodiazepine hochwirksame Medikamente bei psychischen Krisen, bei akuten Angstzuständen und Panikanfällen. Die Einnahme sollte sich auf wenige Tage bis Wochen beschränken.

Dort, wo Kinderpsychiater wegen schwerer Angst- oder Zwangsstörungen oder wegen unkontrollierbarer ängstlicher Erregungen ein Angst lösendes und beruhigendes Medikament für einen längeren Zeitraum verschreiben müssen, wählen sie in der Regel keine Benzodiazepine, sondern antidepressive Medikamente oder auch die so genannten Neuroleptica. Diese haben eine ausgeprägte Wirkung auf die Reizaufnahme und Reizverarbeitung. Sie werden (in deutlich höherer Dosierung) auch für die Behandlung von schizophrenen Erkrankungen verwendet. Die Nebenwirkungen der Neuroleptica sind zwar höher, dafür entfällt das Problem der Gewöhnung. In manchen Fällen kann ein vollkommen anderer Ansatz medikamentöser Hilfe angebracht sein, mit dem nur die körperlichen Erscheinungen der Angst (z.B. das Herzklopfen) beeinflusst werden, nicht aber die seelische Verarbeitung. Die so genannten Beta-Blocker können Teile der vegetativen Erregung unterbinden. Beta-Blocker haben keine Sucht bildenden Eigenschaften. Trotzdem können wir es auch hier mit Problemen zu tun bekommen, die uns an „Abhängigkeit" erinnern, wenn sich ein Kind an die Einnahme krampfhaft zu klammern beginnt und zum Beispiel erklärt, es könne ohne diese Tabletten nicht mehr zur Schule gehen, jede Anforderung sei ihm zu viel.

Allen Einwänden zum Trotz kann der Nutzen einer Behandlung mit Psychopharmaka nicht bestritten werden. Der Einsatz dieser Medikamente gehört freilich in die Hand des Psychiaters. Es kommt auf den Einzelfall an. Diesen haben viele Eltern, deren Kinder zum Glück weniger krank sind, nicht vor Augen. Kinder brauchen unter Umständen Psychopharmaka, weil sie ohne deren Hilfe ihr normales Leben nicht mehr führen können und durch das seelische Leiden so stark beeinträchtigt werden, das die eventuellen Nebenwirkungen der Medikation in Kauf genommen werden müssen. Diese Kinder können ohne medikamentöse Hilfe weder schlafen noch richtig essen, noch das Haus verlassen. Manchmal ist offensichtlich, dass ohne die rasche Dämpfung einer Erregbarkeit beim Kind das rettende Band des Vertrauens und der Zuwendung der Eltern zum Kind zerreißen würde, weil die Verhaltensstörung des

Kindes die Eltern an die Grenzen ihrer Kraft führt. Hier kommen kurzfristige medikamentöse Eingriffe in Betracht. Solche Entscheidungen und Abwägungen von Nutzen und Schaden einer bestimmten Medikation können nur in einer kinderpsychiatrischen Praxis kompetent getroffen werden. Sie sind abhängig vom Vertrauen im Dreieck zwischen Kind, Eltern und Arzt. In keinem Fall ist es gerechtfertigt, vom Medikament Heilwirkungen zu erwarten. Psychopharmaka sind stets nur begrenzte Hilfsmittel bei der Überwindung von Schwierigkeiten.

Bei der Verschreibung von Medikamenten muss der Kinderpsychiater noch weitere Umstände bedenken, die nichts mit der chemischen Wirkung zu tun haben: Überhöhte Erwartungen der Eltern müssen gedämpft, Ängste vor dem Medikament durchgesprochen werden. Alle äußeren Umstände, die zur Angst des Kindes und zur Angst der Eltern beitragen, müssen genau erfasst werden. Bekanntlich schwanken die Stimmungen der Kinder stark in Abhängigkeit von dem, was sie zurzeit erleben und wie sich die Bezugspersonen verhalten. Diese Bedingungen haben sich durch die Medikation nicht erledigt! Das Medikament kann die Beziehung der Eltern zum Kind verändern. Erhofft wird eine positive Veränderung. Eine erregte, aggressive, ansteckend angstvolle Stimmung zwischen Eltern und Kind kann sich beruhigen. Das Medikament wirkt als Puffer. Es ist der „neutrale Boden", auf dem sich Eltern und Kind wieder begegnen und neues Vertrauen schöpfen können. Im negativen Fall kann ein verschriebenes Medikament aber zum Instrument einer versteckten erzieherischen Gewalt werden: Wenn das Kind unerträglich wird, dann bekommt es ein Medikament. Oder die Eltern ersparen sich mit Hilfe des Medikaments die dringend notwendigen Fragen nach ihrer Mitverantwortung am Leid des Kindes.

Zu jeder Verschreibung von Medikamenten für ein Kind gehören Vereinbarungen darüber, zu welcher Zeit und unter welchen Bedingungen es eingenommen werden sollte, und Vereinbarungen über den Grund und die Notwendigkeit der Einnahme. Ältere Kinder sollten für die Einnahme mitverantwortlich werden. Ihnen kann in symbolischer Weise schon in der Arztpraxis am Ende eines persönlichen Gesprächs das Rezept ausgehändigt werden.

## Angst vor Psychopharmaka

Die Frage des Missbrauchs von Medikamenten bei Kindern kann nicht unabhängig von der Frage des Missbrauchs in der Gesamtbevölkerung behandelt werden. Wenn die Eltern dieser Gefahr erliegen, wird es nicht lange dauern, bis sie auch für ihre Kinder mehr Medikamente verlangen. Es geht natürlich nicht an, dass sich die Ärzte für die Entstehung dieses Sucht-verhaltens für unzuständig erklären. Schließlich werden die Medikamente von ihnen verschrieben. Es ist zu fragen, wie es dazu kommt. Die Ärzteschaft einerseits und die Pharmaindus-trie andererseits tragen für die entstandene Situation eine Mit-verantwortung.

Viele Eltern, die ich berate, würden es weit von sich weisen, dass sie ein suchtartiges Verlangen nach Medikamenten hätten oder gar ihre Kinder in dieser Richtung beeinflussen würden. Zugleich begegne ich Einstellungen zu Medikamenten, die unmerklich das gleiche Thema aufnehmen. Die Einstellungen reichen von bedingungsloser Unterwerfung bis zu misstrau-ischer Ablehnung. So gibt es Eltern, die stets erwarten, dass es eine perfekte medizinische Lösung für ihr Problem gibt und die über die Unzulänglichkeit der Medizin enttäuscht sind. Und es gibt andere Eltern, die in allen Medikamenten etwas Unwägbares und Bedrohliches erblicken. Sie fürchten die Ne-benwirkungen und Risiken. Sie sind spätestens nach der Lek-türe des Beipackzettels nicht mehr zur Einnahme bereit. Sie neigen zu der Vorstellung, dass ein Medikament wie ein feind-liches Gift in ihren Körper oder ihre Seele eindringen und diese in seine Gewalt bringen wird. Die Einnahme von Medikamen-ten erscheint ihnen wie der Verlust der Selbstbestimmung und wie eine Selbstaufgabe. Der Körper gehört dann nicht mehr ihnen oder dem Kind, sondern er wird an den Arzt ausgeliefert. Hinter einer solchen Dämonisierung der Medikamente verbirgt sich natürlich insgeheim eine Überschätzung der Wirkung und eine Faszination. Der Begriff der „chemischen Keule" spiegelt diese Überschätzung wider. Die Medikamente sind in der Vorstellung dieser Eltern ganz „fürchterlich stark".

Wegen solcher Ängste werden dann homöopathische Medikamente bevorzugt. Die Eltern gehen von der Vorstellung aus, dass homöopathische Medikamente dem Körper des Kindes nicht seine Selbstbestimmtheit rauben, sondern seine Selbstheilungskräfte anregen. Aber auch diese Meinung verrät eine magische Überbewertung: Die verwendeten Stoffe sind extrem verdünnt oder ihnen wird eine milde regulierende Wirkung zugeschrieben. Sie gelten als vollkommen unschädlich, zugleich als „wirksam". Jedermann sucht ein Medikament, das überzeugende Wirkung, aber keine Nebenwirkung hat. Dies ist eine bestechende Vorstellung. Doch solche Medikamente gibt es nicht. Gegenstandslos ist auch die Annahme, dass starke chemische Medikamente einem Menschen seine Widerstandskraft und seinen Selbstheilungswillen rauben. Hinter dieser Annahme verbergen sich Ängste vor einer Selbstaufgabe und einer Abhängigkeit. Tiefenpsychologisch liegen hinter diesen Ängsten Wünsche in der gleichen Richtung. Eben diese Wünsche nach Abhängigkeit führen zurück zum Thema der Sucht. Die Gefahr der Sucht geht, wie hier nochmals erkennbar wird, vom seelischen Zustand des Einnehmers aus, erst in zweiter Linie von bestimmten eingenommenen Substanzen. Dass wir hier in jeder stofflich wie nichtstofflich begründeten Hinsicht vor einer ernsten Gefahr stehen, habe ich schon ausgeführt. Leider ist diese Gefahr durch magisch begründete Medikamentenangst noch nicht gebannt. Im Gegenteil: was uns im einen Augenblick ängstigt, zieht uns im nächsten wieder an. Wir müssen diesen Zusammenhang durchschauen. Angst allein ist ein schlechter Ratgeber.

## Therapie der Angst in aller Kürze

Auf der Suche nach Hilfe – wie sehen die ersten Schritte aus?

- Die Angst überwinden, dass man unnormal ist, wenn man einen Psychiater aufsucht oder sich sonst zu psychischen Problemen bekennt.
- Die erste Anlaufstelle kann ein Kinderarzt oder Kinderpsychiater sein. Auch eine Erziehungsberatungsstelle oder die Sprechstunde einer Selbsthilfeeinrichtung kommen in Frage.
- Kinderärzte sind vor allem erfahren mit Ängsten im Säuglings- und Kleinkindesalter. Bei den Kinderpsychiatern gibt es keine Einschränkungen.
- Der erste Besuch dient der Beratung und Klärung, welche Hilfe notwendig ist und wo diese Hilfe zu erhalten ist. Dieser führt nicht zur Abhängigkeit vom Therapeuten.

Wo liegen die Möglichkeiten und Grenzen der Verhaltenstherapie?

- Sie erfordert Bereitschaft zur eigenen Mitarbeit und Übernahme einer Co-Therapeutenrolle nach konkreten Anweisungen.
- Die Leidenssituation muss überwiegend im Erleben einer bestimmten Angst begründet sein.
- Das Kind darf durch die Therapie nicht unter Leistungsdruck geraten.
- Je drängender sich Eltern oder Kind mit Ursache oder Hintergründen der Angst beschäftigen wollen, desto weniger geeignet ist die Verhaltenstherapie.
- Je drängender ein Kind mit seiner Angst auf greifbare Belastungen und Traumen reagiert, desto weniger geeignet ist die Verhaltenstherapie.
- Je unschärfer und weitgestreuter die Ängste und sonstigen Probleme des Kindes sind und je weniger sie sich in eine Rangordnung bringen lassen, desto weniger geeignet ist die Verhaltenstherapie.

Wo liegen die Möglichkeiten und Grenzen der Tiefenpsychologie?

- Probleme mit einer langen Vorgeschichte können bearbeitet werden.
- Unsichtbare Motive des Verhaltens bei Kind und Eltern können aufgezeigt werden.
- Die Methode erfordert eine vertrauensvolle, langfristige und geduldige Zusammenarbeit.
- Die Methode erfordert die Bereitschaft und Fähigkeit des Kindes, eine längere, intensive Beziehung zum Therapeuten einzugehen.
- Das Kind muss zumindest phantasie- und spielbegabt, möglichst auch sprachbegabt sein.
- Die Eltern müssen akzeptieren, dass ein intimer Bereich der Arbeit zwischen Therapeut und Patient nicht voll einsichtig wird.
- Die Therapie verträgt keinen Erfolgsdruck oder begrenzte ungeduldige Zielsetzungen (z.B. Bestehen einer Prüfung).

Wo liegen die Möglichkeiten und Grenzen der Familientherapie?

- Die Familientherapie bietet Chancen, wenn die anderen Therapieverfahren versagt haben.
- Die Familientherapie kann helfen, wenn viele beteiligte Parteien mehr verwirrt als geklärt haben.
- Die Familientherapie kann helfen, wenn Abstand aus einer zu starken Verwicklung oder Bindung gesucht wird.
- Sie scheitert, wenn die Eltern sich nicht von dem Verdacht befreien können, dass ihnen innerhalb der Therapie ein Vorwurf gemacht wird.
- Für Kinder oder Eltern, die sich mit der Therapie den Wunsch nach Halt und Orientierung in einer menschlichen Bindung erfüllen wollen, ist die Familientherapie weniger gut geeignet.
- Die wichtigsten Familienmitglieder müssen sich auf die Therapie einigen.

– Die Familientherapie hat für Familien mit eher lockeren Strukturen und schwachem Zusammengehörigkeitsgefühl wenig Reiz.

– Es darf dem Kind nicht so schlecht gehen und der Leidensdruck der Familie darf nicht so akut und unabweisbar sein, dass die Familie in den Pausen zwischen den Sitzungen anderweitige Hilfe suchen muss oder suchen will.

Welche Zugangswege kommen bei der Behandlung von Kindern generell in Frage?

– Gespräche, Ratschläge, Vereinbarungen.

– Ausnützung der Körpersprache in Form der Konzentrativen Bewegungstherapie oder der meditativen Techniken.

– Künstlerische Methoden, zum Teil auch nahe am Körpererleben (Tanz, Musik, Reiten, Malen).

– Ausnützung der Fähigkeit des Kindes zum Spiel. Die Spieltherapie ist neben den Verhaltenstherapie-Formen die wichtigste Technik bei Kindern. Sie zählt zu den tiefenpsychologischen Behandlungen und hat die längste Tradition.

– Zusammenarbeit mit den Eltern (in unterschiedlicher Form). Bisweilen steht diese Arbeit ganz im Vordergrund, bei anderen Therapien steht sie im Hintergrund.

Welche Bedeutung hat die Behandlung ängstlicher Kinder mit Medikamenten?

– Bei der Behandlung von Kindern mit Ängsten kommt den Psychopharmaka aufs Ganze gesehen kaum eine Bedeutung zu, auch wenn sie in einzelnen schweren Fällen verschrieben werden.

– Statistiken besagen, dass Kinder dennoch eine Vielzahl von Medikamenten verabreicht bekommen. Diese Verabreichung entzieht sich der fachärztlichen Kontrolle.

– Die Ärzteschaft und die Pharmaindustrie müssen dennoch für diese Situation eine Mitverantwortung übernehmen.

– Kinder werden durch ein weit verbreitetes suchtähnliches Konsumverhalten in Mitleidenschaft gezogen, das sich neben verschiedenen Genussmitteln auch auf Psychopharmaka erstreckt.

– Die Wirkung der Psychopharmaka wird von vielen irrational gefürchtet und überschätzt. Dieses Verhalten verrät eine magische Einstellung zu Medikamenten.

– Die wirksamste Stoffgruppe gegen Angst, Benzodiazepine und dessen Abkömmlinge, werden in breiten Schichten der Bevölkerung missbraucht. Die entsprechenden Substanzen erzeugen Gewöhnung, psychische und körperliche Abhängigkeit.

– Fachärztlich werden diese Medikamente nur zur Behandlung akuter Ängste eingesetzt und nur für kurze Zeit verschrieben.

– Nur Psychiater sollten im gegebenen Fall Psychopharmaka für ängstliche Kinder verschreiben. Sie werden es kaum jemals tun, auch dann nicht, wenn es von den Eltern erwartet wird.

– Bei mittel- und langfristiger Verschreibung werden gegen Angst heute vorwiegend Antidepressiva, gelegentlich so genannte Beta-Blocker eingesetzt. Letztere sind nur gegen die körperlichen Erscheinungen der Angst, nicht gegen das seelische Angstgefühl wirksam.

– Bei Kindern kommt eine Verschreibung nur dann in Frage, wenn ein Kind sein normales Leben wegen seelisch verkrüppelnder Ängste und Erregungen nicht mehr aufrechterhalten kann, weder essen noch schlafen kann oder wenn aufgrund der Symptome das grundsätzliche Band der Fürsorge zwischen Eltern und Kind wegen Überforderung zu zerreißen droht.

– Eltern müssen darauf achten, dass sich während einer Verabreichung von Medikamenten die Beziehung zum Kind nicht verschlechtert, sondern wirklich verbessert.

– Psychopharmaka sind nur Hilfsmittel einer seelischen Behandlung und können die Psychotherapie nicht ersetzen.

– Heilmittel für psychische Krankheiten auf chemischer Grundlage gibt es nicht.

# Schlussbemerkung

Alles, was in diesem Buch geschrieben wurde, soll nebeneinander und miteinander Gültigkeit besitzen. Die Angst ist wie alles menschliche Erleben vieldeutig. Dennoch ergeben sich auch grundlegende und wiederkehrende Merkmale. Ob sich die vielen Gedanken, Fallgeschichten und Ratschläge zu einem ganzen Bild zusammenfügen, kann nur der Betrachter beurteilen. Am Anfang war davon die Rede, dass Säuglinge und kleine Kinder Angst haben, weil diese ein Teil ihrer Natur ist. Es hieß, dass sie ihren Körper in seiner Schutzlosigkeit und Erregbarkeit erleben und begreifen, wie bedürftig und abhängig sie sind. Angst ist aber, wie ich dann zeigen wollte, weitaus mehr als nur Ausdruck der schutzlosen Kreatur oder primitiver Selbstschutz. Sie wirkt mit an der seelischen Entwicklung des Einzelnen und der sozialen Entwicklung der Gemeinschaft. Angst ermöglicht Mitgefühl und eine Kontrolle der Aggression. Angst hilft beim Ausgleich von Nähe und Distanz in menschlichen Beziehungen. Angst verrät sich in vielen Verhaltensweisen und körperlichen Ausdrucksformen des Kindes.

Die Kinder müssen sich ständig mit ihren Ängsten abmühen, sich diese bewusst machen oder sie verdrängen. Die Eltern müssen sich mit ihren eigenen Ängsten und jenen der Kinder auseinandersetzen. Das hört nie auf. Zu starke Angst kann die Kinder außer Gefecht setzen und ihre Entwicklung hemmen. Hier ist gelegentlich auch Psychotherapie gefragt. Die Möglichkeiten der Eltern selbst, ihren Kindern die Angst zu nehmen, sind durchaus begrenzt. Auch die Mittel der Psychotherapie sind bescheiden. Es kann sogar passieren, dass Psychotherapeuten oder Eltern die Angst verschlimmern, ohne dass sie irgendeine bewusste Schuld trifft.

Letztlich ist die Beherrschung der Angst eine Aufgabe, die nur von mehreren gelöst werden kann. Die Eltern sind zwar die ersten und wichtigsten Partner des Kindes bei dieser Aufgabe, müssen aber schon bald durch weitere Personen aus dem näheren und weiteren Umfeld der Familie und Nachbarschaft ergänzt werden. Dieses Umfeld muss Vertrauen erweckend und durchschaubar sein, Orientierungs- und Bindungsmöglichkeiten eröffnen, kurzum eine Heimat zu bieten haben. Ich wage sogar die Behauptung, dass die Angst nur im Rahmen einer funktionierenden menschlichen Gemeinschaft zu ertragen ist.

Die Eltern stehen vor der schwierigen Aufgabe, ihre Kinder in dieser Gesellschaft, der sie selbst kaum vertrauen können, zu beheimaten und nicht Einzelkämpfer zu bleiben als Beschützer ihrer Kinder vor Angst. So kommt es, dass mein Buch den Eltern und deren berechtigter Angst vor dieser Aufgabe genauso gewidmet ist wie den Ängsten der Kinder.

# Literaturhinweise

*Elisabeth Badinter:* Die Mutterliebe. München/Zürich 1980

*Borwin Bandelow:* Das Angstbuch. Woher Ängste kommen und wie man sie bekämpfen kann. Reinbek 2006

*Lucinda Bassett:* Angstfrei leben. Weinheim 2000

*Heike Baum:* Lässt du das Licht an? Vom Umgang mit Angst und Unsicherheit. München 2003

*Ute Benz:* Warum sehen Kinder Gewaltfilme? München 1998

*John Bowlby:* Mutterliebe und kindliche Entwicklung. München/Basel 1972

*Karl-Heinz Brisch und Theodor Hellbrügge:* Bindung und Trauma. Entwicklung und Schutzfaktoren für die Entwicklung von Kindern. Stuttgart 2003

*Georg Bydlinski und Birgit Antoni:* Bald bist du wieder gesund. Wien 1999

*Evi Crotti und Alberto Magni:* Die verborgenen Ängste der Kinder. Furcht und Bekümmertheit erkennen. München 2002

*Martin Dornes:* Der kompetente Säugling. Die präverbale Entwicklung des Menschen. Frankfurt/Main 1993

*Reinmar du Bois:* Jugendkrisen. München 2000

*Gertrud Ennulat:* Ängste im Kindergarten. Ein Praxisbuch für Erzieherinnen und Eltern. München 2001

*Cecilia A. Essau:* Angst bei Kindern und Jugendlichen. München 2003

*Helmuth Figdor:* Kinder aus geschiedenen Ehen. Zwischen Trauma und Hoffnung. Mainz 1997

*Gertraud Finger:* Brauchen Kinder Ängste? Wie Kinder an ihren Ängsten wachsen. Stuttgart 2005

*Sigmund Freud:* Hemmung, Symptom und Angst. Frankfurt 1992

*Viola Gärtner-Harnach:* Angst und Leistung. 3. Aufl. Weinheim 1976

*Gudrun Gauda:* Therapie für Kinder. Wann ist sie sinnvoll, wie läuft sie ab, welche Kosten entstehen. Ein Ratgeber für Eltern. München 1994

*Norbert Golluch und Helmut Kollars:* Ich weiß was vom Krankenhaus. Wien 1998

*Klaus E. Grossmann und Karin Grossmann:* Bindung und menschliche Entwicklung. Stuttgart 2003

*Susa Hämmerle und Kyrima Trapp:* Heut gehen wir ins Krankenhaus. Wien 2001

*E. Mavis Hetherington und John Kelly:* Scheidung. Die Perspektiven der Kinder. Weinheim 2003

*Gunther Klosinski:* Scheidung – Wie helfen wir den Kindern? Düsseldorf/Zürich 2004

*Gunther Klosinski:* Wenn Kinder nach dem Bösen fragen. Antworten für Eltern. Freiburg 2006

*Michael Kunczik:* Gewalt und Medien. Köln 1998

*Reinhart Lempp:* Familie im Umbruch. München 1986

*Julia M Lewis, Sandra Blakeslee und Judith S. Wallerstein:* Scheidungsfolgen – Die Kinder tragen die Last. Eine Langzeitstudie über 25 Jahre. Münster 2002

*Konrad Lorenz:* Das sogenannte Böse. Zur Naturgeschichte der Aggression. 16. Aufl. Wien 1990

*Martina Mair und Pia Sandmann:* Vorlesegeschichten ab 4. Von Mutprotzen und Angsthasen. Ravensburg 2004

*Isaac Marks:* Ängste. Verstehen und bewältigen. Berlin/Heidelberg/New York 1993

*Sabine Maur-Lambert u.a.:* Keine Angst vor der Angst! Elternratgeber bei Ängsten im Grundschulalter, Dortmund 2003

*Wolfgang Oelsner und Gerd Lehmkuhl:* Schulangst. Ein Ratgeber für Eltern und Lehrer. München 2002

*Dan Olweus:* Gewalt in der Schule. Was Lehrer und Eltern wissen sollten – und tun können. Bern 1995

*Ingrid Paus-Haase u. a.:* Alte und neue Medien im Alltag von jungen Kindern. Freiburg 1990

*Ingrid Paus-Haase u.a. (Hrsg.):* Information – Emotion – Sensation. Wenn im Fernsehen die Grenzen zerfließen. Bielefeld 2000

*Neil Postman:* Das Verschwinden der Kindheit. Frankfurt 1983

*Margret Rey und Hans A. Rey:* Coco kommt ins Krankenhaus. Zürich 1998

*Horst-Eberhard Richter:* Eltern, Kind und Neurose. Die Rolle des Kindes in der Familie. Reinbek 1969

*Horst-Eberhard Richter:* Umgang mit Angst. Hamburg 1992

*Fritz Riemann:* Grundformen der Angst. Eine tiefenpsychologische Studie. München 2003

*Jan-Uwe Rogge:* Ängste machen Kinder stark. Reinbek 1999

*Ursel Scheffler:* Lea muss ins Krankenhaus. Eine Vorlesegeschichte über Mut und Freundschaft. Ravensburg 2001

*Sigrun Schmidt-Traub:* Angst bewältigen. Berlin 2004

*Silvia Schneider:* Angststörungen bei Kindern und Jugendlichen. Grundlagen und Behandlung. Berlin 2003

*Elisabeth Shaw:* Der kleine Angsthase. Berlin 1999

*Arnd Stein:* Wenn Kinder aggressiv sind. Wie wir verstehen und helfen können. Reinbek 1999

*Jürgen v. Troschke:* Das Kind als Patient im Krankenhaus. München/Basel 1985

*Donald W. Winnicott:* Vom Spiel zur Kreativität. Stuttgart 2002

*Aus dem Verlagsprogramm*

# Psychologie und Lebenspraxis in der Beck'schen Reihe

*Reinmar du Bois*
## Jugendkrisen
Erkennen, verstehen, helfen
2000. 224 Seiten. Paperback
(Beck'sche Reihe Band 1311)

*Volker Faust*
## Seelische Störungen heute
Wie sie sich zeigen und was man tun kann
3. Auflage. 2003. 382 Seiten. Paperback
(Beck'sche Reihe Band 1287)

*Gunther Klosinski*
## Wenn Kinder Hand an sich legen
Selbstzerstörerisches Verhalten bei Kindern und Jugendlichen
1999. 144 Seiten mit 2 Abbildungen. Paperback
(Beck'sche Reihe Band 1283)

*Christiane Nevermann/Hannelore Reicher*
## Depressionen im Kindes- und Jugendalter
Erkennen, Verstehen, Helfen
2001. 257 Seiten mit 3 Abbildungen und 6 Tabellen. Paperback
(Beck'sche Reihe Band 1440)

*Barbara Senckel*
## Wie Kinder sich die Welt erschließen
Persönlichkeitsentwicklung und Bildung im Kindergartenalter
2004. 277 Seiten. Paperback
(Beck'sche Reihe Band 1578)

*Reinhard Werth*
## Legasthenie und andere Lesestörungen
Wie man sie erkennt und behandelt
2., aktualisierte Auflage. 2003. 176 Seiten mit 24 Abbildungen
und 2 Tabellen. Paperback
(Beck'sche Reihe Band 1422)

# Verlag C.H.Beck

# Psychologie und Lebenspraxis bei C.H.Beck

*Otto Benkert*
## StressDepression
Die neue Volkskrankheit und was man dagegen tun kann
2005. 240 Seiten mit einem Selbsttest auf CD. Broschiert

*Ulrich Hegerl/David Althaus/Holger Reiners*
## Das Rätsel Depression
Eine Krankheit wird entschlüsselt
2. Auflage. 2006, 254 Seiten mit 28 Abbildungen und 8 Tabellen
Broschiert

*Christoph Kraiker/Burkhard Peter*
## Psychotherapieführer
Wege zur seelischen Gesundheit
5., vollständig überarbeitete und aktualisierte Auflage. 1998
331 Seiten. Broschiert

*Ingrid Olbricht*
## Wege aus der Angst
Gewalt gegen Frauen
Ursachen – Folgen – Therapie
2004. 240 Seiten. Broschiert

*Rita Rosner (Hg.)*
## Psychotherapieführer Kinder und Jugendliche
Seelische Störungen und ihre Behandlungen
2006. 304 Seiten. Broschiert

*Aiga Stapf*
## Hochbegabte Kinder
Persönlichkeit, Entwicklung, Förderung
3., aktualisierte Auflage. 2006. 272 Seiten mit 4 Abbildungen
Broschiert

# Verlag C.H.Beck